社会問題とは何か

なぜ、どのように生じ、なくなるのか？

ジョエル・ベスト
Joel Best
赤川 学／監訳

筑摩選書

Social Problems

社会問題とは何か　目次

社会問題とは何か

なぜ、どのように生じ、なくなるのか？

凡例

一、本文中の[ ]は、訳注である。
二、本文中の（Beckett,1994）のような表記は、参考文献リストの著者名と刊行年を意味する。
三、本文中の太字のうち、明朝体の**太字**は原典ではイタリック（斜体字）、ゴシック体の**太字**は、ボールド（太字）で表示されていたものである。

日本語版序文

自分の作品が他の言語に翻訳されるのはもちろん光栄なことです。しかし同時に多少、面食らうことでもあります。私はアメリカ人の社会学者であり、私が書いたものは自国とその制度と文化に対する知識に基づいています。他国に長期滞在したこともありません。私は日本を三度訪ねたことがありますが、合計二カ月にもなりません。日本語も多少わかる程度です。したがって、お尋ねする読者の皆さんには、私が書いたものが日本の読者に対してどのように有益かについて、るのが理に適《かな》っていると思います。

本書では、社会問題の構築に関する大量の著作を統合しようと試みました。構築主義アプローチは一九七〇年代に登場しました。最も傑出した初期の仕事は、マルコム・スペクターとジョン・キツセが一九七七年に出版した『社会問題の構築』です。彼らはドラマチックな書き出しで始めています。「社会学において、社会問題の適切な定義は存在していない。また、社会問題の社会学という分野は現在存在していないし、これまでも存在したことがなかった」と。もちろん『社会問題』という名のつく教科書は、社会問題という授業の中でそれまでも使われていましたが、スペクターとキツセは、王様は裸だと、つまりそれらの教科書や授業は知的に首尾一貫していないと宣言したのです。彼らは社会学者に、自分たちのアプローチを再考し、社会の「外部」に社会問題という状態が存在すると考えることをやめ、社会問題を、社会の成員がある状態を問題とみなすに至る過程としてみるように求めました。多くの社会学者が彼らの要請に応じて、あらゆる社会問題が登場し、展開する様相を調査し始めたのです。

スペクターとキツセはアメリカ人であり、彼らの著書はほとんどアメリカの事例に基づいていました。他国の研究者も、この構築主義アプローチを採用し始めたのです。日本の社会学者も多くいました。私は長年、日本人の大学院生とともに研究してきましたし、日本人の仲間たちと多くの会話を重ね、日本人が書いた英語論文を読んできました。だから日本における構築主義にはとても興味があります。つまりこの訳書に読者が興味を持ってくださることを願ってやみません。

と同時に、もし本書が日本人の研究者によって書かれていたならば、何がしか違った形になったであろうと思います。もちろん他国に対する私の知識には限りがありますし、私の著作に何がしか自民族中心的な想定もあるに違いありません。日本人の社会学者が社会問題過程《プロセス》の異なる部分を強調するとしたら、二つのやり方があるかもしれません。

第一に、日本の社会学者は法律家という、私がほとんど言及しなかった職業により関心を持っているかもしれません。私は、社会運動に多くの関心を注ぎました。それは主に、アメリカ人は、社会運動が社会問題の構築にあたって中心的な役割を果たすと考える傾向があるからです。米国の歴史では、活動家が行う抵抗——市民権運動、女性解放運動など——が社会問題の構築の中心を占めるとみなされています。これに比して私の印象では、日本の社会変動はしばしば裁判の判例によって形成される、つまり政府に問題を認めさせ、対処させる法律家によってもたらされているように思われます。無論、米国に法律家がいるように、日本にも活動家はいることでしょう。しかし米国では活動家が、日本では法律家がより重要とされる気がするのです。

第二に、日本の社会学者の構築主義的分析を読んだとき、法制度の変更を重視していることに驚きました。彼らの仕事は、日本の法律家が問題を何度も持ち出し、徐々に政策変更を迫っていくあり方を描き出す傾向があります。一般に社会問題を研究するアメリカの社会学者は、立法過程にあまり関心を持ちません。もちろん両国は民主主義国ですが、政府の行為の異なる水準に関心を示しているようです。アメリカ人はしばしば立法を、社会問題過程の、あまり面白みのない帰結とみなします。しかし日本人はそれを、社会問題の定義の中心をなすものとして強調する傾向があります。

私がこれらの違いに言及したのは、日本の読者が本書について批判的にアプローチしてもらいたいと願っているからです。私は、日本の読者が構築主義アプローチを有益と考えてくださることを願っていますが、日本への適応可能性を高めるために、このアプローチをいかに修正すべきかについても考えてくださることを願っています。つまり私は、みなさんが本書で言っていることを丸呑みせず、本書と相互行為《インターアクト》することをおすすめしたいのです。

序文

過去数百年間、社会問題と名のつく書物は数多く出版されてきました。その目次はおおよそ次のようなものです。まず社会問題の性質について簡単に議論した上で、種々の社会問題のリストについて考えます。各章では、特定の社会問題に関する最新情報を提供します。犯罪の章があり、人種差別の章があります。もしあなたの両親や祖父や曾祖父が社会問題の教科書を読んだことがあるならば、その本はおおむねこのパタンに該当していたでしょう。

本書は、あなたのご両親が読んだタイプの、社会問題の教科書ではありません。本書の各章は、種々の異なる問題を扱っていません。そのかわり各章では、社会問題過程の種々のステージについて扱っています。つまり特定の問題が関心の対象となるプロセスについてです。なぜ私たちは、例えばある年には乳房インプラントについて憂慮し、別の年にはあおり運転、さらに別の年にはなりすましについて心配するのでしょうか。本書はいかにして、なぜ、異なる問題についての関心が生まれ、消えていくのかについて説明しようと試みるものです。

もしあなたが本書を読んでレポート課題を提出する学生であるなら、本書はすでに長すぎるでしょう。私にいえるのは、本書はさらに長いものになるかもしれなかったということです。多くの人びとが社会問題の出現と消滅について本を書いてきました。特に一九七〇年代以降、何百もの研究がこのトピックを扱ってきました。しかし私は、これらの全てをあまり利用しないことにしました。一つのソース（引用情報）を引いてくるべき箇所で、何十ものソースを使うこともできたでしょう。一般に、私は比較的近年に刊行されたソースを選ぶことにしました。専門用語は最低限にとどめるよう努めました。あなたがもし、ここでの話題について社会学者が書いたものをもっと読みたいのであれば、もちろん本書をもとに、あなたがそうしてくださることを願っていますが、社会問題研究の詳細なやり方を教えてくれる他の著作を見つけることもできるでしょう。そうすれば、彼らが社会問題過程について考える際に助けとなる、特殊な専門用語や概念を発達させてきたこともわかるでしょう。しかし私の目標は、私が構築主義アプローチと呼ぶものについて、すべてを要約することではありません。むしろ私は、このアプローチを理解する基本的な枠組みを提供したいのです。本書は、あなたがより批判的な思考ができるようになるためのお手伝いをしたいと願っています。本書はあなたが社会問題について見聞きしたことを、よりよく分析する助けとなる、いくつかの道具を提供します。

謝辞

本書執筆を始めたときにノートン社の社会学編集担当だったカール・ベイクマン氏に感謝します。何年間も、私はいくつかの出版社から社会問題についての本を書いてほしいと依頼を受けていました。私には、お決まりの返事がありました。「私が書きたい本は、あなたが出版したい本ではありません。それに私は、あなたが出版したいような本は書きたくないのです」と。大抵の人はそれで意気消沈してしまいました、カールを除いては。私が書きたい本を書くチャンスを与えてくれた彼の決断に感謝します。

第三版に取りかかったとき、彼には新しい責任が生じていました。そしてサーシャ・レビットが、改定版の編集担当となってくれました。カールと同じく彼女は、この仕事にとても熱心に取り組んでくれました。私は、彼女の手助けにとても感謝しています。

何年間も、多くの人びとが数多の有益なコメントをくださいましたし、以前の版では全ての人の名前を掲載しています。彼らへの感謝の念に変わるところはありません。しかし、そのリストは無限に増えていきます。したがって今回は、第三版にコメントやご示唆を下さった人についてのみ言及したいと思います。ヤール・アークヴィスト、エリック・ベスト、キャサリン・ボーグル、クリスティン・ボウディッチ、ジェニー・ブリストウ、ケリー・チャップマン、アリソン・ディーフェンデルファー、スティーヴン・ファザーリ、ジェシカ・フィールズ、アシュリー・フローリー、ナネット・グラハム、ジェリー・ヤコブス、ジョアンナ・ケンファー、ジョシュア・クレーガー、ケルシー・ノエル・クレッチマー、R．J．マラテア、ブライアン・モナハン、ニコラス・パーソンズ、ステファン・ローマン、キャリー・サンダース、ジョン・ブロット。みなさんありがとう。

最後に私は、本書の刊行に携わったノートン社の方々にも感謝します。特にスーザン・マッコールは第三版の整理編集作業を行ってくれました。

第1章 社会問題過程《プロセス》

本書のタイトルは、その主題をあらわしている。すなわち社会問題である。しかし「**社会問題**」とはいったい何だろうか。そう問われたら、たいていの人はいくつかの例を容易に挙げることだろう。たとえば犯罪、自殺、人種差別、性差別、テロリズム、気候変動などである。たいていの人びとは、社会問題という言葉の常識的な意味を知っている。しかし実際には、この概念を定義することはかなり難しいことがわかるだろう。

自殺と気候変動のいずれもが、社会問題であることに同意してみよう。それら二つは、いったい何が共通しているのだろうか。自殺と気候変動はまったく異なっているようにみえる。一般的に自殺はきわめて個人的な行為であり、孤独と絶望を感じた個人がするものと考えられている。

他方で気候変動は、惑星全体の物理的温暖化を意味している。どのような定義であれば、個人の行為と地球規模の変化のいずれをも扱うことができるのだろうか。

社会問題を定義する二つの方法

有害な状態としての社会問題――客観主義的な見方

よくある答えは、社会問題を何らかのかたちで社会に害を与える状態と定義することである。たとえば本書と同じ「**社会問題**」というタイトルを有する近年刊行の著作では、このような定義が与えられている。「ある社会問題とは、ある社会を構成する人びとの一部または全員の幸福をむしばむ状態であるとともに、通常、公共的論争となるような問題のことである」(Macionis 2013, p.5)。いいかえれば、ある状態には「幸福をむしばむ」という特徴があり、これがその状態を社会問題たらしめる。定義の正確な言いまわしは変わるにせよ、社会問題という主題に関する著作の多くは、社会問題を有害な状態と特徴づけている。

社会問題を定義するこのアプローチは、**客観主義**と呼ばれることがある。なぜならこのアプローチは、客観的に測定可能な状態の特徴について定義し、表現しようと努めるからである。私たちが社会問題を有害な状態と定義づけるとき、有害な状態にあたりをつけるまで状態をいろいろとみわたして、それをある社会問題と認識する。「**社会問題**」と名付けられた多くの書籍では犯罪、人種差別、客観的に有害と定義されてきた状態が各章を構成している。

客観主義的アプローチの定義は一見すると、すばらしい――それについて熟考する前までは。考え始めると、客観主義的アプローチにはいくつかの問題があることが明らかになる。第一の問題は、有害と思われている状態が必ずしも社会問題と認識されていないということである。性差別の問題を考えてみよう。ここ数十年ほどのアメリカ合衆国で「社会問題」という題名で刊行されたほとんどすべての書籍は、性差別をとりあげ議論している。性差別は広く社会問題と理解されている。しかし女性を差別する社会構造（social arrangement）はとても長い歴史があるにもかかわらず、自明とされることが多かった。女性差別は「あたりまえ」であって、まったく問題と考えられていなかったのである。現在も世界中の少なからぬ人びとは宗教や伝統によって、そのような差別的な社会構造が正当化される――その必要さえある――と信じている。実際、一九七〇年以前に合衆国で刊行された社会問題に関する書籍のほとんどが性差別に言及していなかった。（すでに広く社会問題として理解されていた）人種差別との類似から、「性差別」という言葉が差別の一つの形とみなされて登場したのは、この数十年のことにすぎないのである。

なぜ人種差別が社会問題なのかを説明するように求められたら、私たちは公正や公平を強調するだろう。たんに特定の人種に属することを理由に人を差別することは不公正であると説明するだろう。人種差別は社会に害をあたえると補足する人もいるかもしれない。なぜならそれは、人種差別の被害者が広く社会に貢献することを阻害するものであり、人種差別の被害者に害を与えるのみならず、被害者の社会に対する貢献の機会を逸してしまうがゆえに、広く社会が損害をこうむるからである。さらにいえば、人種間の緊張状態は社会を非生産的かつ不調和なものにする対立を生み出すから社会は害を被る。いいかえれば人種差別は有害な状態であって、社会問題として認識すべきだと論じるのは容易である。

性差別についても類似の議論が明らかに可能である——すなわち性差別は不公正である、女性の可能性を十分に発揮するのを阻害する、対立を生み出す、それゆえ広く社会に害を与える、といったものである。このように客観主義的な基準によって、私たちは人種差別も性差別も社会問題とみなされるべきだと考えるのである。他方——他の時代や他の場所では——人びとが人種差別と性差別をいずれも通常のこと、あたかも当然であるかのように扱ってきたことも、私たちは知っている。

しかし、身長にもとづく差別について本質的に同じ議論が可能かどうか留意してほしい。いくつかの研究では、背の高い人がさまざまな点で有利であることが示されている。たとえば背の高い人は雇用されやすく、昇進しやすい。したがって背の低い人は身長差別の被害者とみなしうる(Rosenberg, 2009)。そのような差別的な扱いもまた不公平であり、最終的には人種差別、性差別と同様、社会にとって有害と考えられるべきなのかもしれない。そうであるなら、客観主義的な基準によって、「身長差別」も社会問題と考えられるべきではないのだろうか。

こうして客観主義に随伴する問題が明らかとなる。人種差別、性差別、身長差別はすべて類似する効果を社会にあたえると主張するにもかかわらず、これら三つの差別のかたちは、けっして同じ程度の注目を集めてきたわけではないのである。人種差別は長らく深刻な社会問題として理解されてきた。性差別は最近になって重要な社会問題のリストに加えられたにすぎない。さらに身長差別は社会問題として話題にされることはほとんどない。著者が知るかぎり、社会問題に関する書籍で身長差別を扱った章を含むものは存在しない。これらの三つの差別が異なる扱われ方をしていることは、何が社会問題であって、何が社会問題ではないのかを判別するのに等しくあてはまる客観的な基準があると主張することを難しくさせている。

客観主義の第二の困難は、同じ状態がまったく異なる理由によって社会問題として認識されることである。つまり人びとは、なぜある状態が有害であるのかについて一致しないのである。たとえばあるニュース解説者は、現代社会は肥満の人を差別していると主張する。体重が重い人は仕事を見つけるのが難しい、軽蔑の対象となる、などの主張である。この考えでは人種差別、性差別——あるいは身長差別——と同様に、体重差別は社会問題と考えられるべきである。なぜならそれは不公正であり、個人の機会を阻害しているからである。しかし最近では、肥満自体がひとつの社会問題であることに注目が集まっている。ここでの主張は、体重の重い人は不健康であって、肥満は社会に対してさらなる多額の医療費を負担させているというものである。この見解をとる評論家は、肥満が差別につながるからではなく、それが人にとって有害であり社会資源の浪費だから、肥満を社会問題のひとつと考えているのである（三五ページの図1－1をみよ）。

いずれの主張も体重に関係する社会問題が存在することを示しているにもかかわらず、まったく異なるクレイムを申し立てていることに注意してほしい。前者は、肥満の人びとに対する差別は不公正であると述べている（おそらくこの立場は、社会は体重のちがいに寛容になるべきであり、そのような差別は推奨されるべきではないという考えにつながる）。後者は、肥満それ自体が害の源と考えている（それは肥満を減らすべきであるという呼びかけにつながるであろう）。この事例は、社会問題の客観主義的な見方が抱える二つの問題を明らかにしている。つまり、まったく異なり――ときに矛盾さえする――客観的な基準が、ある状態を社会問題と判別するのに用いられているのである。

客観主義の第三の問題は、すでに示されている。すなわち社会問題のリストには、非常にさまざまな現象が含まれる。自殺や精神疾患のような特定の個人に影響する問題から、人口過剰、グローバリゼーション、気候変動のような地球規模の動向にいたるまで、社会問題は多岐にわたることが多い。広範囲の主題を扱おうとする客観主義の定義はかなり曖昧であり、有害、幸福をむしばむものなどについて、もっとも一般的な用語で伝えているにすぎない。客観主義者は社会問題とは有害な状態であると主張するが、何が害悪を構成するのかを特定しない。その代わり有害さは大きな概念上の共通項となって、たとえば自殺した人の知人が経験した苦痛から、地球の気温上昇に伴い生じる経済的なコスト、環境保護に必要なコストのすべてに至るまで、莫大な数の現象を取り扱うのである。実際、社会問題の客観主義的な定義は曖昧にすぎることから、ほとんど意味がないとわかる。

以上の理由から、人びとが社会問題と考えることと社会問題と考えないことを区別しうる社会問題の客観的定義を考案することは、きわめて困難である。それゆえ、あらためて問いたい。自殺と気候変動に共通するのは、いったい何なのだろうか。その問いについて考えてみると、社会問題と考えられている多種多様な現象のすべてが共有する、ただひとつの性質が明らかに存在することがわかる。それらはすべて社会問題と考えられているのである。重要なのは、「ある状態が害悪を引き起こすのではなく、人びとがある状態を害悪だと考えている」ということである。

関心事としての社会問題――主観主義的な見方

女性差別の構造を持つ二つの社会を想像してみよう。ある社会では、人びとはこの構造が正常で自然なものと考えている。別の社会には、こうした構造が間違ったものと考える人がいる。前者の社会の人びとからすれば、性差別は社会問題でない。しかし後者の社会の人びとには、性差別は社会問題であると考える人もいる。もちろん人びとの考えは変化する。ここ数十年、多くのアメリカ人は男性と女性に対して異なる扱いをする社会構造は問題であると考えるようになった。それゆえ、かつて性差別は社会問題と考えられていなかったが、現在では社会問題となったのである。

私たちはこれを**主観主義的**アプローチと考える。主観主義的アプローチは、あることが問題であるか否かという人びとの主観的な認識の観点から、社会問題を定義づける。もし人びとが身長差別を社会問題と考えないならば、それは社会問題ではない。しかしもし身長差別が多くの興味関心に基づいて注目を集めはじめるなら、身長差別は社会問題になりうる。人びとが自殺も気候変動も社会問題と考えるなら、いずれも社会問題なのである。

主観主義的な判断基準から社会問題を考えはじめると、何が社会問題として考えられるべきかについて、人びとがしばしば対立するとわかる。平均身長以上の人びとは、身長差別を社会問題だと考えるべきという主張を斥《しりぞ》けるとともに、平均以下の身長の人びとはそれらのクレイムを受け容れると予想できる。同様に、ある社会の外部にいる個人の見解は、内部にいる人びととは異なるかもしれない。アメリカ人が他国の性差別を非難するとき、たとえその国の住民の多くが賛同しないとしても、アメリカ人はそれを社会問題と判断している。「Xは社会問題であるが、Yはそうではない」と言明させる客観主義的な基準は存在しないことを想起してみよう。ある状態が社会問題であるかどうかは、さまざまな人びとの見方しだいである――それは必ずしも一致するとはかぎらない。

この見方によれば、社会問題は人びとの主観的な判断が変化するにつれて現れては消える。新しい病気が発見されたという発表や新たな環境上の脅威は、過去に見過ごされていた状態を社会問題のリストに挙げる。その一方で、別の社会問題は消えてなくなるのである。たとえば、一九五〇年代にニュース解説者の多くは、アメリカ人の若者のアパシー（無気力、無関心）を気にかけていた。しかしキャンパスでのデモにより評論家が「学生は政治活動にあまりに多くの関心を持ち、過剰なほど参加するようになった」と非難するようになった一九六〇年代になると、アパシーは社会問題とは考えられなくなったのである。

主観主義的な見方では、あることを社会問題にするのは社会状態の客観的な性質ではなく、その状態への主観的な反応である。したがって社会問題は社会状態の類型の一つとしてではなく、社会の状態に対する反応の過程《プロセス》と考えられるべきなのである。このように社会問題とは、社会に内在する状態について関心を喚起する取り組みだと定義することができる。あるいは影響力のある定義を引用すれば、社会問題とは「推定された状態について苦情を述べ、クレイムを申し立てる個人やグループの活動」である（Spector & Kitsuse, 1977, P.75, 邦訳1992, p.119）。いいかえれば社会問題の研究は状態ではなく、状態についてのクレイムに焦点をあてるべきなのである。

一見すると、主観主義アプローチは間違っているようにみえるかもしれない。たとえば貧困問題に関心を持つならば、貧困を状態と捉えて研究すべきではないか。貧困の人びとの数を測定する、貧困の原因を決定する、といったことを試みてもよい。いいかえれば客観主義的アプローチを採用して、貧困についてのクレイムよりも、貧困の状態に焦点をあてるべきではないか、と。もちろん貧困やその他の社会状態を研究することは可能であるし、そうすることは何も間違っていない。しかしそうした研究方法は、貧困を「**社会問題として**」研究することとは何ら関係がないのである。

社会問題としての貧困研究では、人びとがいかにして、なぜ貧困を問題と考えるに至ったのかと問うことが必要である。何といっても貧困は昔から現在まで存続する。歴史を通じて、さまざまな社会で、多くの人びとは貧困を当然と考えてきた［貧困も何らかの意味で社会に役立つという考えが合衆国にはある］。貧困は必要であり、正常であり、公正なものとさえ捉えられてきた。莫大な数の貧困人口を抱える社会では、貧困は社会問題とはみなされてこなかった。それとは対照的に、合衆国や多くの近代社会では、貧困は社会問題とみなすべきであって、貧困について何か取り組むべきであるという考えが広く流布している。貧困を「**社会問題として**」研究するためには、いかにして貧困についての考えが現れ、広まっていったのかを検討する必要がある。

いいかえれば、社会状態に関する客観的な特徴に基づいて社会問題の有効な定義をみつけようとするのは、無益な試みであるとわかる。社会問題について体系的に考えるためには、人びとが社会問題を判別する過程に焦点をあてる主観主義的アプローチをとることが必要不可欠なのである。そのような過程は、社会学者が「社会的構築」と呼ぶものと関係している。

社会的構築

社会的構築とは、人が世界に意味を与える方法を指している。人は言語を使っている。言語は、私たちをとりまく世界を理解するのに必要不可欠である（試しに、言葉を使うことなく思考してみればよい）。乳幼児期に達成しなければならない重要なことの一つは、ことばを認識、理解、使用する方法を習得することである。言語を通じて私たちは世界を分類し、あるものは食べることができる（**食べもの**）、また別のものは危険で食べてはいけない（**毒**）といったことを理解するようになるのである。明らかにこれは社会的な過程である。私たちは言語を発明するのではない。そうではなく私たちは、親や周囲の人びとが使う言語を使用する。彼らが用いる言葉の意味——すなわち世界を分類するカテゴリー——こそが、私たちが学ぶことなのである。子どもは成長すると、英語、スペイン語、あるいは子どもたちの周囲の集団で話されている言語を話すようになる。そして子どもは集団が共有する意味を世界に与えるようになる。

言語は柔軟なものである。人は世界について新しいことを習得すると、新しい意味を持つ言葉を考案する。こうして人はたえずまわりの世界についてみずみずしい解釈を創造、あるいは構築するのである。これは社会過程であることから、社会学者はこれを「社会的構築」と呼んでいる（Berger & Luckmann, 1966）。

社会学者は社会的構築を必ずしも恣意的な過程とはみなさない。それは人びとが住まう物理世界によって拘束されている。理論上、人間はあらゆる不合理な（ridiculous）意味を構築すると想定できる。たとえば仮想の社会で、岩石は理論的には食べることができるとか、人は腕を羽ばたかせれば飛ぶことができるなどと、若者に教えたとする。しかし、これはまずありえない。ありうるかもしれないが、まず起こるはずがない。なぜならそれらの知識は価値がなく、危険なものと証明されるからである。一般に人びとが構築する意味は、彼らが住まう世界の中で意味をなすものでなければならない。

重要なのは、人が世界に不合理な意味を与えるということではなく、人は少なくとも周囲の環境のいくつかに意味を付与しなければならないことである。おそらく、あらゆる人間社会は歴史を通じて人を男と女に分類してきた。その区別は相対的に明確である。私たちは新生児をみて、自信満々にあれかこれかのカテゴリーに分類する。もしこれが社会過程と思えないなら、（数千に一人ほどの）ごくまれに一部の新生児は、単純に男性／女性に分類するのが困難な、特異な生殖器を持って生まれること、そして社会はこれらの事例をどう扱うのかを決めなければならないことを想起すればよい（Feder, 2014）。かつては両性具有者（hermaphrodites）と呼ばれ、現在では**インターセックス**（intersex, 半陰陽）と呼ばれるこれらの個体は、単純な男性／女性のカテゴリーに難題を提起する。これにはさまざまな解決方法が存在する。多くのネイティヴ・アメリカ社会では、これらの個体を**二つの精神**を持つ特別な存在、あるいは標準的な男性／女性の分類の外部に存在する第三の性として定義した。それとは対照的に現代のアメリカの外科医は、乳幼児に男女の容姿を与えて、明確なジェンダー・アイデンティティを育てるために異常を「修正する」ことが多い。他方、個人からインターセックスである権利を奪うとして、こうした実践に反対する評論家もいる。

この事例は、人を男性／女性に分類するという単純にみえることさえも、意味を構築する社会過程であることを想起させる。これらのカテゴリーに付与される正確な意味――男性／女性に付与される属性――は、社会によって変化することにも注意してほしい。男性／女性という二つのカテゴリーへの分類とそれぞれのカテゴリーに関連した特性は、いずれも社会的構築の事例である。太陽系や物質界のあらゆる要素のなかで惑星をいかに定義するかを含めて、あらゆる意味は社会的に構築されたものなのである。

社会学者は一見、馬鹿馬鹿しいとみえる問題を指摘することで社会的構築を描き出す。これらの例はある種の分析力を示していることが多い。社会学者は社会的構築の過程を明らかにする。魔女狩りは格好の歴史的事例である。ＵＦＯによる誘拐と悪魔的儀式虐待（Satan c Ritual Abuse, SRA）はより現代的な事例であろう。評論家は、魔女、ＵＦＯ、児童虐待をする悪魔崇拝者が存在することを確証する証拠は存在しないと主張するかもしれない（あるいはこれらが現実の現象であると確信している人びとを当面、無視するかもしれない）。それゆえ社会学者は魔術、ＵＦＯ、悪魔の血のカルト集団が明らかに社会的構築であると主張する。

この結論はなるほど正しいが、その意味するところは完全に間違っている。ＵＦＯによる誘拐という用語が人びとによって作られ広まったという意味では、たしかに社会的構築である。しかし証明不能なクレイムのみが社会的構築であるという含意は間違っている。ＵＦＯによる誘拐と同様、貧困もまた社会的に構築された。「貧困」という用語は、人が世界を理解するためにつくった、もう一つのカテゴリーである。UFOによる誘拐に関心を集めようとする人びとがいるのと同じように、貧困への注目を集める運動をする人びともいる（たとえば一九六〇年代にはリンドン・ジョンソン大統領は「貧困撲滅」を宣言した）。ただし貧困が社会的構築であるという言明は、貧困が存在しないことや現実世界で貧困が起きないことを意味するわけではない。ある人が別の人よりもお金を多く持っていないことは明らかである。しかし、これらの人びとを描写するために（たとえば「哀れ」や「堕落」といった言葉――かつて貧困の人びとを描くために使われた――よりも「貧乏」を選ぶといったように）選ぶ言葉、あるいは、いかにそれらの状態を説明し、何をすべきかを提示するのは、人びとがつくり出し、使いこなす〈意味〉である。その意味で貧困も――私たちが知る他のものと同様に――社会的構築なのである。

社会問題が社会的構築であること、社会問題として構築される状態に共通するのは、まさにその構築であることを認識すると、社会問題を**社会問題過程**の観点から理解する必要のあることが明らかになる。つまり社会問題の研究はいかにして、なぜ、特定の状態が、社会問題として構築されるのかに焦点をあてるべきなのである。貧困――あるいはUFOによる誘拐――が、なぜ、いかにして、特定の時期に、特定の場所で、興味関心が持たれる話題として現れたのか。なぜ人びとはある状態に対して、なすべきことを決定するのか。いかにして人びとは何をすべきかを決定するのか。このように社会問題を研究する手法が、本書で採用する**構築主義的アプローチ**と呼ばれるものである。

基本的な枠組み

構築主義的アプローチは、いくつかの基本用語の理解を必要とする。これらの用語は次章以降であらためて登場する。一つめの用語は**クレイム**である。社会問題の構築は**クレイム申し立て**の過程を含んでいる。すなわちある人が、トラブルであると認識すべき状態が存在し、対処する必要があるというクレイムを申し立てることによって、その主題に対して他者の関心を喚起する必要がある。構築主義の社会学者は、社会問題はクレイム申し立ての過程という観点から定義されるとする。なぜならクレイム申し立てこそが——そしてクレイム申し立てのみが——あらゆる社会問題に共通するからである。

クレイムはさまざまな種類の証拠によって支持されることに注意してほしい。貧困についてクレイムを申し立てる人びとは、貧困の統計、貧民の写真、あらゆる種類の証拠を提示する。UFOによる誘拐のクレイムは、誘拐されたことを思い出したと述べる当人の説明に依存しがちである。クレイムが説得力を持つかどうかはまた別の問題である。極端にいえば、誰も説得力があると思っていないクレイムも考えられるのである。惑星ゾラックスから来た目にみえない未知の生物が、まさに人びとが吸っている空気の中にはびこっていると、街角に立って通行人に警告している男を想像してみてほしい。これはクレイムではあるが、聞いた人が全員それを受け容れなかったり、無視したならば、それは影響力を持たないであろう。社会問題過程にはクレイムを申し立てる人びとのみならず、クレイムに反応する人びとが必要とされるのである。

クレイムを申し立てる人びとは、もちろん**クレイム申し立て者**である。クレイム申し立て者は、あることが問題であり、それを解決するために何かがなされるべきであると他者に理解させようとする人びとである。いうまでもなくクレイム申し立て者は必ずしも平等とは限らない。私たちは、たんにそれらがもっともらしいという理由だけで、あるいは尊敬される人びと——専門家、公務員など——によって促されるという理由だけで、あるクレイムを重大なものとして扱いがちである。成功したクレイムは世間に広がって、メディア報道と公共政策をめぐる論争の主題となるのである。

これら少数の概念——クレイム、クレイム申し立て、クレイム申し立て者——が、社会問題過程の精緻な分析の基礎となる。本書を通じて、私たちはクレイムと、クレイム申し立てがなされる状態を判別する。私たちは**トラブル状態**——すなわちクレイムの主題となる状態——に言及する。「**トラブル**」という言葉は、私たちの関心を人びとの主観的な反応に差し向ける。もしある状態が誰かを困らせているなら、それはトラブル状態にある。誰もがクレイムを受け容れる必要はないことに注意してほしい。たとえ他者があるクレイムは空想だと考えたとしても、UFOによる誘拐がトラブル状態にあると考える人もいる。実在しているかどうかにかかわらず、私たちは貧困もUFOによる誘拐もトラブル状態であると考えうるのである。

主観主義的な立場を適用することは、はじめはややこしく思えるかもしれない。特に二種類の混乱が浮上する。第一は、すでに議論してきた。すなわち「**社会的構築**」は、人びとが誤って想像上の実在しない現象のみを扱うと考えることである。何度もいうが、これは間違いである——あらゆる人間の知識は言語を通じて社会的に構築される。それはあらゆる社会問題が社会的に構築されることを意味している。

第二の混乱のもとは、社会学者が自身も社会的構築に従事していることを認識する必要があることである。他のすべての人びとと同様、社会学者も世界に意味を与えるために言語を用いている。社会学者は世界を分類するために使用するカテゴリー——たとえば**クレイム**や**クレイム申し立て者**——を考案するのである。たとえば本書は、社会問題過程に関する一連の社会学的なクレイムとしても理解されるであろう。

もし社会学がもう一つの社会的構築であるならば、社会学的な知識を信頼することができなくなるのではないかと懸念する人もいるかもしれない。もちろんそれに対する答えは「私たちは他者の知識を信頼できるのと全く同様に、社会学を信頼できる」というものである。私たちが日常生活でクレイムに出会うとき——つまりある人が私たちを褒めるとき、政治家が私たちに投票を呼びかけるとき、広告主が私たちに製品を売ろうとしているとき——私たちはそれらを額面通りに受け容れるわけでもないし、それがすべて無意味だと受け取るわけでもない。むしろ私たちはクレイムを評価し、証拠を探そうとする。それらと同じく、社会学者は人びとの議論を補助できる。本書の試みはそうした補助の性格を示唆するものである（構築主義的アプローチのさまざまな理論的側面、方法論的側面についての詳細な議論は、以下を参照せよ。Harris, 2010; Holstein & Gubrium, 2008; Loseke, 2003; Weinberg, 2014）。

本書の進めかた——社会問題の自然史

本書が社会問題に対して採用するアプローチを理解するには、よく知られる合衆国の歴史から一例を挙げて始めるのがよいだろう。すなわち人種差別に対する一九六〇年代の公民権運動である。第二次世界大戦後も、南部の州は人種隔離政策を維持する法と慣習を保ち続けた。アフリカ系アメリカ人は選挙で投票できなかった。異人種間の結婚は非合法だった。白人と黒人とは異なる学校に通った。その他の施設も隔離されていたので、アフリカ系アメリカ人は異なるレストランで食事をし、バスの中では異なる区分の座席に座り、人種別に隔離されたトイレと噴水式水飲み場を使用した。こうした人種隔離制度に対する組織的な抵抗が一般的にみられるようになり、特にアラバマ州モンゴメリーで一九五五年から五六年にかけて発生したバスのボイコットでは、国民的な関心がマーティン・ルーサー・キング・ジュニア牧師の指導力に向けられた。

一九六〇年代初頭までに多数の公民権運動の団体——キング牧師の南部キリスト教指導者会議（ＳＣＬＣ）、人種平等会議（ＣＯＲＥ）、学生非暴力調整委員会（ＳＮＣＣ、「スニック」と発音される）を含む――が立ち上がり、デモ行進、ボイコット、フリーダム・ライド（自由のための乗車運動）、投票人登録運動などの抗議活動を主導した。テレビのニュース番組は、抗議する人びとを警察が殴って逮捕する劇的な場面を放送した。さらに――特に南部以外の世論では――公民権運動に対する共感が高まっていった。一九六三年にはワシントンで議会行動と呼ばれる大規模なデモ行進がなされ、ついに公民権法（一九六四年）と［黒人の］投票権法（一九六五年）が議会で可決されたのである。一九六〇年代末までに人種的不平等の問題は別のかたちで残存していたが、南部の人種隔離策は概して法的な根拠を失ったのである。

私たちはより一般的な現象を記述するために、人種隔離政策に対する公民権運動の物語を使用できる。それが社会問題の自然史である。**自然史**《ナチュラル・ヒストリー》という用語は、種々の事例に多く現れる傾向にある一連の段階《ステージ》に注意を向ける。自然史という用語は、もともと動植物の生態を観察する研究領域で使用されていたが、社会過程を研究する社会学者によって導入されたものである。図1－1は、社会問題の過程の自然史を示している。

自然史は六つの段階が想定できる。クレイム申し立て活動、メディア報道、大衆の反応、政策形成、社会問題ワーク、政策の影響である。図1－1は一般的な枠組みを示している。あらゆる社会問題構築の事例がこのモデルにあてはまるわけではないが、自然史の記述は典型的な社会問題の過程について私たちが考慮すべきことをまとめるのに役立つ。実際にさまざまな社会問題過程の自然史を提示する社会学者もいる（Blumer, 1971; Spector & Kitsuse, 1977を参照）。図1－1では、現実には複雑な過程について見取り図を与えるために単純化して示した。後半の章では、この図を拡張して複雑な過程を考えていくが、ここでの説明は私たちに出発点を与えてくれる。

第一段階――クレイム申し立て活動

図1－1の第一段階は、クレイム申し立てに関連している。この段階ではクレイム申し立て者がクレイムを申し立てる。すなわち特定のトラブル状態が社会問題として認識されるべきであること、その問題についてなされるべきことを主張する。公民権運動の事例では、クレイム申し立て者は、人種隔離制度に抵抗した社会運動の活動家とデモ参加者である。クレイム申し立て者とクレイムとは区別できる。「**クレイム**」とは他者に対して何かが問題であること、解決されるべき問題が存在することを説得しようとする主張であり、試みである。たとえば公民権運動は、人種隔離政策が間違っていること、公正ではないこと、平等についてのアメリカ人の基本的な信念を冒瀆すると主張した。社会問題の過程はつねにクレイムとともに始まる。したがって私たちは第2章でクレイムのさまざまな側面を検討する。

典型的なクレイム申し立て者は公民権運動、SCLC、CORE、SNCCといった社会運動組織のメンバーの**活動家**であると私たちは考える。

多くの人びとはクレイムを申し立てるが、クレイムに他者の注目を集めさせることは多くの場合、困難である。活動家は自分たちの大義に注目を集める方法を編み出さなければならない。公

図1－1　基本的な社会問題過程の自然史モデル

クレイム申し立て　人びとは、ある特徴、原因、解決をともなった社会問題が存在することについてクレイムを申し立てる。（例）マーティン・ルーサー・キング・ジュニアのような公民権運動の活動家は、合衆国南部の州の人種隔離政策を終わらせることを求めて、デモ行進を行う。

↓

メディア報道　クレイムについてのニュースがより広く聴衆に届くために、メディアはクレイム申し立て者について報じる。（例）新聞やテレビの記者は、公民権運動をめぐる対立について説明する。

↓

大衆の反応　大衆の見解は、クレイム申し立て者によって認識される社会問題に焦点をあてる。（例）人びとは人種隔離政策について関心を寄せて、反対のキャンペーンを支持するようになる。

↓

政策形成　法律家や政策を形成する権力を持つ人びとは、問題に対応する新しい方法をつくり出す。（例）連邦議会は公民権法（1964年）と投票権法（1965年）を可決する。

↓

社会問題ワーク　政府機関は、さらなる変化を要求することをふくめて、新しい政策を実行する。（例）新しい連邦法のもとで、国家と地方自治体は人種隔離政策の公的な政策を終了させなければならない。

↓

政策の影響　新しい構造に対して、さまざまな反応がみられる。（例）人びとは、人種差別を減少させるためにさらなる変化を求める。それに加えて、女性や他の諸集団の権利を向上させるキャンペーンを要求する。

民権運動の活動家は注目を集める方法として、座り込み、ボイコット、フリーダム・ライド、デモ行進を実施した。また活動家は他人を自分たちの運動に呼び込み、運動の管理運営を行い、運動目的に関心を持たせ続ける必要がある。第3章ではクレイム申し立て者としての活動家の役割、ならびに社会運動が直面するいくつかの課題を検討する。

クレイム申し立て者は社会運動の活動家にかぎられるわけではない。クレイムは物理学者、科学者、法律家、公務員などのさまざまな**専門家**からも出てくる。これらの人びとは特別な知識を有することから、特別な権限を持ってクレイムを申し立てる。たとえば科学者たちは特定のトラブルにある社会状態の性質や程度を示す研究を行うかもしれない。あるいは法律家は特定のトラブル状態に関連する法律を再解釈する必要があると主張するかもしれない。たとえば公民権運動の時期、社会科学者と精神科医は、人種隔離政策は有害な影響をもたらすとクレイムを申し立てた。他方で法律家は、法廷で人種隔離政策に立ち向かう戦略を考えていた。多くの社会では特別で専門的な知識を持つとみなされる人びとに権威を与えている。第4章では、専門家がクレイム申し立て者として、いかに権威を用いるのかを検討する。

第二段階——メディア報道

図1−1で示されている第二段階はメディア報道である。クレイム申し立て者は、自分たちのクレイムをより広い受け手(audience)の注目を集めるためにメディア報道を求めることが多い。

メディアの性質は——新聞雑誌に印刷された記事や写真、ラジオやテレビのニュース番組で放送されたレポートから、ソーシャル・メディア、おびただしい数のインターネット上のウェブサイトまで——変化する。しかしそれらはすべて、大衆と政策立案者の双方をクレイムに関心を向けさせる場となる。公民権運動で活動した人びとは報道に依存している。伝統的に南部以外に住むアメリカ人は、人種隔離政策について知らないふりをすることが容易であった。しかし抗議する人びとと警察との劇的な衝突は、公民権運動についての国民的な関心に焦点をあてた大きなニュース記事をつくり出したのである。メディアは、いかに社会問題を扱うのかに影響を与える実際の判断を行わざるをえない。メディア報道は必然的にクレイムを再形成するのである。これが第5章の主題である。

第三段階——大衆の反応

一般大衆は、クレイム申し立て者から直接的、あるいはメディア報道を通じて間接的にクレイムについて知ることになる。これらのクレイムへの大衆の反応は、図1‐1の第三段階を形作る。通常、大衆の反応を理解する試みは、人びとの態度を測定しようとする世論調査と関係している。いくつかの場合には、クレイム申し立てが世論に大きな影響を与えることもある。たとえば公民権運動のときには、公民権を重要な問題と考えて、南部の人種隔離政策を認めないアメリカ人の割合が増加したことを世論調査は示している。こうした変化は、民主主義で重要だと考えられている。なぜなら有権者は見解の変化を反映させた議員を選出するからである。第6章では、大衆の反応を理解するさほど伝統的でない方法に加えて、世論調査についてみていく。

第四段階――政策形成

図1－1にみられる自然史の第四段階は、**政策形成**である。社会政策は社会のトラブル状態に対処する手段である。こうした社会政策はさまざまな方法でなされる。もっとも明らかなのは法律改正である。たとえば一九六四年の公民権法と一九六五年の投票権法――連邦政府の公民権運動に対する大きな反応――を連邦議会が可決し、ジョンソン大統領が署名したときのような法律改正である（その後、州政府の立法機関と地方自治体も人種隔離政策に関連する法律を修正せざるをえなくなった）。しかし立法だけが唯一の政策形成の手段というわけではない。あらゆる組織が社会政策を行うのである。たとえば政府機関は浄水の基準を設定する、学校は生徒の服装に関する規則をさだめる、などである。政策立案者はクレイム申し立て者、メディア報道、世論に反応するが、政策立案者自らの判断も、彼らがつくり出す政策を形作るのである。政策形成は、第7章で中心的に扱われる。

第五段階――社会問題ワーク

新しい社会政策ができたと宣言すれば、問題が終わるわけではない。政策は特定の政策を執行する権限を持つ警察官、ソーシャルワーカー、教師といった人びとによって実行されなければならない。これが**社会問題ワーク**——図1‐1の第五段階——である。クレイム申し立て者、メディア、大衆、政策立案者はきわめて抽象的で理論的な用語で社会問題を議論することが多い。ここで議論されるのは、「何が間違っている」とか「これがなされるべきである」といったことである。それとは対照的に、社会問題ワーカーは、実際の問題として社会的な問題に取り組んでいる。社会問題ワーカーは特定のケースに対処し、しばしば非常に複雑だと思われる困難な現実世界に取り組まなければならない。具体的には、公民権法は具体策として施行するための実践のかたちに変換される必要がある。たとえばあらゆる白人の警察部隊では、差別が撤廃されるべきであるといえるだろう。しかし、たとえすべての人びとがその原則に同意したとしても、いかに警察官が選ばれるのかについての実際上の詳細について人びとは同意しないかもしれない。第8章では、社会問題ワークの複雑さに取り組む。

第六段階——政策の影響《アウトカム》

図1‐1の第六段階、そして最終段階は、社会問題過程への反応である**政策の影響《アウトカム》**である。いくつかの政策の影響にはいくつかの種類がありうる。社会政策が実行される方法と直接的に関連づける論者もいる。新しい政策は効果がないと批判する者もいる——「トラブル状態に対処するのに不十分である」、「実際には政策が新しい問題を引き起こし、事態を悪化さえさせている」と

いったように。たとえば1960年代に可決した連邦公民権法は、不十分だと批判され続けてきた。たとえ法的な人種隔離政策の公的システムが廃止されても、あらゆる種類の人種的不平等は残存したというわけである（こうして黒人は低賃金で寿命が短い状態が続いている、と）。さらに「公民権運動から現れたアファーマティブ・アクションの政策自体が、不平等構造を創り出している」と告発し、「政策が行き過ぎている」と主張する批判者もいる。政策の影響を測定し、その効果を評価する試みもあるかもしれない。しかし、どのように効果を判定すべきなのか。そのような不満や疑問は、しばしば新しいクレイムを導き出し、社会問題過程が新しく始まるのである。このような社会問題への反応が、第9章の主題である。

それとは対照的に第10章では、時空間を超えて拡張する一連のより広い影響について検討する。公民権運動の影響を考えてみよう。人種隔離政策に対して大々的に行われたキャンペーンは、アメリカ国内に加えて世界のクレイム申し立て者にも影響を与えた。公民権運動の活動家は、「いかに社会運動を組織するか」「自分たちの大義のために、いかにメディア報道をひきつけるか」などについて、有益で実践的な教訓を学んだ。公民権運動のベテラン活動家たちは、自分たちの新しい手練手管を他の社会運動に適用し始めた。そしてベトナム反戦運動、女性の権利、ゲイ、レズビアンの権利向上運動に関わるようになったのである。他国のクレイム申し立て者も、自分たちの国で起きているトラブル状態への抗議活動を組織することによって、アメリカの公民権運動の成功を反復することを試みた。第10章では、いかにクレイムが広がるのかを探究しながら、クレイム申し立てのサイクル、すなわち、多数の注目を集めるほどクレイムは増えるが、いったん減少し、数年後再び増加するというパターンについて考察する。

最後に第11章では、第2章〜第10章の議論をふまえて図1－1を再検討したうえで、社会問題過程についてより精緻な自然史モデルを展開する。さらに第11章では、構築主義的アプローチの使用法とその将来についても議論する。

その他の主題

第2章から第11章は、図1－1で示される自然史モデルにしたがって構成されている。全体的に、社会問題の過程が生起する順序に主題を議論していく。

トラブル状態は、さまざまな方法で理解される。社会問題の過程の各段階では、トラブル状態はその段階に関係するアクターの関心に適合させるために再構築される。

これは本書の中心的かつ概要な原則である。それに加えて他の二つの主題、すなわち資源（Resources）とレトリック（Rhetoric）は、すべての章に通底する。図1－2が示すように、これらの主題は社会問題過程のそれぞれの段階に影響を与える。

図1－2　資源とレトリックは社会問題の過程の各段階に影響を与える

資源

アクターは平等ではない。ある人は、他の人よりも、権力、地位、接触、教育、お金を持っている。これらの資源は、社会問題の各段階の過程に影響をおよぼすことを容易にする。

↓　↓　↓　↓　↓　↓

クレイム申し立て → メディア報道 → 大衆の反応 → 政策形成 → 社会問題ワーク → 政策の影響

↑　↑　↑　↑　↑　↑

レトリック

あらゆるトラブル状態は様々に理解されうる。社会問題過程の各段階において、トラブル状態はその段階にある行為者に直合するよう再構築されうる。

資源

　第一の主題は、人びとが社会問題過程に持ち込む資源に関係する。社会の成員は平等ではない。ある人は他の人よりもお金、権力、地位、教育、社会的接触などを多く持っている。これらは、社会問題過程で人びとが利用できる資源である。私たちは図1－1の各段階に競争が含まれることを発見する。クレイム申し立て者は、自分たちのクレイムに関心を引きつけるため、競合する。さらにクレイムは、メディア報道や大衆、政策形成者といった人びとの注目を集めるために競合しているのである。社会問題過程の各段階では、あるクレイムが次の段階に移動するのに成功する一方、別のクレイムは注目を集めるのに失敗することがある。歴史上、多くの支持者をまったくひきつけることができず、無視され、斥《しりぞ》けられ、信頼されなかったクレイムがたくさんある。

　資源はクレイムの競合に影響する。一般的にお金、権力、その他の資源を持つ人びとは、自分たちのクレイムを容易に広く伝えることができる。大企業の経営者が入手できる資源は、社会政策に大きな影響を与える。経営者は、彼らとそのロビイストたちが政策形成者にアクセスできる政治資金として使えるお金を持っている。これと対照的に公民権運動は、人種隔離政策のもとで生きていたアフリカ系アメリカ人が限られた資源しか持っていなかったからこそ、感動的な物語だったのである。彼らの場合、お金を調達する方法や政治的な影響力は相対的に少なかったが、社会政策を成功に導いたキャンペーンをしかけたのであった。社会問題過程のあらゆる段階で、不平等——人種、階級、ジェンダー、その他のことにもとづく不平等——は、人びとがさまざまな資源を社会問題の過程に持ち出すことを意味している。十分な資源を持った人びとは、ほとんど資源を持たない人びとよりも、クレイムを形成し、人びとに知らしめることがたやすいのである。

レトリック

本書の各章に通底する第二の主題は、レトリックである。**レトリック**とは説得の研究である。社会問題の構築には必然的にレトリックがともなう。人がクレイムを申し立てるときはつねに、他者に対して、何かが問題であり、それがある特定の種類の問題であり、問題に対処するのに必要な具体的な活動は何かを説得しようと努める。これらの主張は、社会問題過程の各段階で行われる。つまり、あらゆる問題は構築されるとともに、再構築されるのである。クレイム申し立ての運動に参加している人びとも、さまざまなレトリックを採用する。活動家と専門家のクレイムは、異なる要素を強調することが多い。クレイム申し立て運動を報道するとき、メディアはクレイムを、自分たちの必要に合わせるかたちで再形成する。同じように、社会問題に関心を持つ大衆は特定の側面を強調する一方で、別の側面を軽視する傾向にある。同様に、政策形成者はトラブル状態に対処する手段を考案するとき、何が問題なのかを彼らなりに構築する。さらに社会問題ワーカーが政策を実行するとき、彼らは課題が実際に必要とするものに応じて特定の側面に焦点をあてる。――しかしまた別のものが再構築される。最後に政策の影響の段階で、あらゆる過去のクレイムや実施された政策が再解釈される。

レトリックは理性だけでなく感情にも訴える。クレイム申し立て者は、恐怖や共感といった感情的な反応を引き出そうとする。もちろん多くのメディア報道は、聴衆に憤怒や同情を感じさせようとする。社会問題過程を通じて、人びとは考えを共有させるために、観念だけでなく、感情を喚起する。このようにレトリックは、以下の章で中心的な主題である。なぜなら社会問題のクレイムは静的ではないからである。むしろ社会問題クレイムは、レトリックが変化するにつれて、より大きな社会問題過程の各段階で変化しうるものなのである。

資源とレトリックというテーマは、社会問題過程が広く構造的かつ文化的な文脈のもとで生起することを想起させる。現存する社会構造の配置――すなわち資源――は、クレイム申し立てにあたって、いくつかの行為者を有利にする。より多くのお金や権力を持つことで、ある特定の構築を促進することが容易になる。それと同時に、よりマクロな文化は程度の差はあれ、特定のクレイム――レトリック――を説得的にする。その結果、社会問題過程の各段階では、他人が説得的と思うようなクレイムを考案するために、行為者たちが競合するのである。

フィードバック

最後に図1―1、図1―2がいずれも見過ごしていた第三の主題がある。これらの図は社会問題過程を単純化しすぎている。いずれの図でも、社会問題過程の段階のあいだの矢印が、単一方向のみを向いている。クレイム申し立てはメディア報道に影響を与え、次いでメディア報道は大衆の反応をかたちづくる、といったように。しかし実際には、社会問題過程は複雑であり、数多くのフィードバックを伴っている。つまりクレイム申し立てはメディア報道に影響するが、クレイム申し立て者もメディア報道から影響を受けることがある（たとえば報道記事が　一九五〇～一九六〇年代の公民権運動のデモを無視したとき、公民権運動の活動家は今後のデモに向けて報道を惹きつけようとして、自分たちの行動を調整しなければならないと理解したのである）。同様のフィードバック過程は、社会問題過程のあらゆる段階で発生しうる。なぜなら、さまざまな段階に存在する行為者――クレイム申し立て者、メディア関係者など――は、たんに活動するのみならず、自身の活動に対する他者の反応、ならびに活動を調整することで、反応に対する応答にも関心を払うからである。

本書ではいくつかの時点で、これらのフィードバック過程を例示する詳細な図表について検討していく。さらに第11章では、フィードバック過程についてより詳しく議論する。図1－1は社会問題過程を考えるための端緒ではあるが、決して最終的な形態でないことを覚えておいてほしい。

まとめ

本書は、社会問題の構築主義的アプローチを探究する。社会問題の構築主義は、社会問題を客観的に定義される特徴を共有する状態と想定するというよりは、社会問題を主観的な問題関心が生起する過程と定義する。この過程は典型的な経路にしたがう。それが自然史であり、これから本書の基礎となるものを提供する。

以下の章では、社会問題過程にみられる具体的な段階に焦点が絞られる。まとめていえば、これらの章では社会問題の構築を考えるうえでの一般的な図式が展開される。各章には、どのような原則が議論されるにせよ、それらを例示する短い寸評がふくまれている。

もちろんこれらの事例は、すべて例示的なものにすぎない。本書の目的は、読者が興味深いと思うすべての社会問題について考えるための、よりよい方法を提供することにある。

第2章　クレイム

ニュースをふだんから追っている人なら誰しも、新しい社会問題に関するクレイムを耳にせざるを得ない。ウェブ上のニュース記事には、医者による新たな病気の特定や、科学者による新たな環境脅威の発見が公表されている。テレビの解説者は、危険な新しい薬物が蔓延しているとか、法の執行が新たな犯罪との戦いを引き起こしていることを警告する。ブロガーたちは技術革新やライフスタイルの変化がもたらした新たな問題について議論を行っている。

こうした新たな問題はしばしば、ロード・レイジ［あおり運転］、情報格差、人身売買、人種プロファイル［犯罪捜査で犯人の特徴を人種にもとづいて推論すること］など、人目を引く名称がつけられる。目新しい専門用語は突然人口に膾炙《かいしゃ》するようにみえるが、多くの場合、新しい問題に対する興味はすぐに失われ、しばらくその問題が注目を浴びたあと、別の関心へと移ってしまう。しかし一九七〇年頃に誕生した性差別など一部の言葉は、人びとの語彙や意識に残り、彼らが発見した問題は依然として注目の的であり続けている。

新しい社会問題の構築にはクレイム申し立てが含まれており、それはトラブル状態に対する注意を喚起する。クレイムとは社会問題過程《プロセス》における第一の要素であり、本章はこれを中心に扱う。具体的には、クレイムの基本構造を見た後に、どのようにオーディエンス（以降、受け手）が反応し、クレイムがどのように発展し、そのクレイムが文化のどこに位置づけられるかについて検討する。

クレイムのレトリック

すべての社会問題のクレイムは説得力のある議論を行おうとする。議論は他者を説得する営為のことであり、ある特定のトラブル状態が社会問題だと認識すべきであり、その問題はある特徴を示していて注意する必要がある、そしてそれはある特定の方法で対処されるべきであるといったことを他人に確信させるためのものである。クレイムを議論（argument）や言論（statement）として分析するとき、クレイムはそれが真実であるかどうかよりも、クレイムを申し立てる人やその受け手がクレイムの理由づけを説得的と感じるかどうかが重要となる。

本章が示唆することの一つは、クレイムは標準化されたかたちをとる傾向があるということである。なぜなら、ある文化を共有する人びとは同じような議論を説得的だと考えやすいからである。クレイムはその受け手に合わせる必要があるが、クレイムを申し立てる人も受け手と同じ社会に属するため、クレイムを申し立てる人が道理にかなっていると感じるようクレイムを用いたときは、受け手を説得できる可能性が高い。たとえば宗教色の強い社会の成員は、神学的な理由づけを説得的と感じやすいだろうし、それ以外の社会では科学的証拠に傾斜するだろう。その結果、特定の社会のなかでは、異なる問題に関するどのクレイムも同じような方法で構成されていく。つまりあなたが完全に説得的だと感じるクレイムには、あなたが完全に不合理だと思うクレイムとよく似た説得の要素が含まれているだろう。私たちの関心はどのようにクレイムが作動するかにあり、このことを理解するためには、必ずしもそのクレイムが実際に正しいのかどうかを知る必要はないことにご留意いただきたい。

この説得の研究は**レトリック**と呼ばれ、クレイムのレトリックを分析することができる。説得的な議論は前提（Grounds）、論拠（Warrants）、結論（Conclusions）という三つの基礎的な要素を持ったレトリックの構造を共有している（Best, 1990: Toulmin, 1958）。社会問題のクレイムにおいて、「**前提**」とは問題の性質に関する陳述であり、「**論拠**」とは行動を正当化するものであり、「**結論**」とはどのような行動がなされるべきかの説明となる。図２－１は前提、論拠、結論がどのように結びついているのかを示している。それでは順に考えていこう。

図2-1　社会問題クレイムの構造

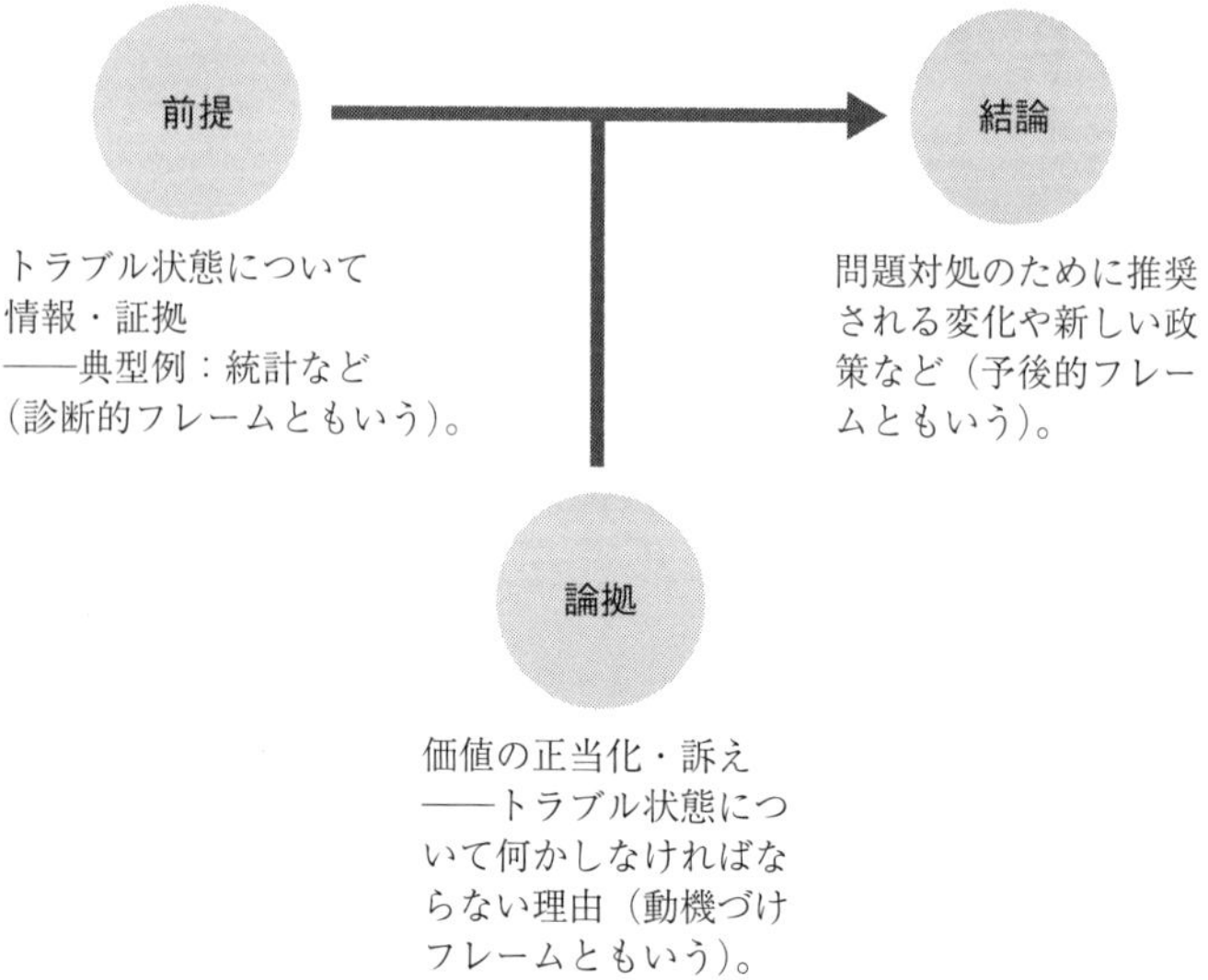
前提
結論
論拠
トラブル状態について
情報・証拠
——典型例：統計など
（診断的フレームともいう）。
問題対処のために推奨
される変化や新しい政
策など（予後的フレー
ムともいう）。
価値の正当化・訴え
——トラブル状態につ
いて何かしなければな
らない理由（動機づけ
フレームともいう）。

出典：J.Best, 1990, Snow & Benfold, 1988, Toulmin, 1958.

前提

すべての社会問題はトラブル状態（troubling condition）を同定することから始まる。そこには二種類の言明が含まれる。そのうち、状態を記述するものが前提であり、なぜそれが問題なのかを説明するものが論拠となる（次節で論じる）。

【基礎的なレトリックのレシピ】　あるクレイムの前提は、通常は事実に関する言明である。問題の状態が存在すると主張し、それを支持する証拠を提供する。現代のアメリカにおけるクレイムは、しばしば以下の三つの要素を含んだレトリックのレシピで前提を構成する。

1　**典型例**　クレイムは、しばしばトラブル状態の極端な例を記述する**典型例**から始まる。実際には、典型例はそれほど極端な事例ではない。しかし通常は問題の深刻さを示すような典型例が選ばれるため、特に極端で、劇的で、不穏で、忘れられない事例が提示される傾向がある。児童虐待の例でいえば、小さい子どもが虐待によって殺されたという残虐な物語からしばしば始まるだろう（Johnson 1995）。これはおそらく代表例ではない。ほとんどの児童虐待はそこまで致命的なものではないのだから。しかしながら、虐待を代表する例として子どもの死を用いることは、きわめて説得力のあるレトリックとなる。この例は問題をメロドラマにも似た言葉で特徴づける。傷つきやすい無垢な少年が、より力を持った悪い大人の脅威に晒《さら》されているというわけである。こうした例は児童虐待が深刻な問題であることを示す。なぜならそれは現実にある、ひどい害悪であるからだ。このように不穏な例を用いることで、人びとは関心を持ち、この悪の脅威に晒された無垢な子どものことを心配するようになる。

2　命名

次にクレイムは、問題に**名称**を与える。先の例のように、死につながる暴行は、凄惨な一「**事件**」から、児童虐待というより大きな問題の一つの「**事例**」へと変化する（Best, 1999）。昔からある行動に対して、新たな名前がつけられることもよくある。ひどい運転は昔からよく知られた問題であったが、それをロード・レイジと名づけたのは比較的最近のことである。他の例では、命名もトラブル状態もともに新しい場合もある。たとえばセクスティング［性的なメッセージや写真を携帯で送ること］は技術が発展して初めて現れた。ここで重要なのは、問題を命名することはそれを定義することと同じではない、ということである。多くのクレイム申し立て者は典型例に焦点をあてることで問題の定義を避けている。「**児童虐待**」や**ロード・レイジ**〔日本語でいうあおり運転〕がメディアでここまで注目を浴びているにもかかわらず、その言葉が示す範囲を厳密に定義することは今なお非常に難しい。むしろクレイムを受け手に対して作り上げる人たちは、受け手が一つかそれ以上の典型例をよく知ることによって、問題の性質をさらに理解するようになると想定している。

3 統計

多くのクレイムで用いられる三つ目の要素は何らかの**統計**であり、それは問題の範囲を示す数字である。児童虐待の例では、年間三〇〇万人近い児童虐待の報告が当局に対してなされていると言われている。現代アメリカの文化では、統計は正確で精密なものであると信じられている。誰かが何かについて数えてきたはずだと。実際のところ、それは必ずしも正しくない。クレイム申し立て者が最初にある社会問題への興味を引こうとするとき、しばしばその問題が無視され、見過ごされてきたと論じる。しかし、誰もがそのトラブル状態を見落としてきたということは、その存在を注意深く観察してきた人はおそらくいないわけであり、それはつまり誰も正確な統計を持っていないということである。結果として初期のクレイムは、おおまかな概算や経験にもとづく推測に依拠することとなる（Best, 2013）。そしてクレイム申し立て者は劇的な典型例を好むのと同程度に、大きな数字、すなわち問題が広がっていることを示唆する統計を好む。なぜなら大きな数字は大きな問題が存在することを意味するからだ。特に社会問題過程《プロセス》における初期段階においては、クレイムは、たんに大まかな見積もりにすぎない大きな数字に焦点をあてる傾向がある。

劇的な典型例、命名、大きな数字は、基礎的なレトリックのレシピに含まれる三つの要素であり、それらは組み合わさることで厄介ごとの印象を強める。たとえば小さい子どもが虐待で死に至ったという記述は、この死亡は児童虐待というもっと大きな問題における一つの事例にすぎないという説明や、毎年三〇〇万人の虐待が想定されるという言説と組み合わされて、何百人もの子どもが命を失う危険に晒されているという印象を与える。この基礎的なレシピは新しい社会問題を認識するのに手っ取り早い、説得的な事例を提示するものである。効果的なレトリックの定番として多くの社会問題クレイムに見られるものとなっている。

【追加的な前提】クレイムは多くの場合、上記の三要素以外の前提にも焦点をあてる。社会問題のクレイムにおいて前提として現れるレトリックの装置にはさまざまな種類があり、いくつかを例として以下に示す。

・状況の悪化　ほとんどのクレイムは、問題が悪化していることを主張している。「**伝染**」

（epidemic）や**犯罪の波**（crime wave）といった言葉は、ことの緊急さを印象づける。問題は拡散しており、なにかしなければ、たちまち取り返しのつかないことになるというのである。

・**類似の問題**　しばしばクレイムは問題を、犯罪や病気など、人びとが容易に認識可能なカテゴリーに分類する。これらの形式は既知のパタンにカテゴライズされるのだ。犯罪とは、無垢な被害者を意図的に食い物にする犯人が行ったものである。病気とは、病気になるべき責を負ういわれのない脆弱な個人を突然襲うものであるといったように。新しい問題のクレイムがある特定の形式に分類されることで、クレイムの受け手はどのようにその問題を考えたらいいのか直感的に理解できる。

・**関連する人びとの類型**　ほとんどのクレイムは、トラブル状態に関与する人びとのカテゴリーを同定し、どのようにその関与を理解すべきなのかを説明する（Loseke, 2003）。もっとも一般的に使われるカテゴリーは**被害者**（ある問題によって被害を受けており、その窮状に何の責任もなく、それゆえ社会からの支持や同情に値すると特徴づけられる人）と**犯人**（悪人。その問題について責任があり、非難や罰の対象となるとされる人）である。無垢で虐待された子どもと虐待する親というように、典型例はトラブル状態に関与する人びとの主要なカテゴリーを示している。

・**影響を受ける人びとの範囲**　クレイムの主要なもう一つ前提は、貧富や白人・黒人の区別に関係なく、広範な人びとがその問題によって影響を受けるという主張である。問題が「ランダムに」発生すると議論されることも多い（Best, 1999）。もちろんある問題がランダムに発生したら、それがクレイムを受け取った人すべてに影響を及ぼすこともあるだろう。このようにランダム性は、クレイムを受け止める各々の人が、問題の影響を被る前になんとか問題に対処しようとする個人的な利害関心を有していることを示唆する。

・既存の解釈に対する挑戦　クレイムは社会問題に関する既存の考え方や新しく提示された考えに対抗することもある。たとえば学校で成績がふるわない生徒たちは、その理由として彼らの行いがよくないからだとされてきた。成績不良は注意力不足、規律や努力の不足など生徒自身に責任があるとされてきた。しかしここ数十年、学習障害に関するクレイムが勢いを増してきた。それによると成績不良は生物学上の学習障害に起因するから援助が必要であり、生徒を非難すべきではないという（Conrad, 2007）。このクレイムは既知の社会的構築に挑戦している。こうした挑戦はかなりわかりやすい。クレイムは、彼らが「神話」扱いするもの、すなわちこれまで広く信じられてきたが彼らにとっては間違いであるものをリスト化し、解体する。たとえば強姦問題の再構築を試みるクレイムは、人びとの強姦に関する考えを歪める「強姦神話」を非難する（Suarez and Gadalla, 2010）。

繰り返すと、これらはクレイムのなかに多様に存在する、語られた前提（grounds statement）の一部にすぎない。さらにクレイムの前提は問題の性質、範囲、未来の見通しなどに対する思慮深さを与えてくれる。効果的な前提は、受け手にこの状態は本物であると納得させ、それによって論拠という次なるステージを用意するのである。

論拠

クレイムの**論拠**とは、トラブル状態に対して何かをすることを正当化し、なぜそれがなされる**べきなのか**を説明するものである。論拠は前提によって同定された状態が私たちの評価と食い違い、それゆえ何かがなされる必要があると議論することで価値と感情を創出する。そのためクレイムは、問題の状態が私たちの正義感、公正性、平等意識などの価値規範を侵害していると主張し、私たちは怒ったり悲しんだりして感情的に反応するだろう。

ここでの価値観は、すべてではなくともほとんどの人が支持できるような、曖昧な規範で表現される傾向がある。ほとんどのアメリカ人は自由、正義、平等、弱者保護、人道主義などの価値観を尊重していることが期待されている。しかしこれは、現実には何を意味しているのか。そのような抽象的な価値観が現実の状況にどう適応するかは必ずしも定かではない。社会問題における議論の上で対立する考え方を持っていたとしても、その相手が同じ価値を奉じていることは珍しくない。たとえば妊娠中絶に対する賛成派も反対派も「**権利**」という同じ価値に依拠している。反対派は「生まれてくる子どもの生存権」を、賛成派は「女性の選択権」をそれぞれ訴えている。同様にアファーマティブ・アクションに関しても、肯定派はそれが不利な立場にあった人びとに利益を付与することで平等を促進すると考える一方、否定派はすべての人を公平に扱っていないがゆえに平等という価値を破壊すると主張する。事実上すべてのアメリカ人が権利や平等という価値を尊重するよう期待されているとしても、これら抽象的な価値観がどう現実の政策に反映されるべきなのかに関しては、明確に意見が異なりうる。

また論拠には流行《はや》り廃《すた》りがある。新しい論拠、すなわちクレイムを正当化する新しい方法が出現し、社会問題の特徴づけを変化させていく。たとえば近年の医療ケアのコスト上昇は新たな論拠を生み出している。高額な医療ケアの重荷が社会に生じているがゆえにトラブル状態が強調されるべきであるとする議論である。たとえばオートバイのヘルメット着用を義務付ける法律は、頭部を怪我した患者に対する長期的な医療ケアの提供が高額な費用負担につながるという論拠にもとづいて正当化される。また喫煙を制限し肥満を減らす運動においても、現状が国の医療コストに何万ドルもの負担をもたらしていると強調される。

医療コストにもとづく論拠は、オートバイ乗車や他の危険行動を擁護する個人の自由という、古くからある、別の論拠に対抗するように出現した。バイクのヘルメット着用、喫煙、肥満の人びとは、たとえその選択にリスクが伴おうとも自分で選択できる自由を持つべきだという議論が長いあいだ存在した。一般にアメリカ文化は、特にリスクを取ることが他者を害さないかぎり、自由を重要な論拠と考える。医療コストを論拠として用いることは、個人の自由にもとづいた古典的擁護に挑戦する。ヘルメットを着用しないバイク乗りや他のリスクを取る人は自身を危険に晒すだけでなく、誰に対しても害を及ぼすからである。というのはそのリスク行為は全面的な医療ケアのコスト上昇を引き起こすからであり、社会はコストのかかるリスクを個人が取ることを抑制する権利があるという議論を行うのである。

人びとは特定の価値観に強く固執し、またクレイムはひと目を惹く必要があるので、クレイムの論拠はしばしば憤り、驚き、悲しみ、罪悪感などの強い感情的な反応を引き起こすものとなる。効果的なクレイムは人びとを行為に向かわせる。ある社会問題に対応することが最も利益になるとする、血の通わないコスト—ベネフィットにもとづく説得よりも、人びとにただちに何かしなければならないと思わせる感情的な扇動のほうが効果的になることもある。それゆえクレイムは煽情的な典型例を好むのであり、罪のない被害者や救うべき人の窮状を見過ごすことは難しいのである。クレイムは幅広い感情的な訴えを利用しうる。

クレイムは多くの異なる価値観や感情を喚起するがゆえに、また価値は抽象的であり、解釈の対立を生じうるがゆえに、しばしばいくつかの論拠に訴える。そうすることで行動原理が相容れない人びとであっても、同じトラブル状態に対して何かしなければならないと同意できる。

結論

あらゆるクレイムは行為を正当化するものを提供する。前提はトラブル状態を同定する。そして論拠はなぜ何かしなければならないかを説明する。こうして、すべてのクレイムは**結論**へとつながる。それは社会問題を解決するために何をすべきで、どんな行動が取られるべきかを特定する言論である。結論の性質は、前提と論拠によって形成される。もしクレイムの前提がひどい苦しみの原因となる状態をうまく描き出し、論拠が苦しみを緩和する必要性に関して人道的な懸念について述べる場合、その結論は苦しんでいる人を救う方法に焦点を合わせるだろう。一方、もし前提が特定の犯罪のおぞましさを強調し、社会が悪から人びとを守る必要性を論拠が強調する場合、その結論はその犯罪の取り締まりを提唱するだろう。

結論には短期的な目標と長期的な目標がともに含まれている場合が多い。短期ではクレイム申し立て者は他人に問題を認知させ、人びとを運動に巻き込み、メディアにその問題を報道させるために注目を集めようと試みる。長期的な目標は、典型的には政策の変化を目指そうとする。そのため、政策立案者は新しい法案を通して計画を策定し、そうでなくともトラブル状態を新しく効果的な方法で取り扱う必要があると議論する。通常、短期的な目標は長期的変化を可能にする過程と見なされる。

結論は、曖昧にではあれ変化を支持することに始まり、行動のための広範で詳細な議題設定に至るまで多岐にわたる。社会問題過程の初期段階では、クレイム申し立て者の初期目標はトラブル状態を認知させることである。それゆえ前提と論拠が強調される傾向がある。社会問題過程の後期段階ではその問題に対する関心は広まっており、政策選択がより中心的な関心となり、結論はより多大で詳細な注目を浴びるようになる。

要約

前提、論拠、結論はほとんどの議論に含まれる標準的な要素である（Toulmin, 1958）。社会問題クレイムの場合、レトリックの構造は何が、なぜ害悪であり、何がなされるべきかを説明する。しかしこのクレイムに耳を傾けた人びとはどうだろうか。クレイムはどの受け手を説得しようとし、彼らはどのようにクレイムに反応しているのだろうか。

クレイム、受け手、社会問題市場

すべてのクレイムは、クレイムを申し立てる人びと（**クレイマー**や**クレイム申し立て者**と呼ばれる）と、クレイムが説得を試みる**受け手**という、最低二つの集団間コミュニケーションを含んでいる。クレイムの受け手には社会問題過程に関与するすべての関係者（問題の原因に巻き込まれうる人びと、他のクレイム申し立て者、クレイムを公共的に報道するメディアの人びと、一般市民、政策立案者など）が含まれる。受け手が何を説得的だと思うかは異なるので、クレイムを受け手の関心に合わせることが効果的である。クレイム申し立て者がどのように受け手の関心を理解しているかによって、レトリックの選択は影響を受ける。受け手が説得的だと思わないクレイムを提示しても無駄なので、クレイム申し立て者は受け手を説得できると彼らが思えるよう、議論を調整する必要がある。

ほとんど抵抗を受けず、クレイムの受け手から瞬時に広く承認されるクレイムもある。たとえば児童虐待や児童ポルノ、子どもに対する他の脅威のクレイムはうまく受け容れられる傾向がある（Best, 1990）。アメリカ文化では子どもは傷つきやすく無垢で、社会が守るべきものと思われている。それゆえ子どもが現在、大人からの脅威に晒されているというクレイムは広く関心を呼ぶのである。こうした議論はとても説得的であるため、そのクレイムに反対する人びとを想定しにくい。一体どのように児童虐待を擁護できるというのか。一見、意見が一致しているように見えるものも異なった見解を内包しているかもしれないが、政治学者はこのような全般的な合意を調達するクレイムを**一人勝ち型の社会問題**（valence issues）と呼んでいる（Nelson, 1984）。

もう一方の極端なクレイムとしては、絶対に合意に至らない固定化された論争に関連したものがある。妊娠中絶に関する論争は、相容れない反対意見を持った人びとがいるために、いまだに激烈である。ある中絶反対派の論者は、中絶は殺人であり、許されないと議論する。一方で中絶賛成派の支持者は、女性は自分の身体をコントロールすべきであり、それゆえ中絶は自由に選択するべきだと主張している。新しい中絶賛成のクレイムが、筋金入りの中絶反対派の考えを変えるよう説得することはほとんどあり得えない。同様に中絶反対派の議論が、筋金入りの中絶賛成派の人びとの意見を変えることもほとんどない。このような論争的な問題、**論争型の問題**（position issues）に取り組むとき、クレイム申し立て者はすべての人を説得できないことを知っており、自分たちのクレイムには少なくとも反対者がいることを想定している（Nelson, 1984）。

クレイムの受け手は一枚岩的な大衆ではなく、人種、年齢、社会階級、ジェンダー、地域などで隔てられ、**セグメントに区切られて**（segmented）いる。異なる受け手のセグメントにはそれぞれ異なる関心やイデオロギーがある。人びとはクレイムが成功したときに何を得、何を失うのかを認識しつつ、クレイムに反応する。それゆえクレイムは、トラブル状態の脅威に直接晒されていると感じている受け手のセグメントにはより説得的に見える。しかしそれ以外のセグメントは、自由が制約されたり、増税されるという真逆の影響を受けるがゆえに、そのクレイムに対抗するかもしれない。

このように利害に対する認知は、しばしばイデオロギーや信念体系と関連している。異なるセグメントの人びとは世界を違った仕方で眺めており、特定の価値や説明、正当化などについて異なる点を強調する。一般に、既存の社会構造の中で利益を得ている人は、現状を正しいもの、公正なもの、合理的なものと考える傾向にあり、現状を変えなければならないと論じるクレイムに対して同情しない傾向がある。それゆえ彼らは利益とイデオロギーに固執する受け手となり、一方でトラブル状態から不利益を被っている人びとは現状の変化を求めるクレイムを受け容れやすい傾向がある。社会の異なるセグメントは異なる価値観を持つため、説得的なクレイムは受け手のセグメントが持つ種々の考えに適合することが求められる。

クレイム申し立て者はセグメント化された受け手に対処するためにさまざまな方法を駆使する。

一つの戦略は「釈迦に説法」、つまり好意的に反応しそうなセグメントを対象にクレイムを申し立てることである。妊娠中絶の例でいえば、活動家は、自分たちと信念を共有していると信じている人に向けてクレイムを申し立てる。プロチョイス派、あるいはプロライフ派に同情的な人たちに向けて語りかける。自分たちに協力的な人びとに向けてクレイムを申し立てることは、クレイムが初めて申し立てられる社会問題過程の初期に、とりわけ重要な戦略となる。というのも、最初に同情的な受け手に訴えることは人びとに問題を認識させ、支持者を結集し、クレイム申し立て者ができるかぎり説得的なクレイムを精錬する機会を与え、そしてクレイムをより広く多様な受け手に届ける推進力を作りだすからである（支持者を社会運動に動員する戦略に関しては、第3章で議論する）。

もう一つの方法は、可能なかぎり広範な受け手に最大限アピールするようクレイムを申し立てることである。クレイムにはさまざまな人びとに対して複数の前提、論拠、結論を組み込み、万人ではなくとも多くの人びとに何かを届けようとする。たとえば多くの菜食主義者は倫理問題を中心的な大義とし、肉食は道徳的に間違っていると反対している。しかし彼らは、倫理的なクレイムでは菜食主義は広範囲な反対を受けることも知っている。アメリカ人のほとんどが肉食を楽しみ、それを悪いことと考えておらず、道徳的な議論だけでは多くの受け手を説得させるのが難しいからだ（Maurer, 2002）。しかし他の前提や論拠を用いることも可能である。菜食主義者は、肉食が不健康であり、心臓病や他の疾病の原因になるという議論もできる。もしくは食用に動物を飼育することが環境を毀損するというクレイムもありうる。こうした議論が菜食主義者のクレイムに追加的な前提や論拠をもたらすことで、たとえ肉食に道徳的な負い目がなくとも、自身の健康や環境を心配する人びとに対してアピールするだろう。このようなクレイムの拡張は、肉食は悪だという、狭い倫理的な議論には抵抗したであろう人びとを菜食主義者が説得できる機会をもたらす。

洗練されたクレイムは、通常は合意し得ない人びとのあいだの驚くべき協調を生み、潜在的な対立を抑えて一人勝ちの状況を作ることがある。たとえば政治的リベラルと保守主義は教育政策においてしばしば対立する。しかし一九九〇年代、多くのリベラル派と保守派が、公立学校の制服着用を義務づける政策において力を合わせた（Brunsma, 2004）。リベラル派は、制服が生徒間の階級差を見えなくし、親が子どもに高価な服を買ってあげないといけないという負担を減らし、生徒の自己肯定感を高めると主張する。他方、保守派は、制服が生徒に規律と秩序立った行動を促すと主張する。そして両者ともに制服着用は暴力を減らし、学習を促進すると主張する。この事例では普段反目しあう人びとが、問題の詳細な状態については同意しないにもかかわらず、同じ解決策を推奨している。

同様に、広範囲なイデオロギーを代表し支持する者は、小学校と中学校の教科書からトラブルとなる資料を取り除こうと尽力している。リベラル派はジェンダーや人種のステレオタイプを強化する資料を取り除く必要があるとし、キリスト教原理主義者は魔女やその他の超自然的な要素に言及した内容を目立たせたくないと思っている（Ravitch, 2003）。制服着用の義務づけや教科書の内容規制は、他の教育問題ではしばしば対立する人びとの間でさえ広範な合意が得られるように構築されたクレイムの事例である。

重要なのは、クレイムの受け手は受動的な存在ではないことを認識することである。クレイムを耳にした人びとはそれに反応し、クレイム申し立て者はその反応を考慮に入れたうえでクレイムを修正、訂正、微調整しながら、クレイムをより効果的で説得的にしなければならない。クレイムはクレイム申し立て者／送り手から、オーディエンス／受け手に伝わる、一方向のメッセージと認識すべきではない。クレイム申し立て者は受け手の反応に敏感でなければならず、クレイムのどの部分がうまく作動し、どの部分が説得的でなく訂正しなければならないのかを理解しようとする。別言すればクレイム申し立て者と受け手は**対話**（dialog）に参加しており、受け手の反応によりクレイム申し立て者はクレイムの修正を促されるのである（Nichols, 2003）。

特定の前提や論拠が良好な反応を引き出すのに失敗した場合、クレイム申し立て者はこれを取り除き、受け手からより好意的な反応を得られると彼が望むものに変えるだろう。たとえば移民支援を提供するプログラムの緊急削減を止めさせようとする運動家は、「移民の権利は人権だ」といった一般的なクレイムから始めるが、それは効果的ではない。しかしすぐさま彼らは、メディアや政治家が、高齢者や障害のある移民は弱者であるというクレイムに好意的に反応することに気づき、自分たちの運動を、より同情を引きつける事例へと再焦点化するのである（Fujiwara,

2005)。

クレイム申し立ては通常、一時点の努力ではなく、効果的なクレイムになるには時間を要する。ほとんどのクレイム申し立て者は何度も試行錯誤し、広く注目を集めるクレイムに到達するのである。彼らはクレイムを試行錯誤し、受け手の反応を値踏みしつつ、説得的な議論になるまでクレイムを修正しなければならない。つまるところクレイムは**社会問題市場**（social problems marketplace）のなかで競合している（Best, 1990; Hilgartner & Bosk, 1988）。どんなときも無数のクレイム申し立て者が、受け手の限定された関心以上のものを集めるために、自分たちの特定のクレイムを聞いてもらえるよう苦心している。さらに受け手の耳目を集めようとして競合する他のクレイムや、受け手がどのクレイムを選ぶのかは大抵コントロールできない。二〇〇一年九月一二日に大きなイベント、たとえば記者会見とデモの合同開催などを予定していたクレイム申し立て者を想像してほしい。9・11のテロ攻撃は国中の関心を独占したため、そのクレイム申し立て者が一二日に言うつもりであったことには誰も関心を払わなかっただろう。極端だが、この例はクレイムが真空で生起するものではないことを示している。

受け手の注目を集めるための競争は、前述した社会問題のレトリックの特徴をいくらか説明するものとなる。なぜクレイム申し立て者は、不安を煽る典型例からクレイムを始めるのか。なぜクレイムは、たとえば「**ロード・レイジ**」などのキャッチーなラベルで問題を名付け、詳細な（それゆえ退屈な）問題の定義を避けるのか。なぜクレイム申し立て者は、問題が驚愕すべき規模であることを示唆する統計を好むのか。なぜ彼らは目立つ対象者を好むのか。このレトリックの技巧はそれぞれ印象的で人目を引くものであり、人びとの注目を集められる（そして受け手の注目をめぐって競合するクレイムから遠ざかることができる）。最終目的は受け手を摑んで離さないことである。社会問題市場における競合が意味するのは、クレイム申し立て者は競合するクレイムよりも注目を集められるよう、自分のクレイムを劇的で、不安を煽り、容易に理解できるクレイムにする工夫を求められる。単純で、強力な議論のほうがうまく機能するのである。

つまりクレイム申し立て者は説得的な議論だと自分が思うものを提出するが、受け手の反応に注意を払う必要がある。そしてそれらの反応と、自分たちのレトリックをどう修正すればいいのかという感覚も、社会問題市場で受け手の注目を集めるために競合している他のクレイムや出来事から影響を受ける。

発展と対立

社会問題のクレイムは静的なものではなく、絶えず発展していく。この過程《プロセス》は受け手が問題に関心を示した以降も続く。いったんクレイムが認識され受容されると、それは「**よく出来た**」（established）ものになる、つまりあるトラブル状態が社会問題と考えられるべきだということが広く合意されたわけである。しかしそれで終わりではなく、よく出来たクレイムであっても変化が必要になる。最初に受け容れられた時には説得的なクレイムだったとしても、それは慣れ親しんだ、陳腐で退屈なものになる傾向がある（Downs, 1972）。特に他の新しいクレイムが常に注目を集めるため、受け手は古いニュースに関するクレイムを容易に忘れ、無視してしまう。また受け手は、問題に対処する努力が進展をみせず、その問題が容易に解決されないなら不満が昂《こう》じる。クレイムは反復されるたびに馴染み深くなっていく。しかし同時に面白くなく、説得力のないものになる。

　それゆえクレイム申し立て者は、クレイムを斬新で面白いものにするために、しばしばこれを修正して再パッケージ化する必要に迫られる。彼らは追加的な前提やさらなる論拠、新鮮な結論を付加して、クレイムに新たな装いを与える。たとえば女性解放運動は性差別という一般的な問題を単純に批判するのではなく、セクシャル・ハラスメント、デートレイプ、ガラスの天井（＝女性役員が会社の経営層に昇進するのに障壁があること）などのクレイムを通して、性差別的な慣行の他の側面を明らかにし、女性問題に長期間注目を集めることに成功してきた。性差別のかたちを絶えず追加していくことで、女性解放運動のクレイムを新鮮に保ってきたのである。

　ひとたびクレイムが受け容れられると、その基盤の上に追加的なクレイムを申し立てることが可能になる場合が多い。その一つに**ドメイン拡張**（domain expansion）がある（Best, 1990, 2015）。前述の通り、しばしば最初のクレイムは不安を煽る典型例を強調する。たとえば一九六〇年代のクレイム申し立て者は、幼児や子どもにひどい暴力を振るう問題を「**被虐待児症候群**」として描を呼ぶような、ドメイン拡張を生み出した。悲惨な事例はクレイムをより興味深く効果的にする傾向があり、問題に対する関心を集めるのにも役立つ。そしてひとたび関心が確立されると、他の状態も当初の問題と同等に悪い状態、あるいは当初の問題の道徳的等価物であると議論することが可能になる（ドメイン拡張は傘を開くようなものであり、より多くの話題が社会問題に包摂される）。

児童打擲《ちょうちゃく》の例では、被虐待児症候群はすぐに「児童虐待」と名前を変え、そして何が虐待を構成するかの境界線が拡張する。虐待はより年長の子どもや青年にまで影響を与えるようになった。人びとは新たな虐待を認識するようになった。いまや暴力を振るうことは「身体的虐待」と呼ばれ、感情的虐待や性的虐待とは区別されている。そしてクレイムの支持者は、今や広く受け容れられている「児童虐待」というラベルを、子どもがいる場所での喫煙、チャイルドシートに子どもを固定しないこと、割礼などの広範囲な他現象に適用し、これらも児童虐待の一種であると主張した。言い換えれば、時がたつにつれ児童虐待の範囲はより多くの新現象を包含するよう拡大したのである。この種のドメイン拡張は、当初のクレイムがよく出来上がった後なら、いつでも起こる。

関連する過程として、クレイム申し立て者は新しいトラブル状態を、すでに確立した問題に**便乗**（piggyback）させることがある（Loseke, 2003; Best, 2015）。再び児童虐待に例を取る。児童虐待というラベルの頻用は、他のクレイム申し立て者に自分たちのトラブル状態を「**虐待**」の一種として特徴づけることを促す。それゆえ人びとは妻虐待、きょうだい虐待、高齢者虐待などについても語り始めるのだ。同様に市民権運動の成功は、続いて女性の権利、ゲイの権利、子どもの権利、囚人の権利、動物の権利など、さまざまな集団の「権利」を求める運動につながった。一九九〇年代半ばのロード・レイジ（車の運転手が他の車から暴力的な攻撃を受けて不安を感じるのが典型例）に関するクレイムに基づいて、ジャーナリストは（航空機の乗客間の）航空レイジ、（事務員間の）デスク・レイジ、ひいてはショッピングカート・レイジといった他のあらゆる種類の「レイジ」を同定するようになった（J. Best & Furedi, 2001）。どの事例でも、うまく確立された社会問題は他のトラブル状態についてのクレイムを、慣れ親しんだ元来のクレイムと類似しているものとして構築する機会をうみだす。実際のところ虐待、権利、レイジには家族的類似［ヴィトゲンシュタインの概念］があるわけで、慣れ親しんだ事例が社会問題とみなされるならば、他のトラブル状態も社会問題であると論じられるのである（実際、クレイム申し立て者は他人の傘を借りて、現存する言葉が追加的な問題を包含するよう利用する）。

クレイムは**虐待**、**権利**、**レイジ**など全く同じ言葉を使う必要はない。うまくいった言語構築に便乗すればよいのである。ある事例では、一つの社会問題を構築するために用いられたレトリックの公式は、同じような一般的な他の問題にも適応可能である。たとえば新しい薬物問題を同定するときには、かなり標準的な手法《レシピ》が用いられており、ある薬物が特に有害であり、その薬物使用が急激に広まっているというクレイムが使われる（Reinarman, 1994）。この既知で確立された公式の存在が示唆することは、エクスタシーやクリスタル・メス（メタンフェタミン）の危険性に関する現代の議論と、一九世紀におけるアヘン喫煙警告が大きく異なるようには見えないということである。同様に、新たな被害者化に関するクレイムでは、被害が広がっており、深刻であるにもかかわらず表沙汰にはなっておらず、従って尋常ならざる方法でそれを同定する必要があるといった、うまく確立したレトリック公式がしばしば用いられる（Best, 1999）。言い換えると成功したクレイムの構造、つまり薬物問題や被害形態に注目を集めることに成功したクレイムの、前提‐論拠‐結論の組み合わせは、模倣され、他の類似する問題に影響を及ぼすことがある。

またクレイムは自分の主張に真っ向から対立する**対抗クレイム**（counterclaims）を誘発する。再度、中絶をめぐる賛成派と反対派の運動の例を考えてみよう。もしくは気候変動は人為的に引き起こされた深刻な問題だというクレイムに対して、地球温暖化は深刻な問題でもなければ人為的なものでもないとするものが対抗クレイムとなる。特定の個人の人生の意味に焦点化した、もっと狭い議論もありうる。どの事例でも、反対意見を唱える人びとは、本格的な議論を展開する。それぞれの前提、論拠、結論を有しており、最も説得的な事例に仕立てようと努めている議論である。

こうした議論は、前提か論拠に関する対立から展開する場合が多い。どちらの側も相手側が持ち出す証拠、すなわち前提に挑みかかり、相手側がトラブル状態の性質を誤解、歪曲していると非難する。「統計戦争」は、どちらの側も相手側の統計を批判し、自分たちが持ち出す数字のほうが正確だと論じることで生じる（J. Best, 2013）。同様に相手側も、自分たちの論拠のほうが相手側の論拠より説得的だと主張するかもしれない。中絶論争では、胎児の権利と妊婦の権利のどちらが重要かについて、激しく対立する。

多くのクレイムは特定のイデオロギーから生まれ、イデオロギーと結びついて喧伝される。それは多かれ少なかれ一貫した一連の信念を有している。リバタリアニズム、フェミニズム、リベラリズム、保守主義、特定の宗教教義などである。イデオロギーは通常、特定の論拠を強調する。たとえばリバタリアニズムでは自由が最も中心的な価値であり、フェミニズムは女性の機会を阻む社会構造に反対する。同様に、イデオロギーに馴染んでいる人びとは特定の前提を好む。たとえばフェミニストなら当然、性差別の証拠を探す。さらにイデオロギーは、競合する信念体系についても知悉しているので、リベラルと保守は多くの問題で対立することを予期している。こうしたイデオロギー論争は、対抗クレイムの組み立てをきわめて容易にし、対立するイデオロギーに関与する人が申し立てるニュースは、対抗クレイムを生み出しやすい。

クレイムは、対抗クレイムに対応して修正の必要が生じる場合も多い。敵対者の存在は、その議論が厳しい吟味と批判に晒されることを意味しており、敗北が目に見えている要素を他のものに代えたり、強化する必要がある。相手側に間違っていることを暴露された統計は取り下げられ、その間隙を埋めるようにより頑健な数字が使われる。同時に、敵対者がいるという事実も、クレイムの中に組み込まれる。その相手の存在を問題の一部であると特徴づけ、敵対者がいるという事実自体をクレイムの新しい前提とする。少なくともイデオロギーを共有する人びとにとって、相手が対抗クレイムを申し立てているというニュースそのものが、自分たちが正しいという確信を与えてくれるのだ。

敵対者はしばしば予測可能である。関連する社会問題に似た立場をとるクレイム申し立て者の集まりを**社会問題集団**（social problem cluster）と呼ぶ（J. Best, 2015; Griffiths and Best, 2016）。新たな問題が生じたとき、同じ集団の人びとは、自分たちが過去に申し立てたのと似たクレイムを申し立てる傾向がある。たとえば新しい薬物問題のクレイムは、かつての薬物に関するクレイムと似てくる可能性があり、薬物制限を訴える人びとは新法と厳しい法執行を求める。薬物乱用の防止や薬物治療に関する支持者が、厳格な処分は物事を悪化させるだけだと警告してもなお、そうなのである。多くの有名な社会問題集団がある。銃、女性、環境、人種に関する新しい問題を想定してみれば、その人びとがどのようなクレイムを申し立て、どんな種類のレトリックを適用し、クレイムと対抗クレイムの間にどういう相互作用が起きるかを予想できるだろう。

つまり、クレイムは常に作動し、発展し、他のクレイムや敵対者を刺激している。それゆえ新しいクレイムは通常、先行クレイムの影響を受けて形成されるのである。

文化資源

理論的には、クレイム申し立て者はクレイムを、自分たちが選択したやり方で自由に組み合わせることができる。しかし実際にはクレイムは、クレイムを選び申し立てる者と、彼が説得したいと願う受け手の双方にとって、意味あるものでなければならない。それはクレイムがより大きな文化を利用しなければならないことを意味し、世界の成り立ちに関する人びとの理解と整合性が取れていなければならない。ある社会では不幸を魔女の仕業に帰することは完全に道理にかなった説明と見られている。しかし現代アメリカ社会では魔法に関するクレイムのことを、全員ではないにしても、ほとんどの人が即座に否定するだろう。クレイム申し立てを行おうとする者は、これを世間の常識的見解と認識し、魔女を非難したり、もっと一般的に言えば彼らとその受け手が説得的ではないと思う方向で問題を構築するのを回避しようとする。

あらゆる文化は、世界のあり方と世界がいかにあるべきかに関する、多少なりとも人に知られた、発展する観念の大貯蔵庫と見ることができる。こうした**文化資源**はクレイムが申し立てられるときつねに利用可能である。たとえば私たちの文化では、子どもは傷つきやすい無垢な存在として理想化され、子どもが脅威に晒されていると警告を発するクレイムは、しばしば共感的反応を引き出す。これは私たちが他の方法で考えることが想像不可能なほど広範に共有されたものの見方である。しかしニューイングランドのピューリタンは、子どもに関して陰鬱な考えを持っている。子どもは罪深くわがままな存在として生まれ、子どもの意思を壊すことで信心深い人間になれると彼らは信じている（Fischer, 1989: 97-101）。

このような異なる想定は、まったく異なるものの見方、たとえば規律につながる。現代の一部のアメリカ人は、尻叩きが有害であり、一種の児童虐待、すなわち大人が無垢な子どもに怪我を負わせる手段とみなしている（Davis, 1994）。しかしピューリタンは尻叩きを最後の手段とみなし、たとえば教会での礼拝中におしゃべりをした子どもに木製の拘束具を着せるなど、彼らは数多くの身体拘束や恥辱を与える仕掛けを使ってきた。私たちにはきわめて衝撃的に映るこのような慣行は、子どもに従順さや神の怒りを教え込むように意図された、子どもを躾ける標準的方法であった。子どもたちが危険に晒されているという私たちにとってはきわめて強力なクレイムも、ピューリタンには聞き入れてもらえないと容易に想像できる。

すなわちクレイムは、多くの人が理解できる言葉、概念、イメージ、感情的反応などの蓄積という社会の文化資源を利用する。現代アメリカでは、子どもへの脅威や女性への暴力は、成人男性が危機に晒されているというクレイムよりも容易に注目を集める。両者とも相対的に虐待によって被害者になりやすく、保護の必要があると広く考えられている。文化は、可能なクレイムの範囲をある程度制限するのは確かだが、それでも選択の連続である。たとえば、アメリカの人口におけるさまざまな集団は、多様な社会問題の原因を多様な原因に帰する。神の仕業（たとえば自然災害の説明など）、細菌、謀略、信念体系（たとえば特定の宗教的、政治的イデオロギーなど）、人びとのしつけなど、多様である。もちろん文化に親しむことで、どの受け手がどの問題に対してどの説明が適当かを部分的に予測できる。

ここで留意すべきは、文化資源の蓄えは膨大であり、多種多様で、必ずしも論理的に一貫しているわけではないことである。すべての社会問題が同等に構築されているというわけではなく、どんな文化もクレイムを成功に導くさまざまな概念やイメージを提供する。アメリカ文化ではときに相反する価値が支持されるように、文化は説得的だが、対立する他の概念を包含している。

この文化的多様性は、ほとんどの社会問題がきわめて異なるかたちで構築されることを意味している。たとえば貧困に対する議論では、劇的なまでに異なる解釈が提示される。ある評論家は、貧しい人は自分の窮状に対する大きな責任を負っているとし、彼らは（退学など）貧困を生じさせる間違った選択をしたと議論する。別の批評家は、貧困の大部分は社会構造の産物であり、多くの機会が遮断されており、（たとえば高賃金の仕事不足など）貧困の克服を難しくさせる障壁があると主張する。個人が自己選択の責任を負うべきだという考えも、公平な社会は人を前進させる機会を与えるべきだとする考えも、馴染み深いものである。どちらも文化的資源の蓄積にかかわるものであり、そこからクレイムが組み立てられる。同一の文化に由来していながらも、貧困の原因に関してこれほど意見が対立するのだとしたら、それは同一の文化の中でも激しい差異があることを意味している。クレイム申し立て者は、対抗クレイムは不適切な説明を行っているから道徳的に無責任であり、彼らは神の法を犯し、非難すべきでない人を非難し、何らかの過ちを犯していると非難する。誰もがあらゆる要素を文化に帰責するわけではないとしても。

さらにクレイムの文化的背景は絶えず変化する。概念、価値、イメージ、説明など、文化のすべての要素は流行に乗ったり、時代遅れになったりする。この変動は、人びとが絶えず新奇なものを求めることを反映している。クレイム申し立て者も受け手も、クレイムがつまらなく、見慣れたものになってしまうと飽きてしまうので、クレイムは絶えず新鮮で興味深く見せるために再パッケージ化されなければならない。さらに本当の新要素、たとえば科学的発見や新疾病の流行、劇的なイベントなど広範囲な結果をもたらすものも、文化資源のストックに加えられる。このような新奇さは、特定の社会問題市場における複雑な経路を通して、社会一般にも反響するだろう。

ＡＩＤＳを新しい病気と同定した一九八〇年代前半を考えてみよう。以下の展開がもたらした結果を予想できた社会学者はいなかった。医学研究における資金援助の優先順位が変わり、新しい治験に用いられていた方法が改変され、コンドームの配布や注射針の交換プログラムなどを含んだＡＩＤＳ予防対策が促進され、あらゆる角度からこの疾病流行の様相が描かれたこと。もしくは、携帯電話の普及がどれほど新しい社会問題を生んだのかを考えてほしい。運転者が携帯電話で話しながら不注意運転をするリスク、携帯での会話が他人に立ち聞きされやすいという性質、携帯電話による健康危険の主張など、枚挙にいとまがない。

文化変動は社会問題クレイムにも反映される。ヤクザ、カルト教団、人種差別、貧困など多くの社会問題は何十年、ときには世紀をまたいでクレイムの対象になり続けてきたが、異なる時代ごとに特定の問題構築がなされたことは、その時期特有の文化的展開が存在したことを表している。それは、特定の歴史的な時代における文化状態が、その時点の社会問題構築に影響を与えていたことを意味している。たとえば一九六〇年代における個人の権利拡大というテーマや（それは市民権運動や性革命に反映されている）、一九七〇年代後半から始まった保守的価値への移行（それは性や薬物への関心の拡大に反映されている）は、異なる多くの社会問題に関するクレイムに影響を与えている（Jenkins, 2006）。クレイムの歴史的背景については、第10章で詳述する。

文化資源はクレイムを制限すると同時に豊かにする。クレイムは親しみ深い言葉、イメージ、説明の様式、その他の文化的要素をいつでも用いる。結局、クレイム申し立て者は自身も文化の一部であり、それゆえ自分の考えが道理にかなっていると思えるように、そして受け手に好意的に受け取られると自分でも思えるようなクレイムを構築するよう強いられる。それゆえ文化は出現可能なクレイムの種類を制限している。しかし文化は複雑で多面的なので、クレイム申し立て者は提示する言論を選択・形成するのにかなりの裁量がある。新しいクレイムが他のものを模しているように見える事例のように、クレイム間の類似性に留意する必要はあり、また魔女に関するクレイムなど、私たちの社会で成功するにはあまりに突飛なものもあるけれども、クレイム申し立て者が自らの議論をかなり自由に工夫できることも事実である。

クレイムを理解する

本章は社会問題のクレイムに関するさまざまな側面を明らかにしてきた。まずクレイムが前提、論拠、結論という構造を有するというレトリックの議論から始めた。ついで、クレイムが効果的であるためには受け手を説得する必要があり、クレイム申し立て者は受け手が誰なのかを理解し、彼らの関心に合わせた議論を形成する必要があると述べた。結果的に、クレイム申し立て者と受け手はお互いの意見に反応するように対話を行っているのである。またクレイムは他のクレイムに影響される。クレイムは時の経過とともに発展していく。クレイムは新鮮さを保つため、定期的に修正される必要がある。またクレイムは、以前のクレイムの成功／失敗によっても形作られる。成功したクレイムはドメイン拡張を生み出し、その成功に便乗した他の取り組みが行われる。また失敗したクレイムの過ちを繰り返さないようにする。そして高度に論争的な問題では、クレイムは対抗クレイムと対峙する。その敵対者は、より大きな社会問題市場のなかで互いの構築に応答しなければならない。最後に、より広範な文化がクレイムの文脈を提供する。言語やイメージ、その他の文化資源はクレイムを構築する生の素材を提供するのである。図2－2はこうした多様な過程を示したものとなっている。

もちろんクレイムは社会の産物であり、人間と独立して存在し得ない。人びとは他者を説得できるという期待を込めてクレイムを組み立て、申し立てる。本章ではクレイム自体に焦点をあててきたが、以降の章ではクレイムを作り、伝え、変化させ、異議を申し立て、そして反応する種々の人間、すなわち社会問題過程の各段階における行為者に焦点をあてていく。

図2－2　クレイム形成のダイナミクス

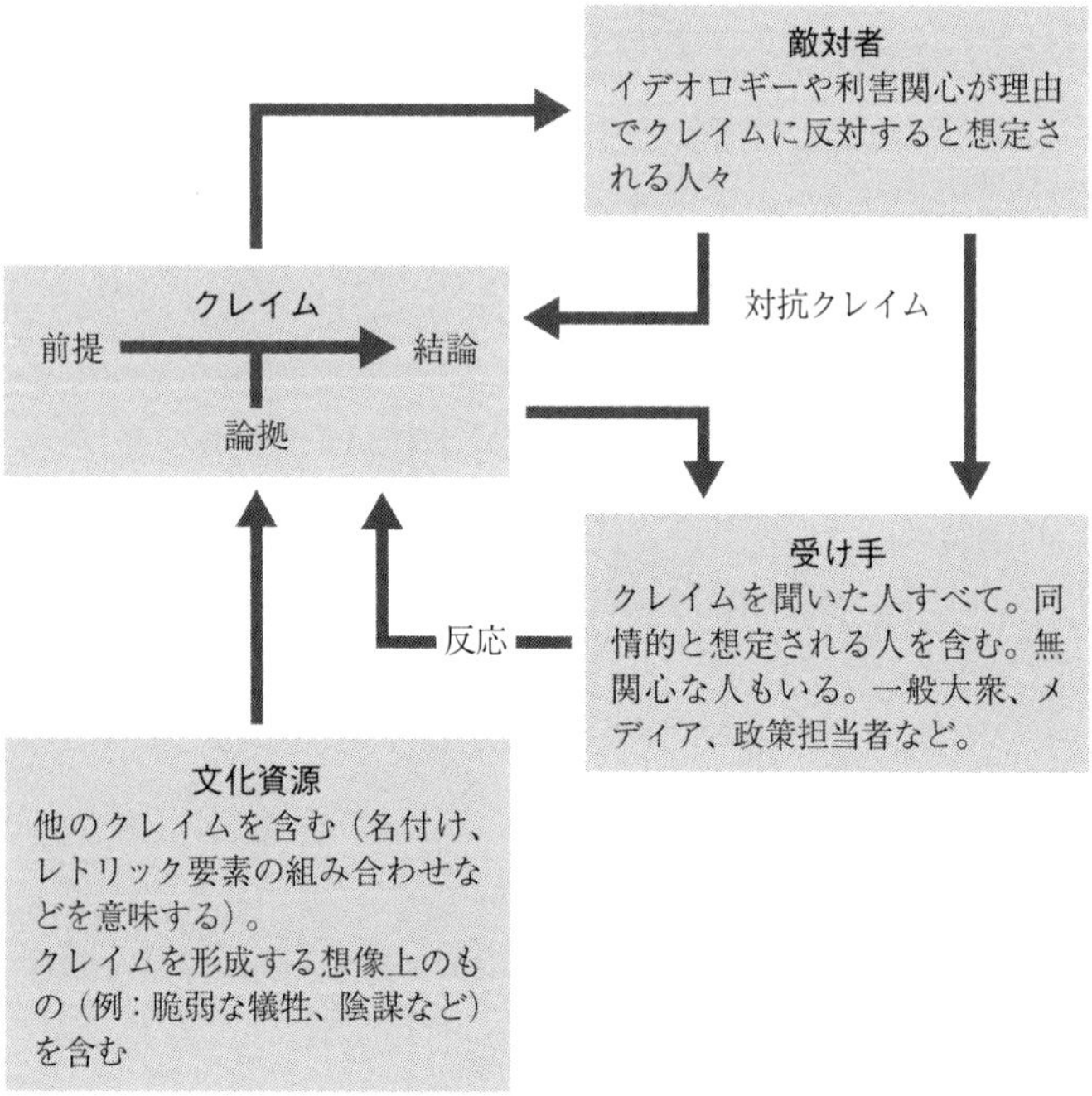
敵対者
イデオロギーや利害関心が理由でクレイムに反対すると想定される人々
クレイム
前提
結論
論拠
対抗クレイム
受け手
クレイムを聞いた人すべて。同情的と想定される人を含む。無関心な人もいる。一般大衆、メディア、政策担当者など。
反応
文化資源
他のクレイムを含む（名付け、レトリック要素の組み合わせなどを意味する）。
クレイムを形成する想像上のもの（例：脆弱な犠牲、陰謀など）を含む

第3章　クレイム申し立て者としての活動家

クレイムは単独で存在するのは不可能である。人間――クレイム申し立て者――はクレイムを進展させなければならない。申し立て者を活動家、すなわちある問題に情熱を持って関与し、ある運動に打ち込み、自分の申し立てが注目を集めるまでデモ行進をする人物――マーティン・ルーサー・キングのような人物――と同一視したくなるが、これは全体のストーリーの一部――ほんの一部――にすぎない。

活動家といえば、私たちは権力を持たない者を想起する。彼らは強力な政治組織を持っておらず、それを有している政治家と強固な関係がない、と。いわゆる**外部クレイム申し立て者**（outside claimsmakers）は、他者――メディアや大衆および社会的なトラブル状態に対処する政策を遂行できる公務員――の関心を惹起するのがかなり困難である（J. Best, 1990）。それゆえ活動家はしばしば、注目を集めるための戦略を用いる。その活動がメディアに取り上げられて、大衆がこのクレイムを意識するようになり、その結果、メディアと大衆が政策立案者に行動を起こす圧力をかけることを活動家は望んでいる。すなわち、この外部申し立て者の過程は図３‐１の(a)にあたる。外部クレイム申し立て者とメディアとの間の太い矢印は、メディアが前者の一番重要な受け手となっていることを示している。

しかしクレイムを成功させるには、別の直接的な経路がある。すでに政策立案者との関係を持つ人びともいる。こういった人びとにはロビイストや主要な政治的実力者、官僚および堅固な利益団体などが含まれる。後者の利益団体の例の二つとして、銃器所有者の権利擁護に関する全米ライフル協会（ＮＲＡ）と、アフリカ系アメリカ人の権利拡大に関わる全米黒人地位向上協会（ＮＡＡＣＰ）が挙げられる。すでに政策立案者と有力なコネがある人びとは**政治的実体**（polity）を形成する（Useem & Zald, 1982）。この政治的実体をなす集団の利益は慣習的に政策立案者の計算に入るため、しばしば政策形成に影響を与えることができる。そういった関係を持つ人びとは**内部クレイム申し立て者**（inside claimsmakers）として、メディアのスポットライトの外で、大衆の注目を集めずにクレイムを進めることができる。内部クレイム申し立て者の活動は図３‐１の(b)に示されており、直接クレイム申し立て者から政策立案者までより太い矢印がある。

内部クレイム申し立て者の活動は第４章で検討するので、本章は外部クレイム申し立て者に集

図3－1　外部／内部クレイム申し立て者によるクレイム申し立て

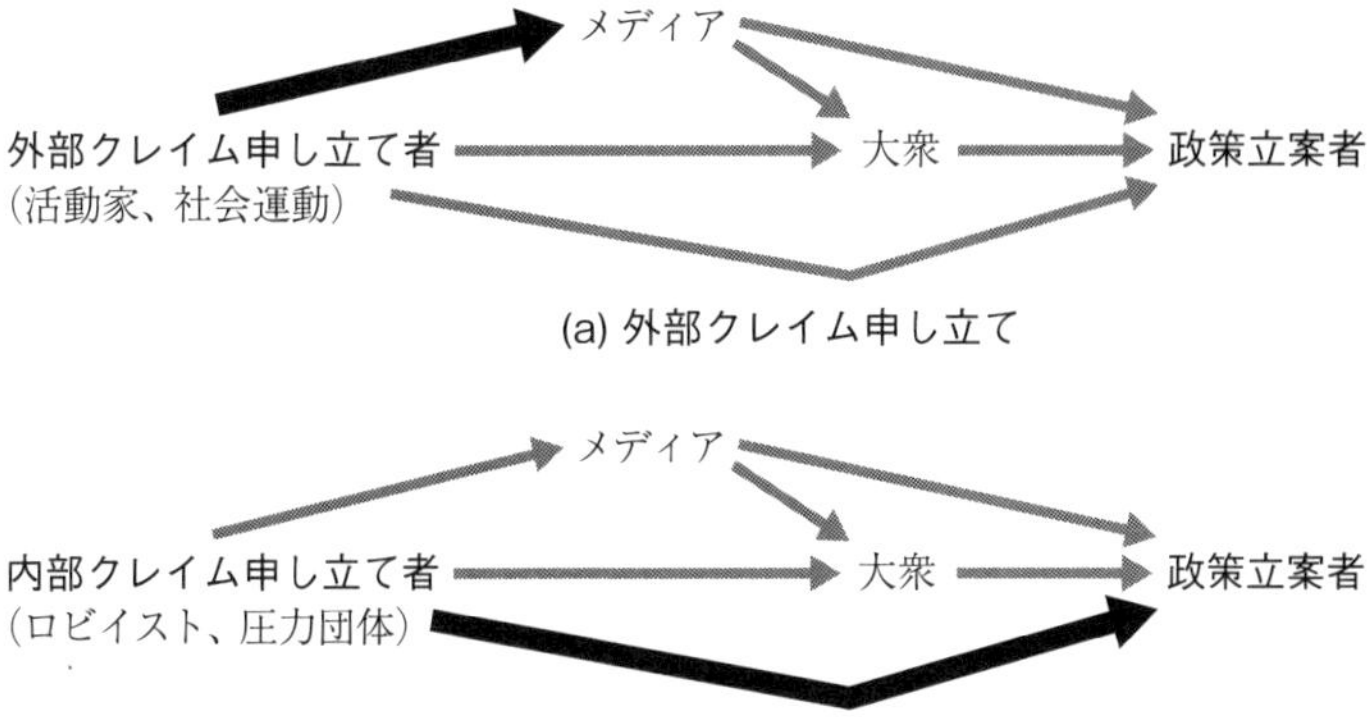

(a) 外部クレイム申し立て

(b) 内部クレイム申し立て

中する。とくにキング牧師のような活動家に注目する。活動家は公民権運動や環境保護主義など公的な**社会運動**（social movements）に属している場合が多い。各社会運動はいくつかの独特な**社会運動団体**（social movement organizations: SMOs）を有している可能性がある。たとえば公民権運動の学生非暴力調整委員会（SNCC）や人種平等会議（CORE）、または環境保護主義運動のグリーンピースとシエラクラブなどである。しかし以下で述べるように、これらの団体は、大衆の目には共通の利害に向けて同盟して働いているように見えるが、活動家は同じ社会運動における他の社会運動団体を競争相手と考えている。

　社会運動はしばしば反対に遭う。社会運動は現状変更を目指す。同時に現状維持にとらわれる人たちもいる。現状維持を積極的に保ちたい反対者は、たいてい現状維持に既得権がある者である。これらの反対者は既存の社会構造（social arrangements）から利益を得ており、もしある運動が推進することで変化が実際に生じたら、反対者の利益が脅かされる。たとえば一部の南部白人は、法律公認の人種隔離から自分が利益を得ていることを知っており、公民権運動に反対した。さらに現状変更には多大な労力を要するため、活動家のクレイムに対して対抗心がなくても、変化を起こすのに必要な労力を投入するだけの意味はないと考えるかもしれない。社会学者は既存の社会構造変化を嫌う心性を**惰性**（inertia）と呼ぶ（Becker, 1995）。

第2章では論争型（position issues）の社会問題について述べた——それは論争を惹起する主題、つまりある特定の状態がトラブルとみなされるか、その状態の原因は何か、またその状態に対処するには何をなすべきかに関して、活発な対立点を有する話題のことである。論争型の社会問題では、クレイムは対抗クレイムを生じさせ、またその対抗クレイムを推進する**対抗運動**（countermovements）が生じるかもしれない。

「**社会運動**」と「**対抗運動**」をそれぞれリベラルで進歩主義的な運動と保守的な運動とに結び付ける社会学者がいる。しかし社会運動のことを「変化を求める（立場）」と呼び、また対抗運動のことを「変化に抗する（立場）」と呼ぶのが、分析上の理にかなっている。妊娠中絶が一律に違法であったとき、中絶権運動家の運動が存在したが、それは妊娠中絶の制限に賛同する対抗運動から抵抗を受けた。しかし妊娠中絶が広く合法化された時点では、プロライフ運動こそが現状変更をもとめる立場であり、プロチョイス派の対抗運動は既存の中絶権を擁護する立場となる。この例では、対抗運動は現状維持を追求するという意味で、保守的といってよい。政治的リベラル派が既存の社会的取り決め（たとえば中絶を受ける権利を保護する法律）を支持するとき、（プロライフ運動のような）政治的な保守派によるクレイム申し立てに反対する対抗運動を組織するかもしれない。

ほとんどの社会運動——と対抗運動——が社会問題クレイムを推進するため、またクレイム申し立て者について考えるときには活動家のイメージが想起されがちであるため、本章は社会運動の重要な側面と、クレイム申し立て者としての活動家の役割に焦点をあてる（第4章では、他の種類のクレイム申し立て者について検討する）。そのために、社会学者が社会運動を研究するときに取り扱う三つのアプローチを検討する。それらはフレーミング（framing）、資源動員（resource mobilization）と機会構造（opportunity structures）である。

フレーミング

ほとんどの社会運動はクレイムを提示する。トラブル状態を同定し、その問題に対処するために社会変動を希求する。これらのクレイムはもちろんレトリックの観点から研究されうる——すなわち第2章で展開された概念を利用することができる。しかし社会運動の研究者は、少し異なる言葉遣いを採用する。彼らは活動家が自身のクレイムをどのように構成するかを記述するために、**フレーミング**という言葉を使う。

活動家のフレームは、絵画を縁取る額縁のように、社会運動をより大きな文脈に位置づける機能がある。これらのフレームは重要な問題を位置づけ、わかりやすい形にする。活動家のフレームは家の柱のように、構造（枠組み）を与える。それは精巧なクレイムが組み立てられる枠組みのことである。

同一の問題はさまざまな方法によってフレーミングされるかもしれない。あるフレームは道徳を強調し、人びとの善悪の観念に訴えるかもしれない。別のフレームは、怒りや他の強い感情を呼び起こし、人びとをある大義に参加させたり、固執させたりする（Gould, 2009; Whitier, 2009）。他のフレームは、マルクス主義やリバタリアニズムのような特定のイデオロギーや政治哲学を呼び寄せる。また他のフレームは、利益が相反する集団間の政治紛争を強調する。単独の社会運動にみえるかもしれない運動――公民権運動や環境保護運動など――も、その問題を異なる方法でフレーム化する活動家たちから構成されることがある。

フレームとフレーミングは世界を特定の見方から捉えることを促す。それは、他のやり方では混乱していると見えかねないことに意味を与える。それゆえ誰かがそのフレームを採用することによって、すべてがより明確で、意味あるものとなる。たとえば女性解放運動は、社会構造が女性を不利な立場に置く種々の方法に注目を集めさせる。フェミニズムのフレームは活動家に、世界における女性の位置を確認できる特定の視座を提供する。

（第2章で述べたように）構築主義の学者がクレイム申し立てのレトリックを精査する方法と、

社会運動分析者のフレームに関する議論の間には明白な類似点がある。フレームは三つの構成要素から成り立つということである。**診断的フレーム**（diagnostic frames）は、ある問題の性質を特定する（すなわち構築主義者が「**前提**（grounds）」と呼ぶものの別名である）。**動機付けフレーム**（motivational frames）は、なぜ行動が取られなければならないのかを説明する（構築主義者の**論拠**（warrants）に類似する）。そして**予測的フレーム**（prognostic frames）は、する必要のあることを特定する（構築主義者の結論（conclusions）に類似する）（Snow & Benfold, 1988）。

我々の目的に照らしてみると、これらは本質的に類似する分類体系である。一つは自分を社会問題の社会学者だと思う人びとに好まれ、もう一つは社会運動の学者に好まれる。

社会運動の分析者がフレーミングという概念を好む理由の一つは、どのように社会運動に新しいメンバーを募集したり、採用できるかという過程を理解するのに役立つからである。ほとんどの活動家にとって、自分の信念（cause）に支持者を得るのが主要関心の一つである。社会運動は新規の参加者を呼び込んだり、活動家の懸念を共有するよう説得したり、寄付金やエネルギーと時間をかけることを通し、運動への支持を得なければならないのである。社会運動は一般的に不慣れな世界の見方を推してくるため、新しいメンバーにアピールする際に、そのメンバーになれそうな人たちにアピールできるように、問題をフレームしなければならない。換言すれば、活動家は自身のフレームを、運動への支持を得ようとしている人たちの持つフレームとのあいだで調整をする必要がある。

フレーム調整（frame alignment）とは、メンバーになれそうな人たちの持つ既存のフレームと世界の見方に対して社会運動が対処する方法に言及する（Snow, Rochford, Worden & Benford, 1986）。社会運動に参加する人——活動家——は、診断的、動機付け的、予測的な要素を有する特定のフレームを持っているが、メンバーになってほしい人たちもすでに自分なりの世界の捉え方を持っている。そのためフレーム調整では、両者のフレームを調整し、他者が活動家のフレームを受け容れ（社会運動に参加してもらう）ことを目的とする。たとえば女性解放運動は、フェミニスト・フレームを人びとに紹介することによって、性差別主義が自分の生活においてどのような影響があるのか意識するようになり、フェミニストが性差別に反対する取り組みを支持するようになる。フレーム調整はたいてい以下の四つのかたちのいずれかを取る。

1　**架橋**（Bridging）　**フレーム架橋**では、活動家は自分と同じようなフレームを持つと思われる人びとから支持を求める。たとえば、新しい問題に興味を持つリベラル派の活動家は、すでに他のリベラル的な大義に共感するとわかっている人たちから支持を得ようとする傾向がある。同様に保守派の活動家は自分の関心を、すでに保守派とわかっている人に届けようとする。つまり近似するフレームの間であれば架橋が容易であるため、活動家は他の類似する大義を支持したことがある人びとの支持を得ようとする。

2　**増幅**（Amplification）　**フレーム増幅**では、活動家が自分たちの運動に支持を集めるため、多数の人びとが持つであろう価値観や信念に呼びかける。将来の支持者は他の運動では積極的ではなかったかもしれないが、活動家の大義に共感するような基本的過程を共有していると推定される。たとえば性犯罪者を登録し、彼らの権利制限を試みる最近の運動は、性犯罪が捕食者的（predatory）性質を有するという一般的な固定観念と、社会は性犯罪者から防衛されるべきだという人びとの常識を利用している。フレーム増幅は、人びとに運動に参加せざるを得ないと感じさせるために、思いやりや激しい怒りなどの感情的反応をかき立てようとする。

3　拡張（Extension）　**フレーム拡張**では、活動家は潜在的サポーターが持つと思われる懸念を包摂するために、フレームを拡大させる。この場合、自身のフレームを拡張するまで、活動家の中核的価値や信念は、潜在的支持者の信念と必ずしも一致しない。第2章で挙げた例でいえば、菜食主義の活動家は一義的には倫理的問題に取り組んでいる。彼らは肉を食べるのが道徳的に間違っていると信じている（Maurer, 2002）。しかしその関心を共有するアメリカ人は比較的少ない。菜食主義者はフレームを拡張して、菜食が健康や環境にもたらす利益を強調した――それは、肉食の道徳性よりも健康や環境問題に関心を持つ支持者を惹きつける訴えであった。

4　変化（Transformation）　**フレーム変化**において、活動家は潜在的支持者が自明視している世界観を捨てるように訴えかけ、異なったフレームを新たに取り入れるよう呼びかける。この変化は、特定のトラブル状態について人がどう考えるかに限られるかもしれない（たとえば飲酒運転を再定義する運動は、飲酒運転を多少愉快な軽犯罪として考えるのをやめ、しばしば悲惨な結果をもたらす重犯罪として考え始めるよう人びとに、説得を試みた）。別の場合、活動家は信者を全く違う世界観に転向させるかもしれない（信者を別の宗教に誘う努力を考えてみよう）。

以上の四つのフレーム調整の形は、活動家にますます難題をもたらす。フレーム架橋は最も簡単な課題である。クレイムに対してイデオロギー的に共感しやすい性質を有していると想定される潜在的新メンバーへ向けて、クレイムが構成される。フレーム増幅は、活動家がクレイムに関してすでに受け手と共有している価値や信念を強調することに依存しており、受け手を行動へと動員しようとする。次にフレーム拡張は、活動家が自分のクレイムを、潜在的な新メンバーに魅力的になるように修正・変更することを求める。フレーム変化には、最大の難題がある。潜在的な新メンバーは、慣れ親しんだ世界観を捨てるよう求められ、代わりに活動家のフレームを取り入れることが求められる。

同じ社会運動内における他の社会運動団体は、他の潜在的な新メンバーに訴えかける独特なフレームを持つ可能性がある。たとえば、穏健派および過激派の社会運動団体では、しばしば、前者は現状の社会システムへの限定的改革を主導し、後者はより大きな変化を要求する。ある運動の穏健派と過激派は、トラブル状態とその解決策を異なる仕方でフレーム化する。彼らは**フレー**

ム論争（frame dispute）、つまり問題をどう考えればよいかに関する見解をめぐって衝突するかもしれない（Benford, 1993）。多くの場合、同じ社会運動団体内での異なる立場の活動家は、自身のフレームを異なる受け手に提示する。一般則として、穏健派は中間層の高齢者に訴えかける（現状維持にある程度既得権を持つ人たちであるため、劇的な社会変動を求める声には反対する傾向がある）。一方、過激派は若者または貧しい人びとに（現状維持に相対的に既得権を持たないため、社会の根本的変動を追求すると考えられる人たち）訴えかける。

成功したフレーミングは文化資源（cultural resources）を利用しており、潜在的な新メンバーが説得的だと感じる馴染み深い価値観、信念、イメージ、他の文化資源などを含んでいる。たとえばフェミニストは、公平や平等というおなじみの観念に依拠して、平等な処遇を求める権利が女性にはあると主張する。しかしフレーミングは一方的な過程ではない。活動家が潜在的な新メンバーと関わるとき、多くの場合、ある訴えが他よりも説得的であり、人びとを運動に参加するよう説得できることを発見する。結局、社会運動団体の潜在的な新メンバーには、注目を集めようと競合するメッセージがある――テレビ番組、ニュース報道、広告などである。活動家は単にフレームを提起し、世界がそれに気づくまで待つわけにはいかない。活動家のフレームは見過ごされる確率が高いため、成り行き任せになる。そうではなく、活動家は潜在的支持者を探し出さなければならない。さらに、自分のメッセージを他者が興味深く説得的だと感じるようにフレーミングし、何がうまくいくかに細心の注意を払う。クレイム申し立てに対して対抗クレイムが発生すると、この対立を計算してフレームを再調整する必要が生じるかもしれない。またあるフレームが注目を集めることに失敗したときには、効果が出るまでフレームを変更し続けなければならない。

支持者を引き付けたり、反対行動をとったり、社会政策に影響を与えるフレームを考案する必要は、活動家に対して整合性の問題を生み出すことがある（Benford, 1993）。社会運動団体の中心にいる活動家は、しばしば他のほとんどの運動支持者よりもイデオロギー的に首尾一貫したフレームを持っており、フレーム拡張――自分のフレームをより魅力的になるよう調整すること――を原則の侵害、つまり「裏切り」と捉えるかもしれない。運動内のフレーム論争で妥協的な問いを中心に展開する活動家は、たとえ潜在的支持者が理解しにくい、あるいは受け容れ難いとして拒絶するリスクがあるにしても、自分が正しく、原則にかなっていると思う、問題に対する考え方を提起すべきか。それとも潜在的支持者がより理解しやすいように、軟弱だがもっと魅力的な言葉で問題をフレーミングすべきか。フレームは否応なく、活動家の世界観と、彼らが効果的なメッセージと信じるものの混合体となっていく。

資源動員

ある大義における信念を正当化するフレームを採用するだけでは、クレイムは成功しない。活動家は怒りだけに頼るわけにはいかない。社会運動は種々の日常的な問題にも取り組む必要がある。効果的なデモを計画し、参加者数を最大にするため、都合のいい時間と場所を選ぶ必要がある。参加する気があると思われる人びとに連絡し、デモに参加するよう勧めなければならない（大勢の人を引き付けるために計画されたデモは、インターネット投稿やポスター、電話システムなどの情報を流す方法を必要とするかもしれない）。イベント会場まで人びとを導き入れる準備をしなければならない。特に大きなデモは多数の計画を必要とする。その仕事は、人びとに守るべき規則を教えたり、演説者と他のイベントの日程を調整したり、デモ参加者を管理する監督者を指定したり、救護室を準備したり、逮捕者が出た場合の保釈金を念のため準備することなどが含まれるかもしれない。さらにデモが行われることをメディアに知らせる記者会見を行わなければならないし、イベントを報道するレポーターに、デモ参加者の目的を説明する広報担当者を紹介するかもしれない。

換言すれば、活動家について考えなければいけないことの一つは、社会運動の活動が必要とする資源という観点である。運動には資金、メンバー、スキルなどが必要である。これらは日常的な配慮と思えるかもしれない。特に、社会運動団体は強力な利害と苦闘する英雄的な人間から構成されるとロマンチックに捉えると、なおさらである。しかし十分な資源がなければ、運動が存続するどころか、立ち上げることさえ困難である。社会運動が成功するためには必要な資源を集める必要があり、社会学者はそれを**資源動員**（resource mobilization）と呼ぶ（McCarthy & Zald, 1977）。

活動家が必要とする資源は、希少である。お金を寄付する人びとには金の使い道が他にも多数あるため、十分な資金を集めるのが困難である。人びとには他にできることが多数あるため、運動に時間を割いてもらうことも困難である。資源集めのための奮闘が意味するのは、社会運動団体は――同じ社会運動の内部で手を結ぶ社会運動団体の間でさえ――これらの希少資源を奪い合う場合もあるということである。メンバー、寄付金、マスコミ報道などを得るために競争する。一つの社会運動団体が資源動員に長《た》けているときには、競合団体は資源を得るのが困難と感じる可能性がある。

たとえば公民権運動――隔離を終わらせた立派で統一的な運動として現在想起される――は、内部の競争と不一致が特徴であった（Haines, 1984）。他の公民権運動団体は別の戦略を好むように導く別のフレームを持っていた。長年、全米黒人地位向上協会は法廷戦略をとり、人種分離政策の合憲性を裁判の争点とした。キング牧師のＳＣＬＣ（南部キリスト教指導者会議）は、アラバマやセルマ、バーミングハムなどのコミュニティで注目度の高いデモを好んだ。人種平等会議や学生非暴力調整委員会など、より過激な団体は、座り込み抗議やフリーダムライドなど、より危険で対立的な戦略をとった。潜在的寄付者はどの団体を支援したいかを選べるため、種々の社会運動団体はその資金の競争相手になった。たとえば全米黒人地位向上協会は、長期的な法廷運動への投資を重視したため、寄付者のお金を、デモに参加し逮捕が確定していた全米黒人地位向上協会のメンバーの保釈金に使うことに反対した。その一方、学生非暴力調整委員会は、全米黒人地位向上協会のアプローチでは遅すぎると主張し、よりリスクの高い活動への支持を集めようとした。他の運動との同盟関係を築いたり、維持するには大変な努力が必要である。

現代アメリカでは、社会運動の活動の中心は、活動に人生を捧げるよう他者を説得したり、多数の参加者による大きなデモを計画するよりも、資金集めにある。活動家は時折デモを計画するにせよ、彼らのほとんどの活動は、自分たちの大義のためにマスコミ報道や政策立案者のロビー活動などに注力する。これらの活動は、お金がかかり、運動の大義を支持する（が、直接的に運動の活動に参加するエネルギーと時間がないと感じる）人びとから寄付金を集めるのに多大な時間を使う。ここで**受益者**（beneficiaries）――運動が成功したら直接恩恵を受ける人たち――と**構成員**（constituents）――運動を応援する人たち――を区別できることに留意しよう（McCarthy & Zald, 1977）。一部の人びとは両方のカテゴリーに当てはまるが、多数の運動支持者は**良心的構成員**（conscience constituents）、つまり運動の大義を信じ、応援するために寄付金で貢献し、運動に参加したとしても、直接恩恵を受けることは期待しない人たちである（公民権運動の社会運動団体に寄付した北部白人を想起せよ）。

寄付金の重要性が高まったため、寄付金を集める方法が洗練された。たとえばダイレクト・メールの手法がある。以前の募金運動に寄付したとわかっている人たちのメーリングリストが、追加資金を集めるのに利用された。近年の技術発展に伴い、寄付金の集め方もさらに洗練されており、インターネットやソーシャルメディア、ウェブサイトとメールなどの方法も利用されるようになっている。言うまでもなく、資金集めを重視することは、活動家が直接接触のない構成員の支援に依存していることを意味する。社会運動団体のほとんどのメンバーは寄付者の役割しか果たしておらず、他のメンバーと対面で会うことは実際にはないかもしれない。これは難題をもたらす。運動と直接的な関係が少ないときにも、人びとをどのように社会運動団体とその大義に感情的にコミットしてもらい、継続して支援してもらうのか。その問題への対応策として、社会運動団体はウェブサイトを運営し、構成員に頻繁にメールを送って、自分たちが電子共同体を形成しているという感覚を持てるようにする。この電子共同体は構成員に、大きな結合ネットワークの内部にいる感覚を与え、グループの連帯感を強める（Eaton, 2010）。トラブル状態を説得力あるレトリックで再構築しなければならないとき、現在および潜在的なメンバーにメッセージを送るのは別の方法である――この場合、重要な機会またはさらに切迫する脅威に応答するため、資金が緊急に必要になるという議論がある。たとえばプロライフとプロチョイスの活動家はどちらも、運動の支持者が大義のもとに結集しなければ（自らの社会運動団体の活動支援のために寄付しなければ）、反対者が勝利するだろうと警告することで、資金を集める。そうでない場合、社会運動団体は財団法人などの他のソースに資金を求めるが、こういった支援は相当のコストがかかる。

そういうわけで、活動家が成功するにはさらに洗練されたスキルが必要となる――組織化、寄付金集め、メディアとのコネづくり、ロビー活動など。これらのスキルは伝達可能という傾向がある。ある個人が一つの社会運動団体で学んだスキルは、他団体だけでなく、他の運動にさえ適用可能であり、かつて学んだスキルを応用できる。公民権運動のベテランの一部はその運動で学んだことを持ち出し、新しいスキルを反戦運動や女性解放運動、同性愛解放運動などで活用した。同様に、現代の人びとは活動家としてのキャリアを積み、そのキャリアを、他のさまざまな大義のために使うこともある。これらの個人は典型的なイデオロギー的傾向があるので、自分が共感する社会運動の間を行き来する傾向がある。複数のリベラルな社会運動団体のために働く人もいれば、種々の保守運動で活動的になる人もいる。

資源動員は、社会運動団体のクレイム推進能力に反映されるため、かなり重要である。より多くのメンバーと大きな予算を持つ団体は、より熟達した活動家のサービスにお金を払うことができる(その人は、結果的に、より豊富な資源と成功確率の高い運動に身を投じるのをよしとするかもしれない)。資金がある社会運動団体は、さらなる資金集めを行う金銭的余裕があるため、未来の資源にもありつける可能性が高い。それに、より多くの資源を所有する社会運動団体は、自分のメッセージに注目を集めさせるのも容易である。メディアの報道を得るのもうまいし、さらに他の条件が同じなら、政策立案者に影響を与える可能性が高い。資源動員に派手さはないものの、未来のクレイム申し立て活動家にとっては必要不可欠な基盤を与えてくれる。

機会構造

活動家は、説得的なフレームを考案し、必要な資源を動員することだけに関心を持つのではない。タイミングも重要である。社会運動はたいてい大きな障害に直面する。つまるところ運動は既存の社会構造を変えようとするものであり、その構造は影響力ある人を利する形で作動しており、影響力ある人は、自分たちに不利になりかねない変化に抗するために、所有しているあらゆる豊富な資源を利用する。しかし時には、変更の障害となるものが減少し、活動家はそういう幸運な機会を嗅ぎ取り、それを生かす準備をしなければならない。種々の文化的・政治的状況は、活動家クレイムを促進する機会を創出できる。

文化的機会

文化的機会（cultural opportunities）は、人びとが運動のクレイムに快く耳を傾けるときに生じる（McAdam, 1994）。おそらく最も明確な文化的機会は、あるトラブル状態に注目し、報道する価値のある事件が発生したときである。たとえば二〇〇一年九月一一日のテロ事件は、テロを周辺的な関心から国民の中心的な関心へと押し上げた。他の、さほど劇的でない自然災害や凶悪犯罪などの出来事も、同様の効果を有することがある。それらは、あるトラブル状態は以前は無視されていたが、いまはそれに対処しなければならないという広範な感覚を生じさせる。自分のクレイムを他者に届かせようと苦闘してきた活動家が、いきなり自分に対する需要が高まっていると気づくかもしれない。取材記者が彼らをインタビューのために探し出したり、政策立案者が彼らを公聴会で証言させるなど。なぜなら彼らは、現在の中心的な関心事であるトラブル状態について詳しく、何をすればよいかのアイデアを持っているからである。

マスターフレーム（master frame）が身近なものになるとき（Snow & Benfold, 1992）、別種の文化的機会が出現する。マスターフレームとは、種々の問題に容易に適用できる広い見解をはっきりと述べるものである。たとえば公民権運動が黒人の人種平等を求める戦いに初めて国民的関心をひきつけ、南部の制度化された隔離システムを破壊することに成功してから、平等権の要求は社会問題をフレーミングする効果的な方法だというアイデアが、他の社会運動にも波及した。およそ一〇年以内に、活動家は女性の権利、ゲイの権利、子どもの権利、障害者の権利、囚人の権利、高齢者の権利などを獲得する運動に従事することになった。このマスターフレームは依然として影響力がある。妊娠中絶の問題は、胎児の「**生存権**」および女性の「**選択権**」という用語でフレーミングされている。離婚男性は「父権」のために運動をしている。積極的な「動物の権利」運動も浮上した、など。劇的な出来事と同じく、マスターフレームの利用可能性は文化的機会を創出し、活動家がクレイムを促進することを容易にする。

政治的機会

政治的機会（political opportunities）は、異なる集団間に権力の分配が移行するときに生じ、かつては抵抗が功を奏して不可能だったはずの変化を実際に起こせるようにする。政治的機会は優先順位の変化から生じる可能性がある。そのとき、かつて無関係とされた関心が、いまや関連性を持つと再定義される。一九六〇年代前半に公民権運動が勢いを増した理由の一つは、旧植民地（とくにイギリスとフランスのアフリカ植民地）が独立を手にしていたからである。冷戦の真っただ中、米国はこれら新独立国家に対するソ連の影響力を最小限にすることを望んだ。米国でのアフリカ系アメリカ人に対する扱いに対してアフリカ諸国が嫌悪感を抱く懸念があったため、南部での人種隔離システムの問題を解決する圧力が新たに生まれた。この事例では、外交政策における関心の変化が、国内政策の変更を試みていた公民権運動の活動家に新しい機会を提供した（Bloom, 2015）。

別種の政治的機会は、運動への抵抗が何らかの理由で弱まるときに現れる。活動家のクレイムに抵抗すると目される人たちが影響力を失っていたり、他の懸案事項に気を取られているかもしれない。社会問題過程により重要なのはおそらく、クレイム申し立て者への支援が強まる可能性があるという事実である。成功したクレイムは、同情的なメディア報道、支持の高まりを示す世論調査、政治的リーダーの運動への参加につながる。「時宜にかなったアイデア」への支持が高まると、抵抗者が抵抗をやめることもある。たとえば公民権運動と女性解放運動が提唱するアフリカ系アメリカ人と男女の平等権という基本原則——かつては議論が紛糾した原則——は、今では広く受け容れられている。

活動家は政治的機会を分析し、これを自らのクレイムに利用できる適切な戦術を練る必要がある。ある時には効果的な戦略は、別の時には効果が低くなるかもしれない。たとえばマッカダム(McAdam, 1983)は、公民権運動における戦略的な選択の歴史をたどり直している。公民権運動の活動家は、多種多様な抗議運動の戦略を考案した——大規模な抗議運動や座り込み抗議等々。これらの戦略のうち、一部は効果がないと判明した。メディアの注目を集めたり、人種隔離制度を弱体化することができなかったのである。しかし他の戦略はより効果的であった。これらの成功例がニュースとして広まり、他のコミュニティの活動家はこれらの効果的な戦略を模倣した。ただし、その成功は暫定的なものであった。ある戦略はほんの短い間だけ効果的だった。この新しい戦略がもたらされたというニュースが反対運動をも活性化することがあった。公民権運動における分離主義者の反対運動は、自分の戦略——公民権運動の影響を最小限にする対応——を模索し、これらの反対運動が成功したというニュースも広まった。さらに、公民権運動の活動家が特定の戦略を用いるたび、それは見慣れたものとなり、報道価値が目減りし、メディア報道も減少した。これらの過程は、戦略更新の連鎖を生み出した。その中では新しい戦略が発生し、しばらくは効果があるが、それも徐々に弱まり、活動家は運動の展開を維持できるような、新しい形式の抗議を考案しているのである。同様に、活動家はターゲット選択の重要性も発見した。よく知られていないターゲットを狙ったクレイムは注目を集めないかもしれないが、目立つターゲットを狙えばクレイムは成功するかもしれない。

特定の環境が政治的機会を改善できるのと全く同様に、他の環境が障害になることもある。つまり、クレイム申し立てが成功しない機会のことである。世間の注目には限界がある。メディアが他に報じる価値のある事件に注目すると、特定の社会運動クレイムをそう簡単には報道しないのである（メディアが何を報じるかをどう決めるかについて徹底的に議論するには、第5章を参照のこと）。二〇〇一年九月一一日直後の数週間、メディアの注目はテロに集中したため、他の問題についてのクレイムが注目を集める機会はほぼ皆無であった。同様に、競合するクレイム申し立て者――他の社会運動活動家や同じ運動内部の他の社会運動団体――がメディアの関心を独占しているとき、自分のクレイムを広げる機会は減少する。そのような苦境にあって、クレイム伝達に拘泥するよりも、資源を保全し、もっと有望な機会を待つほうが賢明かもしれない。

同様に、反対運動が強まっているとき、あるいは運動への支援が弱体化しているときは、不都合な機会といえる。こうした状況では、活動家は何が間違っているかを熟慮し、それを修正するのに必要な変更を行わなければならない。もしかすると既存のフレームは魅力を失っているのかもしれない。もしかするとより多くの資源を集めないといけないのかもしれない。このようなとき、問題を強調して失敗する危険を犯すより、いったん後退し、よりよい機会を待つほうがましである。

たとえばテイラー（Taylor, 1989）は、法のもとに女性の完全平等を保障する男女平等憲法修正条項（ＥＲＡ）を長期的に促進した全米女性党（National Women's Party）の歴史をたどり直している。長年の歴史を通じて、とくに第二次世界大戦後の数年間、同党は成功する可能性の乏しい政治的機会に直面していた。このようなときは一時停止したほうが有利であった。この時期、ＮＷＰは控えめな組織構造を維持したり、政治の動きを監視しながら、より展望の持てる機会を待った。一九六〇年代後半、公民権運動がアメリカ人の注目を集め、平等権というマスターフレームが馴染み深く、容認可能なものとなるような機会が生じた。特に女性解放運動の新たな要求が注目を集め、フェミニスト的アクティヴィズムの新潮流が現れた。と同時にＮＷＰは新しいフェミニスト（たとえば新しく形成された全米女性機構（ＮＯＷ））と連合し、男女平等憲法修正条項のために運動参加を促進した（しかしその運動も僅差で敗北を喫した）。一時停止の時に、フェミニズムの炎を絶やさぬようにすることで、全米女性党はより有望な機会を利用できるようになる、団体の資源を節約できたのである。

要約

社会運動は数十年にわたって、失望の時期を経験しうる。活動家が誰の興味も引くことができず、無関心や冷笑、抑圧に直面するのである。文化的・政治的な機会がクレイム申し立てにとって望ましい条件を生み出すまで、我慢強く、待ったほうがよいかもしれない。たとえば公民権運動も女性解放運動も、挫折期と進歩期に分けられる長い歴史を持つ。これらの有名な事例から、他の活動家は、幸運な時期が到来するまで戦い続け、頑張り続けることの重要性を学ぶことができる。

所有権の利点

努力が奏功した活動家は、ある社会問題の**所有権**（ownership）を得ることができる（Gusfield, 1981）。問題の所有権が確立されるのは、特定問題を理解するのに役立つ特定のクレイムやフレームが一般に承認されるときである。これはやや曖昧な立場である。この所有権には公的な資格証があるわけではなく、あるクレイム申し立て者がトラブル状態に関する権威として承認されるだけである。ある劇的な出来事により、ある問題がニュース報道に持ち込まれるとき、その社会問題の所有権者は報道関係者からコメントを求められたり、政策立案者に相談されたりする。

所有権は、フレーミングや資源動員、政治的機会とも関連する。所有権者のフレームは、他者が問題とその解決にどうアプローチするかに関して影響力を持つ。所有権者の見方は、トラブル状態について考える唯一のありうる方法ではないかもしれない。しかしそれでも、それは馴染み深く、マスコミ、大衆、政策立案者がほとんど自明視されるに至る。所有権者は有名であるがゆえに、資源動員がより容易になる。ある運動に貢献したい、もしくは何らかのかたちで関与したい人は、問題の所有権者について知り、彼らに頼る。それは、ある問題についてコメントするための情報源を探索している報道関係者が、最初に所有権者に話を持ち掛けることを考えるのと同様である。そしてもちろん、所有権者は資源集めを容易だと感じるからこそ、競合する活動家がいたとしても、その問題の所有権を容易に維持できる。その結果、所有権者は機会構造を利用するのに有利な立場にいられる。たとえば現在の出来事により、あるトラブル状態が注目を集めたとき、所有権者はどんな機会でもうまく活用する準備ができている傾向がある。彼らはメディアおよび政策立案者と接触する。政治的機会を評価するうえで有利な立場にある。そして内部クレイム申し立て者として活躍できるほど、社会問題過程に十分に組み込まれているかもしれない。

特定の社会問題に関して、複数の所有権者がいる場合もある。解消不能な見解の相違を有する論争型の問題においては、しばしばその問題に関して異なる立場を取る社会運動団体が対立する。たとえば全米ライフル協会（NRA）は、銃器所有者を代表し、銃規制に反対する大手団体として、長期間にわたって確固たる地位を築いてきた。長い間、銃規制支持者は相対的に影響力のある社会運動団体を持たなかった。しかし近年では、銃暴力防止のブレイディ・センターと暴力政策センター（VPC）は、最も目立つ銃反対の社会運動団体となっている（つまり銃規制運動の所有権者である）。また先に述べたように、社会運動はしばしば種々のフレームを含んでおり、控えめな改革を主張する穏健派のグループから、大きな変化を要求する急進的な社会運動団体まで存在する。この連続体上の異なる地点で、所有権者が登場する可能性がある。たとえば一九六〇年代の公民権運動では、安定した全米黒人地位向上協会は好ましい判決を得るため、慎重に圧力をかけることを志向した。半面、学生非暴力調整委員会や人種平等会議のような急進派の社会運動団体は、座り込み抗議やフリーダムライドなどの対立活動を組織して有名になった。少数の、よく目立つ社会運動団体が、包括的で幅広い公民権運動の所有権を共有したのである。

いくつかの社会運動団体は長期にわたり特定の問題を所有し続けることができる。全米ライフル協会は数十年間、銃規制との戦いを牽引し、全米黒人地位向上協会は一九〇九年に設立されて以降、アフリカ系アメリカ人の公民権運動の指導的発言者となっている。こういった所有権者は絶えず自分の問題――ならびに所有権――を大衆、マスコミ、政策立案者に対して可視化するよう努めなければならない。そういったプレゼンスを維持することで二つの目的が果たされる。第一に、もちろん所有権者の特定のクレイム――自分のフレーム――が、その問題を解釈し、可視化し、慣れ親しんだものにする。それゆえ他者は、その問題を所有権者の用語で考え続けやすい。第次に、「**所有権者**」としての地位を維持するのに役立つ。注目――および寄付金――は、最も馴染みの活動家に贈られる傾向がある。所有権は維持するよりも、最初に獲得するのが難しい。しかし所有権はつねに醸成されなければならないのである。

長期にわたる所有権は、柔軟さを必要とする。焦点の狭い、単一問題に関わる運動は、長期的には不利な立場にある。世間の注目は容易に問題から離れていく。そうなると、支持者もメディア報道も政策立案者へのアクセスも減少する。より広範な、相互に関連する関心を発展させるのが有益だろう。たとえば全米黒人地位向上協会は長い歴史を通じて、人種差別に関する多様な問題に取り組んできた。団体が結成された初期には、全米黒人地位向上協会はリンチ殺人への反対運動にかなりの注意を差し向けた。しかしリンチ殺人が減少・消滅すると、教育と雇用の差別反対運動や憎悪犯罪への反対など、他の人種間問題を構築し始めた。政治的機会が変化するにつれて、特定のクレイム推進が容易になったり、困難になったりするが、全米黒人地位向上協会は、アフリカ系アメリカ人に関連する全面的な問題所有権を維持することによって、社会問題過程に積極的に関与できる。

その一方、焦点の狭い社会運動団体は継承のリスクに直面する――それゆえ存続する理由を喪失する。マーチ・オブ・ダイムスという、もともと子どもに重い障害を残す病気であるポリオの問題と戦うためにスタートした慈善団体のケースを考えよう。ポリオ・ワクチンが開発された後、ポリオの脅威が実質的に消えてしまい、団体は危機に直面した。もちろん勝利宣言をし、解散するという選択肢はあった。しかし資金集めに成功した装置をなにゆえ解体するのか。逆にマーチ・オブ・ダイムスは自身の目的を再定義し、団体として運営し続け、今後は出生異常の問題に尽力すると宣言した。これは単に新しい定義というだけでなく、より幅広い定義でもあった。世の中にはさまざまな出生異常がある。だから、新たな成功がこれらの問題のいくつかを解決するかもしれないが、それでも残る問題に取り組むためには、団体が必要とされ続けるのである。

クレイム申し立て者がこれまで無視されてきたトラブル状態に注目を集めようとすると、問題

所有権が以下の三方向に従って展開するかもしれない

1　**誰も所有権を獲得しない**　この状況が生じやすいのは、劇的な犯罪のように、報じる価値のある事件によって、ある問題が大衆の目に晒されるときである。さまざまな評論家がこのトラブル状態について解釈を述べ、その問題に対して異なる考え方を提示するかもしれない。しかしこれらのクレイム申し立て者のうち誰もが問題の所有権を獲得できず、その問題を可視化する努力をせず、社会政策を変える長期的運動を存続しないこともありうる。このような状況下では、マスコミの爆発的な注目を集めた話題でさえ、公共的関心が移り変わり、次の劇的な事件が人びとの注意を引きつけるやいなや、忘れられてしまう。問題の重要性を人びとに思い出させる所有権者がいないと、問題自体が忘れられることがある（この可能性については、第5章でさらに議論する）。

2　**活動家が所有権を獲得できる新しい社会運動団体を設立する**　よく知られている例として、飲酒運転に反対する母親の会（ＭＡＤＤ）という団体の出現がある。飲酒運転には長い歴史があるにもかかわらず、ＭＡＤＤはこの問題を新たに可視化しただけでなく、飲酒運転者に脅かされる子どもへの脅威という新しいフレームも提供した。ＭＡＤＤは立法者に対してロビー活動をし、法廷訴訟を監視し、全国に地方支部を設立し、かつて所有権者のいなかった問題を統御するに至った。

3 既存の社会運動団体が新しい問題の所有権を獲得する

これは社会運動団体にとってうまくいく可能性がある。そうでない場合、社会運動団体は珍しくもないものになり、自明視されるというリスクを冒す。他の問題所有権を引き受けることによって、社会運動団体のクレイムを新鮮に見えるようにする（社会運動団体の最初の計画と順接的に関連している限り）。同時に、経験のある社会運動団体――資源動員の手法をすでにわかっている――が所有権を獲得すると、その問題を世間に注目させ続ける見込みが高くなる。

所有権は、問題の見通しそのものにも、その問題を推進する活動家にも影響を与える。しかし誰かが所有権を持たなければ、社会問題過程が前進することは難しい。大衆の関心は、他の話題が盛り上がると、簡単に移り変わってしまう。所有権者は問題に着目し続け、人びとにその重要性を思い起こさせ、その話題が新鮮かつ興味深いものになるように、自分たちのクレイムを改訂し続けなければならない。しかし所有権には、所有権者にとっても利点がある。彼らのクレイムはより定着したものになる。彼らの権威はより正当なものになる。そして より大きな社会的接触のネットワークを有する著名人となり、外部クレイム申し立て者から内部クレイム申し立て者へ変化することができる。

活動家――原則と実用性

社会運動についての議論では、原理原則に従う人物が強調されることがよくある。すなわち、活動家を特定の大義に専心し、高邁な善を促進する人物として表現する。しかし、誠実さだけでは十分ではない。クレイム申し立て者が社会問題過程に影響を与えようとするのと同じく、活動家はメディア、大衆、政策立案者などの行動に影響を及ぼし、自分のメッセージを伝える必要がある。つまり彼らは、社会運動によって設定される実用上の問題に直面しなければならない。

本章では、四つの実用的な問題を検討した（図3－2を参照）。第一に、活動家は効果的なフレームを発展させる必要がある。つまり他者が自分たちのフレームを説得力あるものと感じ、活動家の所属する社会運動団体を支持するために、クレイムを構築しなければならない。他者を説得できない原則通りの言説は、スタート前から社会問題過程を行き詰まらせるおそれがある。

第二に、活動家は社会運動の目標に到達するために十分な資源を動員しなければならない。メンバーやお金、その他必要な資源を集めたり管理できない活動家は、彼らの大義が達成されるまでのあいだ、自分の社会運動団体を動かし続けることがおそらくできない。

第三に、活動家は機会を利用する方法を認識し、理解する必要がある。現在の出来事や政治的光景の変化が社会運動を援助したり――妨害する――こともある。活動家は見込みのある機会を逃さないように注意する必要があるし、運動を促進する機会がないときに資源を浪費するのを避

図3−2　活動家は効果的なクレイムを申し立てに関心を持つ

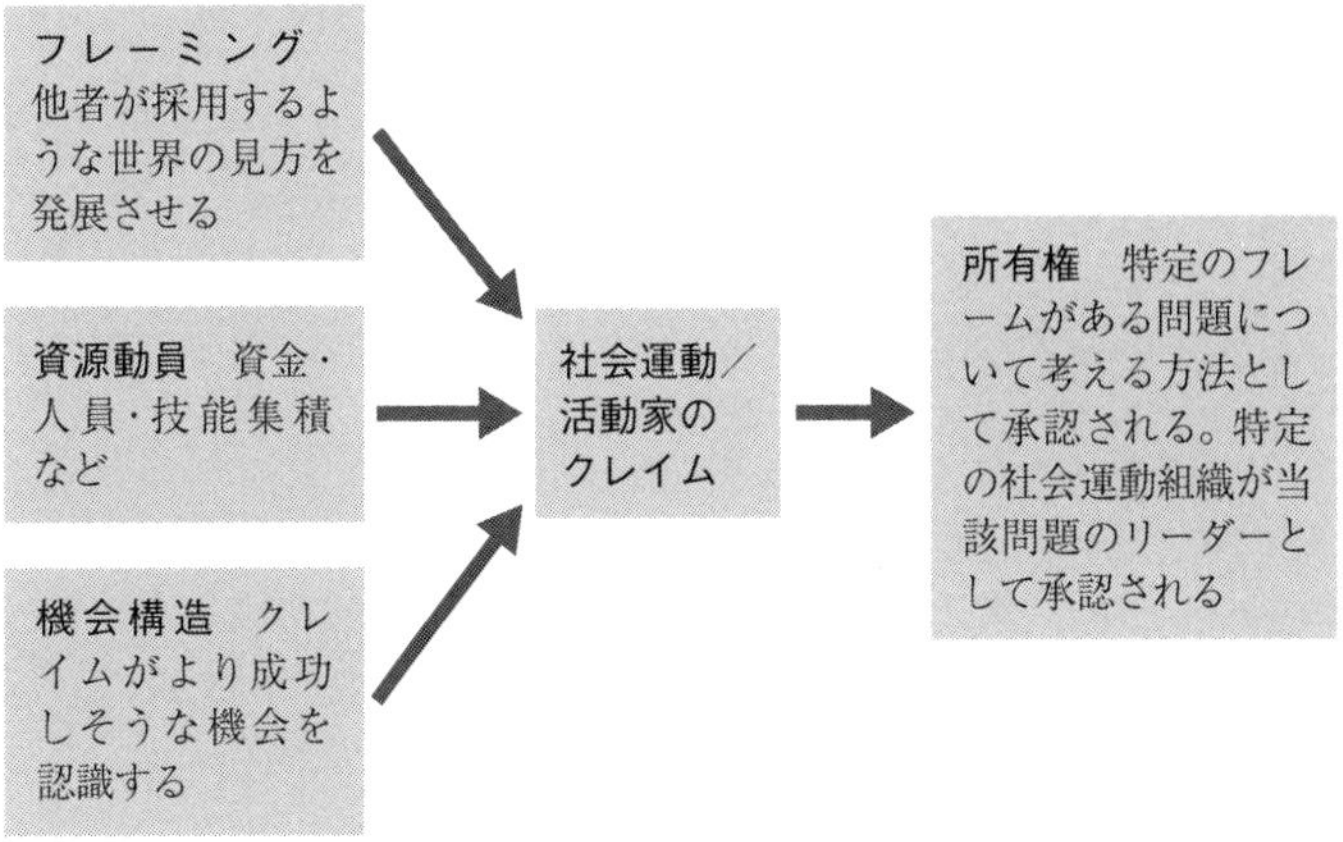
フレーミング　他者が採用するような世界の見方を発展させる
資源動員　資金・人員・技能集積など
機会構造　クレイムがより成功しそうな機会を認識する
社会運動／活動家のクレイム
所有権　特定のフレームがある問題について考える方法として承認される。特定の社会運動組織が当該問題のリーダーとして承認される

けるべきである。

最後に、活動家はある問題に対する所有権を獲得したり保持したりできる。社会問題を所有することによって影響力は持続する。それは問題——活動家のリーダーシップ——を可視化し続ける手段となる。それゆえ活動家のフレームは馴染み深く、広く承認されたものとなり、資源を動員しやすくなり、どんな機会であれ活動家はそれをうまく活用する立場でい続けられる。

活動家はクレイム申し立て者の一番わかりやすい例かもしれない。しかし活動家だけが社会問題クレイムを提唱するわけではない。しばしば活動家は同盟者を獲得する——彼らの原理にコミットするだけでなく、社会問題過程に特別な知、あるいは専門知を持ち込むクレイム申し立て者である。これらの専門家−クレイム申し立て者については、第4章で議論する。

第4章 クレイム申し立て者としての専門家

マサチューセッツ湾植民地はピューリタンによって設立され、その社会では聖職者が重要人物であった。彼らは、神が関与している証拠を世界中で見出しており、彼らの説教は、時として現在の出来事に言及し、それらを宗教用語で説明した。収穫高が少ないことは神の怒りの証拠になるし、人びとのあいだで起こる問題は罪によって、神の掟を破った人によって引き起こされる。彼らはほとんどすべての出来事を、この宗教的枠組みで解釈することができた。聖職者は当時、ニューイングランド植民地の最も重要な専門家であった。というのも彼らは、神学の訓練によって、生活のほとんどの側面を説明し、評価する資格を得ていた。彼らの宗教的枠組みは、それが社会を主導する制度を代表する専門家によって進められたため、権威あるものとみなされた。

今日では聖職者の宗教的な見方は、それほど権威を持っていないように思われる。少なくとも社会問題を公的に議論するとき、現代のアメリカ人が「**罪**」について言及することはめったにない（また政治家や宗教家がそういった言葉を引き合いに出したとしても、批判されることが多い）。むしろ現代のアメリカ人は、一種の医学用語に対して、より心地よさを感じている。すなわち私たちは社会問題について話すとき、「**病気**、**症候群**、**機能不全**、**嗜癖**」といった、医学や科学の分類にもとづく言葉を使いやすいのである。七つの大罪に関する、アクィナスの古典的なリストについての現代的な議論が、次に述べる行動を多くは医療の問題としてどのように再定義するのか考えてみよう。たとえば色欲はセックス「**嗜癖**」、暴食は「**食物嗜癖**」や「**過食症**」、怠惰は「**慢性疲労症候群**」と特徴づけられる（同時に現代医療は、それらの欠乏を、治療を必要とするかもしれない医療の問題として扱うことで、時として致命的な大罪を推進しているように思われる。性的能力［色欲］を向上させる薬、美容整形［傲慢、嫉妬］、脂肪吸引法［怠惰］、自尊心の低さ［傲慢］について考えてみよう）。少なくとも現代のアメリカ人が社会問題について話すとき、彼らは宗教家の判断をあまり受け容れず、より医師に従う傾向がある。

聖職者の影響力が弱まり、医師の勢力が強まったことは、社会問題の構築が、制度的な影響力のパタン変化をどれだけ反映しているかを説明している。宗教家が支配する社会では、社会問題は宗教用語で議論されることが多い。また医師が影響力を持つ社会では、社会問題は医学用語で理解される傾向がある。時期や場所によって、どのような種類の知識を持つ、どのような人びとを専門家とみなすべきかについての考えは変化する。**専門家**は特別に権威のある知識を持っていると考えられており、活動家、メディア、政策立案者などのその他の人びとは、その専門知識に従うだろう。

まとめると、専門家は最も影響力のあるクレイム申し立て者と位置づけられる。なぜなら彼らは、社会問題を解釈する資格をもたらすような、特別な知識を有すると思われているからだ。その中には、第3章で「**内部クレイム申し立て者**」として言及した専門家もいる。彼らは専門家としての地位を利用して、政策立案者に容易に接近し政策の一部を担うことができる。本章では、現代の社会問題過程における、クレイム申し立て者としての専門家の役割を検討していく。まず社会問題の構築において、中心的な位置を占める医師について考察し、それから他の専門家を検討する。

医療化

社会学者は、社会問題を特徴づけるために医学用語が使われることが増えていると指摘してきたが、彼らは**医療化**（Conrad, 2007）という言葉で、トラブル状態を医療問題として定義する過程を表している。一世紀前、過度の飲酒をする人がいることはよく知られていた。すなわち飲酒は、職場や家庭などで問題を起こしているとして非難されていた。これらの人びとへの共通のラベルは「**大酒飲み**」であった（Gusfield, 1967）。大酒飲みであることは罪ではないものの、少なくとも道徳的欠陥とみなされた。つまり大酒飲みは、すべきでないことをしており、改心する必要があった（大酒飲みであることの解決策には、自制すると誓うことも含まれていた。つまり大酒飲みは禁酒を約束することになった）。

今日では「**大酒飲み**」という言葉は、私たちの辞書からほとんど消えてしまった。もちろんいまだに過度の飲酒をする人はいるし、それは職場の問題や家庭の問題などを引き起こすものとされている。しかし私たちは、そういった人たちを「**アルコール依存者**」と呼び、「**アルコール依存症**」という用語で表す。アルコール依存者は多くの場合、「**病院**」で「**治療**」を受ける必要があり、その経費は部分的に健康保険によって賄われている。要するにアルコール依存は、いまや医学的手段によって治療すべき医療の問題だと私たちがみなしている点で、医療化されている。

別の例を考えてみよう。成績がふるわない学生がいる。そういった学生は従来、成績の悪さを非難されてきた。もしかしたら彼らは知能が低かったのかもしれないし、十分に勉強しようと努めなかったのかもしれない。今日では、学校での成績不良は医療化された状態、つまりこれらの学生が「**学習障害**」や「**注意欠陥多動性障害**」（ＡＤＨＤ）を持っていることによって引き起こされていると主張されているという（Conrad, 2007）。医学用語、すなわち「**診断、症状、治療**」といった言葉が、学生の困難をめぐる議論をますます枠づけており、医師は今や多数の子どもたちに薬を処方し、彼らがもっと身を入れて勉強するよう支援している。

なぜ医療化は重要なのだろうか。違いを生んでいる明確な点が二つある。一つは、医療化が個人から責任を取り除いていることだ。私たちの文化では、意図されたこと、つまり人びとが行うことを選んだ行動の責任は通常、個人が負う。大酒飲みは飲酒に屈したため、かつては弱さと思われていた。また、成績不良の生徒は怠惰とみなされたものだった。どちらの場合も、個人が自らの問題に対して責任を負っていた。対照的に、私たちは一般に、人びとが病気に対して責任を負うとは思っていない。すなわち私たちは、人びとが病気になったからといって、彼らを責めたりしないのである。それゆえ人びとがアルコール依存症である、もしくは学習障害を持っていると言うことは、彼らがそれらの問題によって責められるべきではなく、批判ではなく同情と支援に値することを意味する。

問題の医療化がもたらす第二の結果は、時に**医療モデル**と呼ばれる、問題を考えるためのよく知られたフレームをもたらすことだ。医学的な問題は、病気、機能不全、症候群、障害として表現される。これらの問題を抱える人びとは病いを抱えている。すなわち彼らは症状を示している。彼らは患者になる必要があり、医師、看護師、セラピストといった医療関係者から治療を受けることができる。医療関係者は病院や診療所で働くことが多く、患者の健康保険から賃金を支払われている。言い換えると医療化は、ある問題は医療の専門家や組織によって所有され、管理されるべきだと主張するクレイムなのである。

そして医療化は、トラブル状態を特定の仕方で枠づけている。一見すると私たちの文化は、罪や犯罪を病気から差異化して構築しているようである。つまり罪人や犯罪者は責任を負わされ、行動を非難され、罰せられている。病人は非難されず、その代わりに治療を受けている。しかし医療モデルは、より広い社会ではなく個人に焦点をあてるものでもある。医療化の観点では、人びとは病気や症候群を持ち、そのために過度の飲酒をしたり、食べ過ぎたりしている。そして彼らはこれらの問題に健康を意識した行動によって立ち向かい、打ち克《か》たなければならない。医療化は個人の選択に焦点をあてることによって、貧困といったより大きな社会環境がこれらのトラブル状態を生み出しているやり方から、注意をそらしている。

医療化は二〇世紀に顕著に成長した。この変化は、部分的には治療実践における劇的な変化を反映していた。医師と病院は専門家の基準を厳しくする主体となり、そのために治療の質が向上した。同時に医学の進歩により、新たな薬や治療が可能になった。これらすべてのことは、実際に患者を援助する医学的治療を受ける機会が急増したことを意味する。人びとは医師に対して、より多くのことを期待し始め、医師の名声や権威は高まった。

医療が発達するにつれて、医師の権威は社会問題のより広い領域に拡大していった。特に精神科医（医師として訓練されている）は少年犯罪、慣習から外れた性行動、薬物依存、犯罪など、問題となる多数の行動は精神医学的な問題症状とみなされるべきだとクレイムを申し立て始めた。アメリカ精神医学会は第二次世界大戦後、**「精神障害の診断と統計マニュアル」**（通称ＤＳＭ）という、知られているすべての精神障害の膨大なカタログを作成しており、それは改訂のたびに拡大を続けている（Kirk & Kutchins, 1992）。有効な診断名が増えることは、多数の行動がますます医学用語で理解されることを意味している。

精神科医は明らかに医療に位置づけられるような医学的訓練を受けているが、彼らに加えて、医療に準じるさまざまな職業に就く人も「**病気、症状、治療**」といった言葉を導入した。それらの人には、臨床心理士、資格を持ったソーシャルワーカーのほか、専門家としての研修をほとんどもしくはまったく受けていない多数の人も含まれている。たとえば薬物治療は「**薬物使用の元プロ**」によって担われることが増えた。彼らは必ずしも専門家の資格を持っていない、薬物使用からの回復者だが、薬物治療センターに雇われて治療グループをまとめており、自分たちが行ったことを医学用語で記述してきた人たちである（J.D. Brown, 1991）。

多くの場合、医療化を成り立たせているのは、医学用語の導入にすぎない。いわゆる「**アルコール依存症**」を例として挙げる。その症状は、職場や家庭などで飲酒したり問題を起こすことを含んでいる。つまりアルコール依存と、そうではない酒飲みとを区別するような、明確な生物学的な症状はない（Appleton, 1995）。同様にアルコール依存症に対する治療は、飲酒に問題を抱えている人に、飲酒を控えさせることである（多くの場合、完全な禁酒が勧められる）。アルコール依存症を治療するための主なプログラムである、アルコホリック・アノニマス（ＡＡ）は、完全にアマチュアによる活動である。専門家はおらず、ＡＡの全メンバーは、アルコール依存からの回復者であると自己認識している。メンバーは他のアルコール依存者と一緒に会議に参加し、禁酒を達成するための、ＡＡの12ステップ・プログラムについて話し合うのである。

ＡＡは、アルコール依存症は病気だと主張するが、その治療は飲酒をやめてＡＡ会議に参加し続け、12のステップに従うことである。飲酒の問題を抱える個人が禁酒をするよう支援するという、アルコール依存症へのＡＡの解決策は、医学用語によって解決策としての治療に社会的権威が加わったとはいえ、大酒飲みが禁酒を誓約することで改善を期待されたやり方とそれほど違わないことに注意すべきだ。12ステップ・モデルは、薬物依存、過食、ギャンブル依存症など、さまざまな問題となる行動をとる人びとを助けるために導入されている。それらの行動もまた、嗜癖や病気として特徴づけられている。

要するに、さまざまな医師がさまざまな異なる資格を持って、現代の多数の社会問題の所有権を主張しているのだ。第3章で述べたように、所有権は重要な利益をもたらしうる。社会問題の所有権を得ている専門家は、たいてい非常に成功している。すなわち彼らは、社会的な存在感や名声が高まるとさらに強力になり、典型的には問題に苦しめられている人びとがもたらす拡大されたビジネスから金銭的な利益を得る側につく。このことが示すのは、専門家は多くの場合、自らの視点から社会問題を描写するようなクレイムを促進することで、莫大な利益を得ているということだ。

たとえば古典的な構築主義者の事例研究では、ステファン・ソウル（Stephen Pfohl, 1977）は、被虐待児症候群（のちに「**児童虐待**」と呼ばれる）への注意を促すうえで、小児Ｘ線技師が主要な役割を果たしたと論じた。当初この問題は、あまりに幼いために痛みを説明できない子どもの、身体的な傷に関して典型的だとされていた。子どものX線を診る専門家である小児X線技師は、事故による怪我と虐待による怪我を区別できると主張した。これらのクレイムは、傷つきやすい子どもたちの保護が進むことを約束しただけではなく、医療の専門性が低く、比較的権威がなかった小児X線技師に、生命にかかわるような病気の所有権をもたらし、その専門分野の社会的地位が上昇した。専門的クレイム申し立て者は多くの場合、そういった利益を得ており、そのために結局良いことをすることで成功を収めることになる。

専門家は職業上の縄張りを守ろうとし、所有権のドメイン拡張まで行うことが多い。その過程は徐々に進んでいくだろう。小児科の範囲の変化を考えてみよう（Pawluch, 1996）。この医療の専門家が二〇世紀初めに現れたとき、小児科医は幼児の食事に関する問題に焦点をあてていた。たとえばミルクの供給は汚染されることが多く、たくさんの幼児が深刻な病気になっていた。しかしミルクの供給を清潔に行う技術が発達すると、たちまち幼児の食事はずっと安全なものとなり、小児科医が供給していた主要なサービスは不要となりつつあった。そこで小児科医はドメインを拡張し始め、まずは子どもの他の病気、それから普通の健康な子どもの発達に関する治療を強調していった。出生率が下がると、もちろん小児科医が治療する子どもの数も減少するが、そこで専門家は青年期や若い大人の患者にまでサービスを拡大し始めた。

これらの努力は、利己的で身勝手なものとみなされるべきではない。専門家はたいてい自分たちが価値ある知識を持ち、便利なサービスを提供していると信じているし、専門知識を活かす新たな機会を探求している。彼らのサービスへの需要がすでに高いとき、彼らはドメイン拡張をする時間は少ないが、ビジネスがうまくいっていないときは、新たな問題に切り込んでいく見通しがずっと魅力的なものとなる。このようにして専門領域が広がり、専門家の利益が大きくなるのである。

理論上、専門家の利益は統合され、制度的所有権となりうる。たとえば健康への支出が大きくなるにつれて、患者は医療保険に入ることを要求される。しかし、どの種類の治療が健康保険の対象と対象とされるべきだろうか。さまざまな治療を行う専門家は、彼らのサービスを医療保険で保障してほしいと思っている。より多数の患者がそれらのサービスを求めるようになるためである。このように州政府は、飲酒や薬物の問題を医療の問題と定義し、健康保険に治療費用の一部をあてるよう要求することを決めているが、その決定はこれらの専門家を飲酒問題の所有者として制度化したのである（Weisner & Room, 1984）。第3章で指摘したように、所有者は社会問題の構築を促進するうえで有利な位置にある。所有権がそういった制度的環境と結びつけられると、専門家の権威は確固たるものになる。

近年、トラブル状態が**生物医学化**（Clarke, Shim, Mamo, Fosket & Fishman, 2003）の主題となるにつれて、医療化は新たな方向性を示している。専門家は、生物学的プロセスが多数のトラブル状態の根本的な原因だと主張しているが、これは、効果的な解決には人体の仕組みに取り組まなければばならないことを意味している。たとえば遺伝学の科学革命によって、さまざまなトラブル状態を引き起こすある種の遺伝子を特定することが間もなく可能になるというクレイムが生じた。明らかに遺伝子の異常は、ダウン症といったいくつかの医学的機能不全の原因となる。しかし生物医学の支持者は、同性愛やアルコール依存症といった、あらゆる行動様式の遺伝的原因を特定することがじきに可能になると主張しており、ますます多くの研究費が生物医学研究に提供されている。多くのトラブル状態の根源に人体の仕組みがあるという仮定は、処方薬を解決策とみなす過程である**製薬化**を促進する（Abraham, 2010）。これらのクレイムには支持されるものもあれば、誤りが証明されるものもあるかもしれない。しかし、少なくとも予見可能な将来において、医療化は、私たちの社会における専門的クレイム申し立ての主要な形態として残る可能性が高い。

科学の役割

医学は、広範な専門的知識の形態である科学のサブカテゴリーとみなすことができる。医療の場合と同様に、科学の拡大によって可能になった進歩は、特に過去二世紀の間に、私たちの社会において科学者に相当な権威を与えた。社会は科学的知識の進歩によって変容してきた。産業革命、新たな形態のエネルギー（蒸気、電気、石油）の開発、より速い輸送、迅速なコミュニケーションなどを考えてみるといい。科学的知識の向上がこれらの変化を可能にしたのである。

科学は証拠を識別することに依存する。科学理論は、反証可能な予測を生成しなければならない。つまり、それらの予測は検証できるものでなければならず、それらが誤りであると判明した場合、その理論は破棄される。科学者は、彼らの理論の予測を支持するか、もしくは異議を申し立てる証拠を生み出すために研究を行う。彼らはより説得力のある証拠を見つけるほど、その理論に自信を持つことになる。この論証システムは非常に強力であり、あらゆる種類の技術的、医学的進歩の基盤となっている。科学者は、私たちの社会において、証拠を集めた事柄について話すときに、かなりの権限を持つと考えられている。

ここで、科学的証拠が絶対に正しいと言っているわけではない。科学は社会的に構築されている。すなわち、科学は人びとが世界を理解する方法の一つである。確かに私たちは十分に確立された科学的知見にかなりの自信を持っているが、ある知見が十分に確立されるまでには時間がかかる。研究に欠陥があることもあれば、証拠が不完全であったり誤って解釈されたりする可能性もある。科学者は互いに問題を議論し、他の科学者の論証と証拠に疑問を持つかもしれない。科学的進歩は時間のかかる過程でありうる。これらの議論は、集められた証拠が科学者の間で合意が生まれるほどの十分な説得力を持つようになるまで、長年、数十年にもわたって継続する可能性がある。

科学は時間をかけて進歩するので、残念ながら、劇的な科学的進歩を報告したがるニュースメディアにはあまり適していない。たとえばメディアは、ある研究に欠陥があると最終的に判明する可能性があっても、ある主題の新しい研究報告を公表するかもしれない。劇的な例として、研究室で常温核融合の反応を観測したという二人の研究者による一九八九年の報告書に対する、メディアの反応がある。その含意は、常温核融合を利用することで無制限で費用のかからないエネルギーが供給されるという驚くべきものであり、メディアはこの発見からもたらされる社会的変化について推測し始めた。しかし悲しいことに、すぐに他の科学者たちが、その研究者が結果を誤って解釈していると結論した。彼らは常温核融合を生み出す方法を見つけていなかったのである。そこでメディアはすばやくその話題を取り下げてしまった。

科学の専門家のクレイムは、科学者が特に強力な証拠に対する特別な知識と入手方法を有しているという理解からレトリックの力の多くを得ており、それゆえに彼らの見解は尊敬に値するのである。単一の研究の結果を決定的なものとして扱うというメディアの傾向は、進行中の科学的議論の場合には混乱を招く。十分な証拠が入手可能になるまで、他の専門家と同様に、科学者は必ずしも意見の一致をみているわけではない。彼らの証拠と解釈は異なっているかもしれず、論争にまで至るかもしれない。報道機関や一般大衆、そして政策立案者は、このような意見の不一致を期待外れだと感じることが多い。なぜなら彼らは科学者に対して単なる権威ではなく、正確な情報を期待しているためである。矛盾に見えるものがあると、彼らは科学者の権威に疑問を抱いてしまう。

たとえばある週にメディアが、アルコール飲料が特定の病気にかかる危険性を高めると結論づけた研究報告をある医学雑誌が発表したと報告するとしよう。翌週になるとメディアは、適度な飲酒が健康を改善すると別の研究者グループが結論づけたと発表するかもしれない。人びとはどう考えるべきだろうか。両方の報告が正しい、つまり飲酒は特定の病気に罹患するリスクを高めるが、一般的に健康によいと考えることは可能だ。あるいは、どちらかの研究が誤りである（さらにいうと両方が間違っている）かもしれない。時間をかければ補足的な研究によって科学的合意に至る可能性はあるが、科学や他の多数の専門家コミュニティでは、意見の不一致は普通のことと認識することが重要である。専門家は、どれが問うべき重要な問いなのか、それらの問いに答えるための最良の方法、入手可能な証拠をどのように解釈するかといったことについて、意見を異にすることもある。

一般に、研究における問いと答えは、物理学や化学などの自然科学において最も明確であり、医学などの生物科学ではそれほど明確でなく、社会科学で最もわかりにくい。自然科学においては、何が説得力のある証拠を構成するかについて意見の相違が少なく、自然科学者同士の議論はどちらかに決着がつくことも多い。これとは対照的に、社会科学者は何が説得力のある証拠を構成するかについて、同意に至らないことが多い。加えて、科学者における意見の相違が多種多様な問いに集中することや、問われる問いの種類によって科学の影響力が決まることを、正しく理解することが重要である。

たとえば気候変動に関する議論を考えてみよう。最も基本的な水準に、地球の温度は本当に上がっているのかという問いがある。科学者は、温度を測るさまざまな方法を長年にわたって考案してきた。ある測定の精度に関して、もしくは温度変化を測定する方法のどれが最も正確なのかに関しては論争が生じるかもしれない。ただ、これらは比較的技術的な問題であり、地球温暖化と地球寒冷化のサイクルが過去に生じていることや、過去一〇〇年ほどで気温が約0・74度上昇していることについては、科学的にかなり意見が一致している。温度変化を正確に測定することは、比較的わかりやすい研究課題——明らかに科学者が答える資格を持つような種類の問いにあたる。もちろん将来何が起こるか予測するのはより難しい。とはいえ、二一世紀のあいだに気温が上昇し続ける可能性が高いことは、相当広く意見の一致をみている（ただし、どの程度気温が上昇するかについては1・8度から4・0度まで推定されており、かなりの不一致がある）。

第二の論点は気候変動の原因に関するものであり、より多くの議論がなされている。現在の地球温暖化は自然な過程である——地球の加熱と冷却の長期的なサイクルの一部にすぎない——と論じる人もいるが、ほとんどの科学者は、温暖化の少なくとも一部は人間の地球への影響によるものだということに同意している。最も一般的には、これらのクレイムは、温室効果ガス（たとえば車両や煙突からの二酸化炭素の排出）が大気中の熱を保持する役割に焦点をあてている。これらの説明は互いに排他的なものでないことに注意すべきだ。おそらく地球はどんな場合でも自然に温暖化しているだろうが、人間の活動がその傾向を悪化させているのである。この水準において、科学的な問題はわかりやすいものではない。地球温暖化が起こっていることに同意している専門家でさえ、人間の活動がこのプロセスに貢献する程度をめぐって意見を異にするかもしれない。

議論の第三の水準ははるかに論争的である。人間の活動が気候変動を引き起こす重要な役割を持っていることに、すべての人が同意するとさしあたり想定するとしても、何がなされるべきなのか。ここで議論は、さまざまな問題に及ぶだろう。たとえば地球温暖化の結果どうなるのか、どのような政策が気候変動を緩和するのか、それらの政策の費用はどれほどか、将来的な利益がそれらの費用を正当化するかどうか、誰が費用を負担するのかといった問題である。この段階では、純粋に科学的な問題はそれほど中心的ではない。科学は気候変動の程度と原因について、かなり説得力のある証拠を提出するかもしれないが、科学的知識が正しい政策方針を指定することはできない。例として核兵器について考えてみよう。科学者は核兵器を設計し、製作することができたが、それらの兵器を使うべきか、もしくは使わないほうがよいかの決定は、科学者ではなく政治指導者によってなされた。科学知識は通常、社会政策を定めるには十分ではないのである。

要するに、科学者が社会問題に関する議論に参加するとき、そこでの問いに応じて、専門的知識の重要性が変化することを理解する必要がある。人びと――科学者の一部を含む――は、科学的知見が十分に政策を導けると想像したいかもしれないが、実際には政策形成はその他の考慮すべきこと、特に価値によって決定される（Pielke, 2007）。過去一世紀に地球の気温がどの程度上昇したかといった問題に取り組むにあたって、科学的専門知が中心的な役割を果たす可能性は高い。しかし多数の論者が議論するところによれば、ある政策を温室効果ガス削減のために実施することの将来的な利益が、政策上のコストを正当化するかどうか、あるいは排出量を管理するコストを豊かな国と貧しい国にどのように分配すべきかなどの問題には、科学は信頼できる解答を用意できない。受け手が科学者に権威を与えようとする意欲は、彼らが専門的知識をどれほど重要だとみなすかに依存する可能性が高い。

科学的権威に関する現代の議論は、リスクの構築に焦点をあてることが多い。現代の強い関心がリスクに向けられたのは一九六〇年代であり、外科医が喫煙は健康に有害であると発表し、活動家ラルフ・ネーダーが危険な自動車に注意を喚起し、作家レイチェル・カーソンが農薬は著しい環境被害を引き起こしていると警告したときに遡ることができる（Meyer&Rohlinger, 2012）。これらの非常に目立つクレイムは、他のリスクに対する懸念を引き起こし、コレステロール、受動喫煙、毒性廃棄物などの危険性に関するあらゆる警告を生むことにつながった。そのようなクレイムは、科学的証拠（たとえば特定の化学物質に発がん性があるかもしれないと主張すること）と、危険が広がっており問題が緊急のものであるという警告とを結びつけることが多い。その上メディアが、ある状態が個人の健康や環境安全性などにリスクをもたらすという、科学者による警告を覆い隠してしまうのである。喫煙と肺がんの重要性などのいくつかのリスクに関する証拠に反論の余地はないが、科学者は他のリスクの程度と関連性については意見を異にしている。

科学者がリスク評価に合意するまでに時間がかかることがある。最も説得力のある科学的証拠は実験によってもたらされるが、普通はリスクの研究をするための実験を設計することは不可能である。私たちは実験グループを特定のリスクに晒し、統制グループ〔対照群〕がそのリスクに晒されないようにすることはできるが、同一の幼児グループを用いることはできず、生涯を通して彼らが同じ経験をしていると確認することもできない。このような研究は非常に強力な証拠を生むかもしれないが、時間がかかり、高価で、反倫理的だろう。実際には、研究者ははるかに弱い証拠で満足しなければならない。たとえば彼らは特定のリスクに晒されている人びとを特定し、そのリスクに晒されていない類似した条件を持つ人びとと適合させ、それからその二つのグループが特定の病気に対し異なる罹患率を持つかどうかを調べることができる。そのような研究の結果に異議を申し立てることは常に可能だし——たとえば二つのグループは関連するそれぞれの変数を同じにしているだろうか?——、説得力のある事例をつくるためには多数の証拠〔喫煙者の健康に関する数えきれないほどの研究のような〕が必要となる。

科学者ではない人——ほとんどの活動家、メディア関係者、一般大衆、政策立案者を含むカテゴリー——にとって、科学的証拠に言及するようなリスクについてのクレイムを評価することは難しい。社会問題に関する議論は、そのような問題を比較的小さいリスク〔たとえばリスクを持つ人の数、被害を受ける可能性のある人の数など〕として無視することが多い。あらゆる種類の活動〔たとえば車で仕事に行くこと〕にはリスクが伴う。たとえそれらが、たとえば、深刻だと公表された受動喫煙などの危険よりもはるかに重大なものかもしれないとしても、多くの場合、私たちはこれらのリスクを自明視して、無視してしまう。科学的証拠――特にリスクの計算――はあまり理解されておらず、そのような問題は、専門的クレイム申し立てだと考えられていることに直面して、混乱を招くことが多い。

証拠、利害、クレイム

人びとが専門家の判断に従うのは、主に専門家が他の人にはない知識を有していると仮定しているためである。知識は社会的に構築されているが、私たちは経験から知るものの、多くの場合誤っているゴシップや噂、その他の権威のない知識よりも専門知識のほうが正確である可能性が高いと考えている。したがって、私たちは専門知識のほうが正確だと考える傾向がある。私たちは医師に従っているが、それは彼らが病気の診断方法を知っていて、その病気の原因や働きを理解し、可能なかぎり最もよい治療法を提案することができると考えているためである。同様に、私たちは科学者が慎重な研究を行っており、世界の仕組みに関する最良の利用可能な情報を提供する証拠を積み重ねてきたと仮定している。

言い換えれば、私たちは質の高い証拠にもとづく確かな情報を専門家に頼り、比較的権威のあるクレイム申し立て者としての専門家の地位はそのような理解に依存している。専門家は公平な審査員であると一般的に考えられている。すなわち彼らの医学的な診断や科学的知見は、意見というよりも事実にもとづくものとされている。しかし、専門家がクレイムを促進するうえで利害関係を持っていることも多く、彼らが特定の立場や政策のクレイム申し立て者になったときに、それらは必ずしも専門的知識のみで方向づけられるわけではない。

私たちはすでに、専門家が社会問題の所有権から利益を得る立場にあると指摘してきた。小児X線技師が被虐待児症候群について注意を喚起した後、彼らの地位がどれほど上がったかを思い出そう。また専門家は社会問題に利害関係を持つ当事者と社会的なつながりを有しているかもしれない。科学的研究には莫大な費用がかかるため、多数の科学者は企業や政府機関などから資金を得ている。これらの資金提供者は、研究者の知見に利害関係を有しているだろう。たとえば医療系研究者とそのスポンサーである製薬企業の両方が新薬の金銭的援助を得ることができるかもしれないし、企業に雇われている科学者が会社の廃棄処分実施が安全であると断言する圧力に晒されているのと同じように、薬が安全で効果的であると証明されることを望んでいるかもしれない。環境保護主義のような特定の社会運動と密接に関連している科学者もいるかもしれない。

私たちには科学者を客観的で公平な観察者として理想化する傾向があるにもかかわらず、科学者は結論を形づくる助けとなるようなしがらみを有しているかもしれない。法廷が精神科医を呼ぶことがあるが、彼らは検察側と被告側によって専門家の証人として雇われており、被告人の精神状態が裁判を進行すべきものであるかどうか、それぞれに証言している。重要なのは、専門家の社会的つながりが科学を不合理なものにするということではなく——大部分の科学者がそのような関わりを持っているが――、社会的影響が何もない状態で科学的知識がつくり出されたり広まったりするわけではないということである。

場合によっては、科学者の学問分野を特徴づけるような特定の視点やアプローチに対して、科学者のこだわりがあるかもしれない。たとえば社会学者やその他の社会科学者も、専門的クレイム申し立て者として行動する。医師が病気や症状、その他の医学的概念を用いて特徴づけることでトラブル状態を医療化するとき、彼らの専門的訓練を役立てるのと同様に、社会科学者は独自の指向と概念的道具を持っている。たとえば経済学者によれば、人びとは自分の満足度を最大化する選択をする合理的行為者として理解することができるという。これは、あらゆる種類の選択を分析する場合に拡張しうる、強力で根本的な仮定であることをはっきりと示している。したがって経済学者は、社会問題を人びとの選択の産物とみなし、人びとに特定の選択を促すような政策を促進する傾向がある。たとえば喫煙を阻止する方法の一つは、たばこ税を引き上げることである。たばこがもっと高価であれば、少なくとも一部の人びとは禁煙を選ぶかもしれない。

社会学者も、自分の学問分野の視点を自分の作品（この本を含む）における社会問題の分析にあてはめている。社会学者は、人びとは互いの行動を形づくり、社会問題は特定の社会環境の産物であると主張する。このように、精神科医であれば、何らかの症候群に苦しんでいるために思考に障害をきたす個人という観点から社会問題を扱い、経済学者であれば、いくつかの選択肢に他のものよりも多数の報酬を与えるような取り決めの観点から社会問題を捉えるところを、社会学者は、文化や社会構造が人びとの活動を制約し、形づくる仕方を指摘しやすい。C・ライト・ミルズ（Mills, 1959）はこの種の考え方を、社会学的想像力（第5章でさらに論じる）と呼んだ。たとえばこの本は、行為者が社会問題を社会的に構築する社会問題過程を理解することを強調している。

さらには、専門家は特定のイデオロギー的立場へのしがらみを持っているかもしれない。リベラルな専門家と保守的な専門家は、大きく異なる方法で社会問題にアプローチするだろう。彼らは異なる原因に焦点をあてて、異なる解決策を推奨する。いわゆるシンクタンク――政策の分析と擁護に打ちこむ私的な非営利組織――は多くの場合、専門家の勧告を形成するイデオロギーを持っている。これらの専門家は、イデオロギー指向を共有するメディア系列や政治家とのつながりを維持しているため、異なる立場からの支持者は専門的知識にアクセスし、自分のクレイムを強化するためにそれを用いることができる。

私たちは、専門家は利害やイデオロギーへの接近とは関係のない、完全に独立した公平な権威であると想像したいかもしれないが、このような完全な客観性を実際に達成することはできない。専門家は、より大きな社会秩序の一部である。少なくとも専門家は自分の職業の価値を信頼している。社会学者が社会学的想像力の価値を奨励しているように、精神科医は精神医学を価値ある視点だと考えている。さらに専門家は、彼らが研究することを選んだ問題が、重要であり注意を払うに値すると信じ、取り組んでいる解決策が有望であると信じているだろう。彼らはまた、よりはっきりとした利害関係（研究成果における金銭的な援助など）や有利なイデオロギーを有するかもしれない。このような社会的つながりは、専門家が間違っていることを必ずしも意味しないが、専門家は完全に客観的であるわけでは決してなく、偏見に合致する考えに直面すると批判的に考えられなくなるかもしれないことをまさに示唆している。それゆえ、彼らのクレイムは自動的に受け容れられるべきではない。

専門知は不完全である。なぜならその知識は、科学者や医師、および彼ら自身も広い社会における行為者であるようなその他の専門家によって生産されているためだ。新しい情報が入手できるようになるにつれて専門家の考えが発展していくことは、驚くようなことではない。しかし、斬新な考えが現れて受け容れられるまでには時間がかかる。証拠が蓄積されるにつれて、意見が一致しやすくなるが、このプロセスは一夜にして起こるものではない。このために専門知識は、特別な種類のクレイム、つまり、より大きな社会問題過程の一部として最も適切に理解される。

専門的クレイム申し立て者としての役人

専門的クレイム申し立て者のもう一つの重要な部分は、特に疾病管理予防センター（ＣＤＣ）や環境保護局（ＥＰＡ）などの政府機関が採用している役人からなる。そのような機関には、情報収集（犯罪率や失業率などを測定するためのデータ収集）、規制の実施（職場の安全、汚職、その他の問題に関するもの）、政府外の専門家に研究助成金を提供する許可を出すこと、市民に情報を広めることなど、さまざまな責任がある。多数の機関の仕事は何らかの社会問題に関係している。連邦政府はさまざまな機関の予算に何十億ドルも費やしているため、これらの役人は相当な資源を得ることができる。彼らは通常、非公式のクレイム申し立て者よりも、トラブル状態に関してより多くの適切な情報を集めることができる。そのことは、多くの社会問題の議論において、役人のクレイムに特別な権限を与えている。公的機関は多くの場合、社会問題の所有権を持つ水準に達している。

政府機関は、予算配分やその他の希少な資源をめぐって互いに競争している。複数の機関が同じ社会問題に関心を持つこともよくある。たとえばアルコール問題は、複数の連邦政府機関の関心事である。アルコール・タバコ・火器及び爆薬物取締局（ＡＴＦ）、国立アルコール乱用・依存症研究所（ＮＩＡＡＡ）、飲酒運転による交通事故に関心を持つ、米国運輸省道路交通安全局（ＮＨＴＳＡ）などの機関がある。どれほど多数の連邦政府機関が、人種による不平等のある側面に関心を持っているか想像してみよう。社会運動団体が互いに競合しているとわかるのと同じように、公的機関は少なくともある時期において、資源と特定の社会問題の所有権の両方について、他の機関を競争相手とみなしている。

機関の守備範囲を保護し、可能であれば拡大することは、役人の中心的な関心事となっており、クレイム申し立ては官僚の〝内戦〟に一つの武器を提供する。つまりあるトラブル状態に注目を集め、問題に対処するためのプログラムを考案し、そしてそのプログラムを管理することで二つの目的を果たすことができる。一方では、役人の大部分がまじめで、重要で貴重な仕事であると信じているために、機関に加わっていると想像することはたやすい。他のクレイム申し立て者と同様、おそらく役人は自分のレトリックを信じ、彼らが推進する枠組みを採用するだろう。同時に、役人にはクレイムを促進するための手段としての理由がある。すなわち、成功するクレイム申し立ては機関に利益をもたらし、その権力や影響力、そして予算を増やすことにつながりやすい。彼らの信念が何であれ、役人は彼らが推進するクレイムに利害を持っていることが多い。たとえばアメリカ麻薬局の役人は、一九三〇年代にマリファナ反対の連邦法を最初に要求したときには、間違いなくマリファナを危険な薬物とみなしていたが、その法律は局のさらなる予算削減を防ぐことにも役立っていた（Dickson, 1968）。

役人は、社会問題過程の立ち上げを援助することができれば、機関がさらなるトラブル状態に対処できると認識しているかもしれない。実際に機関が、クレイム申し立て過程を開始するために使用できる、重要で順応性のある資源を管理していることは多い。たとえば一九六〇年代には、アメリカ児童局（CB）が批評家から攻撃されていくつかのプログラムの管理権を失い、それらは他の機関に移された（Nelson, 1984）。同時にCBの役人は、歴史的に子どもの身体的虐待を問題視していた組織であるアメリカ人道協会と、長期にわたる接触があった。「**被虐待児症候群**」と呼ばれ、すぐに「**児童虐待**」に改名されたものに対し、CBは当初、国家的関心を引きつけるような研究に資金を提供し始めた（Pfohl, 1977）。児童虐待は多数の国民の関心を集める、目に見えて劇的な主題となり、その過程でＣＢは連邦政府の重要機関として復帰することになった。ＣＢは児童虐待問題の所有者として、プログラムを拡大することができた。つまり、さらなる研究資金の拠出や、医師やその他の専門家に児童虐待を報告するよう要求する立法の支援などが可能になった。

これらの例では、専門的クレイム申し立て者は連邦の役人であったが、州や地方自治体など、役人がトラブル状態への注意喚起に巻き込まれるならばどこであれ、類似したプロセスが発生する可能性がある。場合によっては、問題への国家的関心が影響して、地方の役人が自らの地域社会の行動を求めるようになるかもしれない。地域によっては、管轄区域内に問題が存在し、行動を必要とすることを役人が認識するのが遅れるかもしれない。たとえばホームレスに対する都市のさまざまな政策は、地方の役人がその問題にどのように対応するかにかかっている（Bogard, 2003）。他にも、役人によるクレイム申し立ては、特定地域の問題にのみ焦点をあてる場合があるかもしれない。たとえば古い建物は新しい開発を可能にするために取り壊されるべきか、それとも地域社会の歴史的遺産の一部として保存されるべきかといった問題である（Lotland, 2003）。

政府機関で働く役人は通常、クレイム申し立てに参加することを正当化する特別な知識や専門的知識を持っている。彼らは内部の人間であり、彼らの活動は、舞台裏、すなわち公的な視線から外れたところで頻繁に行われている。明確な対比をなしているのは、大統領や上院議員などの、選挙で選ばれた議員によるクレイム申し立て活動である。彼らは問題を摘発し、積極的なクレイム申し立て者になる可能性がある。これらの役人には専門的知識が不足しているかもしれないが、彼らは目立つ立場にいることでずっと容易にメディアの注意を引き、主張を世間に知らせることができる。

社会問題過程における専門的クレイム申し立て者

第3章では、クレイム申し立てにおける、活動家と社会運動の役割について検討した。この章では、特に医師、科学者、公務員などの専門家のクレイム申し立てに焦点をあてている。多くの場合、クレイム申し立て活動は、活動家と専門家の提携を特徴としている。活動家は、熱意、情熱、そして彼らの運動が管理するあらゆる組織的資源を提供することが多く、他方で専門家は権威ある知識を提供する（明らかにこれは過度な単純化である。多数の活動家はかなりの知識を有しているし、専門家がクレイム申し立て活動に打ちこむこともありうる）。

知識は、クレイム申し立てにおいて重要な商品である。社会問題のクレイムは、前提の主張、つまりトラブル状態に関する事実についての主張から始まることを思いだそう。クレイム申し立て者が無視されている状態、つまり、あまり注目を集めていない状態に注意を喚起しようとするとき、多くの場合、情報をほとんど入手できず、専門家が問題をまだ研究していないことに気づく。一つの解決策は、活動家が自らの情報を集め始めることだ。たとえばある都市のゲイやレズビアンの活動家が、暴行された同性愛者に関する報告を集めようとして初めて、ヘイトクライムの統計を集めるための公的な努力が始まった（Jenness & Grattet, 2001）。同様に毒性廃棄物のある場所の近くに住んでいる住民は、彼らが直面しているリスクへの注目を集める方法として、健康問題の証拠を集め始めるかもしれない（P. Brown, 1992）。そのような場合、非専門家は、専門家のクレイムに生じるような欠落を埋めるために、専門家が集められなかった種類の知識を生み出そうとする。図４－１は、訓練を受けた専門家と、専門家としての正式な訓練を受けていない者の両方が、クレイム申し立てをするときにどのようにして専門的知識を活用できるかを示している。

活動家のクレイム申し立て者が、特にメディア、大衆、政策立案者のような他者の反応に注意を払わなければならないように、専門家は、社会問題過程における他の行為者からのフィードバックにも関心を寄せなければならない。専門家は、社会問題過程に貢献する知識を特に価値あるものとみなす可能性が高いため、彼らの発言がそれほど影響を及ぼさないことに失望するかもしれない。受け手は、特に専門家が専門的で技術的な言葉を使って知見を発表するとき、専門家が言っていることを解釈するのが難しいだろう。その隔たりを克服するため、専門家は取り組んでいることを大衆化し、知見を門外漢でもわかる言葉に翻訳する必要があると気づくだろう。

もう一つの問題は、受け手が専門家の貢献に対し、途方もなく高い期待を抱いているかもしれ

図4－1　社会問題過程における専門家の役割

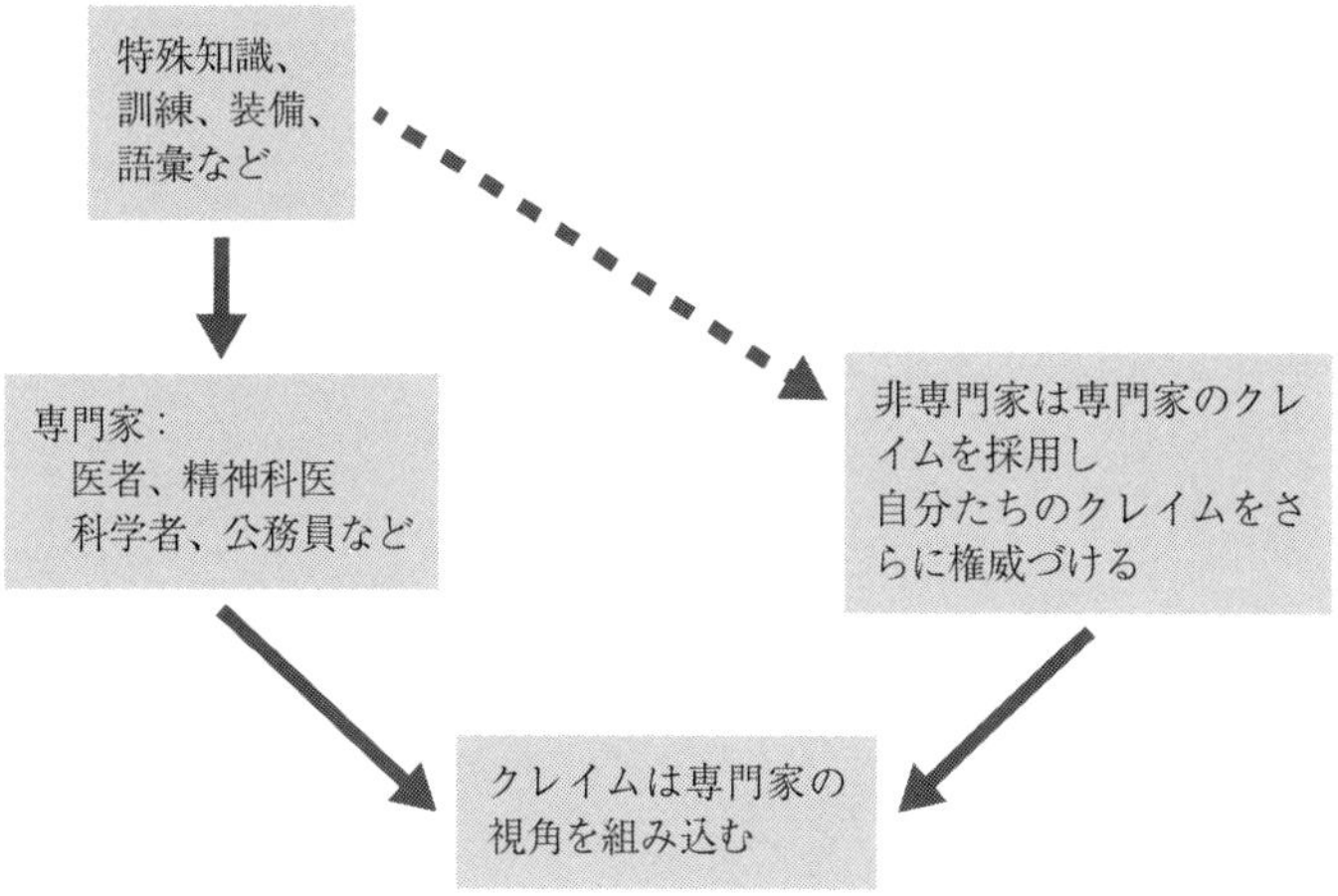
特殊知識、
訓練、装備、
語彙など
専門家：
医者、精神科医
科学者、公務員など
非専門家は専門家のクレイムを採用し
自分たちのクレイムをさらに権威づける
クレイムは専門家の視角を組み込む

ないということだ。私たちが主張してきたように、専門家はトラブル社会状態の理解に貢献するかもしれないが、その知識は通常、問題を解決しうる政策を特定するには十分でない。結局のところ、専門家のクレイム——さらに言えば活動家のクレイム——が広く理解されているかどうかは、メディアでの扱われ方によって決まる。

第5章　メディアとクレイム

社会問題過程におけるマスメディアの役割については、**偏り**（bias）の分析に焦点があてられてきた。保守的な批評家は、メディアが組織的にリベラル派の視点を提示していると批判する。

国内の報道機関がリベラル派によって支配されているかいないか、という論争は終わった。一九六二年以来、数百人の新聞記者の政治思想を探るメディア調査が一一回おこなわれた。（中略）そして報道機関内の保守派に対するリベラル派の比率、三対一か四対一のいずれかは変化せずにとどまっている。リベラル派が支配的であることは、いまや議論の余地がない。（Barnes, 2002）

一方でリベラル派は、メディアに保守的な偏りがあると反論する。

> 正真正銘のリベラル派メディアですら、その規模や凶暴性、あるいはその貢献について、巨大な保守的メディアの構造には太刀打ちできない。この構造は、これまで以上に政治課題のかたちや範囲を規定する。(Alterman, 2003:11)

こうした批判は、情報を伝える(新聞や雑誌、ラジオやテレビのニュース放送のような)ニュースメディアだけでなく、(テレビドラマや小説、そして映画のような)娯楽メディアにも向けられる。そして娯楽の形式をとりながらも、社会問題を討論する、(勤務中の警察を描くようなジャンルである「リアリティ」ショーのような)いわゆるインフォテインメント(情報娯楽番組)も批判の対象となる。

こうしたメディアの偏りへの批判が必ずしも想定するところではないが、すべての形式の**メディア報道**(media coverage)は、社会問題が構築される様相を変化させることが多い。社会問題過程は、ふつうメディアが関与する前のクレイム申し立てから始まる。たいていの場合、活動家や専門家は初めのクレイムないし**第一次クレイム**(primary claims)を提示する(Best, 1990)。クレイム申し立て者はおそらく、彼らが政策立案者(第3、4章を参照)にすぐに接触できる内部クレイム申し立て者でないかぎり、メディアに自分たちのクレイムを報道してもらいたいと思っているだろう。それによって、クレイム申し立て者らが自分たち自身で到達させるよりも多くの受け手にクレイムを伝えることができる。トラブル状態にかかわるプロットをそなえた新聞記事のストーリーやトークショーのエピソード、映画などは、政策立案者と同様に、数百万人もの一般大衆の関心にクレイムを届けることができる。しかしメディア報道はたいていの場合、提示されたクレイムを不可避的に変形させてしまう。

メディア関係者は、彼らなりの制約に直面している。メディア関係者は締め切りに追われながら仕事をするため、自分たちが報道するクレイムについて熟知する時間を持つことができない。メディアの表現は通例、圧縮されたものになる（たとえば新聞がニュースに割くことのできる一日あたりの紙幅はそれほど多くない［新聞記者はこれをニュースホールと呼ぶ］。またテレビのニュース番組は、それほど多くの放送時間を持つことができない）。さらに受け手が読んだり見たりするのをやめないように、報道の内容を面白いものにしなければならない。それゆえメディアは、クレイム申し立て者のメッセージを、私たちが**第二次クレイム**（secondary claims）と呼ぶものへと翻訳し、変形する。第二次クレイムは、第一次クレイムとくらべて短く、劇的で、イデオロギーがないように作り変えられたものである。

多数のクレイム申し立て者が存在すること、そしてメディアが限られた数のニュースのみを報道すること、これらはクレイム申し立て者がメディアの注目を集めるために競合することを意味する。手練のクレイム申し立て者は、クレイムをパッケージ化する必要を理解している。こうすることで、メディアに自分たちへの関心を持たせ、報道してもらうのである。メディアは新しく、見かけ上新鮮な素材を好む。それゆえクレイムを奇抜な方法で紹介することが重要なのである（最初に行われる座り込みや、平和デモ行進は報道されやすいだろう。しかしその後に続く座り込みやデモ行進は、興味深く新しい側面を示さないかぎり報道されにくい）。メディアは報道発表をしやすくするために、報道を事前に計画することを好む。また記者会見を予定することも好まれる。これは、記者がいつ、どこで、誰がそのことについて話そうとしているかを事前に知ることができるためである。メディアはまた、興味深い人物によって提示されたクレイムを好む。そのためクレイム申し立て者は、魅力的な広報担当者を置く必要がある（クレイム申し立て運動がクレイムを提示するさい、その人自身が興味深い有名人や、子どもを失った両親など、かなり印象的な人物を利用することが多いことに注目しよう）。テレビは、ストーリーに付随する視覚的に興味深い素材を探し求める。そのためクレイム申し立て者はデモ行進など、映像化されやすい方法でクレイムを提示することを好むだろう。メディアの関心をめぐる競争のなかで、メディアの事情を考慮に入れるクレイム申し立て者は優位に立つ（Sobieraj, 2011）。

ヒルガートナーとボスク（Hilgartner & Bosk, 1988）は、社会問題市場が複数の**アリーナ**によって構成されていることを理解するよう提案する。それぞれのアリーナは、社会問題クレイムが提示されうる場所である。雑誌の誌面やテレビのトークショー、国会の小委員会が行う公聴会などはすべてアリーナである。すべてのアリーナはクレイムを紹介するにあたり、限定的な収容能力を持つ。雑誌は各種の問題に対して限られた紙幅しか割くことができないし、トークショーは一つのシーズンにつき数エピソードしか放送予定に入れることができない。また小委員会を開けるのも、限られた数の公聴会である。第3、4章では、種々のアリーナにおいて関心をめぐって争うクレイム申し立て者の観点から考察した。本章ではメディア関係者の視点をとりいれる。私たちはメディア関係者を、異なるアリーナを運営し、対立するクレイムを整理し、彼らのアリーナのなかで、どのクレイムが注目を集めることができるかを選択する者とみなす。

社会学者は、ニュースの記者や編集者が、どのストーリーを報道するか決定し、それをどう報道するかについての決断がいかに行われるかを観察してきた。そして概して——根底に置かれた政治的イデオロギーという意味においての——偏りは、ニュースがどう報道されるのかを方向づけるさいに記者や編集者らが行っている仕事と比べて重要ではないと結論する。本章は、第二次クレイムが作られるさいにとられやすい形式について考察する前に、記者や編集者が行う仕事の性質について、そして、娯楽メディアのなかで社会問題がいかにして取り上げられるかに注目することから始まる。そしてメディアの影響を誇張することへの注意喚起を行うことで本章を終える。

ニュースとはなにか

ニュースワーク（news work）という用語は、記者や編集者がニュースを見つけ出し、大衆に向けて紹介する仕事をしているという事実に注意を向けさせる。他の職業と同じように、ニュースワークは制約を抱えている（Schudson, 2011; Tuchman, 1978）。いくつかの制約は経済的なものである。ニュースを集めて制作するには出費がともなう。またニュース関係者（ワーカー）は予算の範囲内でやりくりしなければならず、新聞やテレビニュースの制作は、少数の従業員で行われる。ニュースホール（利用可能なコラムの紙幅数や放送時間など）も限られている。他にも文化的な制約が存在する。ニュース関係者はそれぞれが、自分が何をすべきか理解しているわけだが、彼らの職業人としての感覚も報道を方向づけていく。

ニュース関係者は切迫した状況で仕事をする。彼らにはスケジュールや締め切りがある。すなわち新聞や雑誌は、予定どおり印刷に間に合わせなければならないし、ラジオやテレビは放送までに準備を整えなければならない。ニュース関係者は、ニュースが発生し、自分の興味に引っかかるまで傍観して待っていることができない。むしろ事前に計画を立てようとし、報道するかもしれないこと、報道されるべきことに参加しようとする。多くのニュース組織は、最適なストーリーが発生しそうな場所に記者を派遣する。たとえば警察担当の記者が犯罪ニュースを担当するように。ニュース関係者はまた、予定を組めるイベントに引き寄せられる。予定が決まっているデモや記者会見は、記者を引きつける。その理由を詳しく述べると、記者や編集者は、それらのイベントでいかなる性質のストーリーが作りだされそうかを事前に察知しているためである。

ニュース関係者も、他のストーリーよりも報道に値するストーリーがあると日々判断する。彼らは明らかに、いくつかのストーリーをより重要、あるいはよく言われるように、より報道価値があると考える。重要なストーリーは、人びとがそれについて知る必要のある重大な出来事とかかわる。それでもその重大さはニュース関係者の受け手に依存する。旅客機の墜落で一五〇人の乗客が死亡することを想像してみよう。新聞はこのストーリーに、どれだけの関心を向けるべきだろうか。この事故が近くの街で起きたら？　その場合、地域の劇的なストーリーが、一面記事の大部分に費やされるであろう。あるいは一〇〇〇マイル遠くの街で起きたら？　また人を引きつける別のニュースが紙面の関心を争っていたら？　航空機事故は一面から押し出されてしまうかもしれない。言い換えると、死傷者を出す被害だけが、あるストーリーを重要なものにするのではない。ストーリーが持つ読者との関連性もまた重要なのである。

重要性が変化するのに加えて、ニュース関係者に衝撃を与えるストーリーは、多かれ少なかれ受け手にとっても興味深いものである。たとえばテレビニュースは、起きたことを映した録画映像のあるストーリーを好む。初期のテレビニュース放送は、キャスターがカメラの前に立ち、視聴者に向かってストーリーを読み上げていた。しかしテレビ関係者は、テレビは視覚的な伝達手段であり、視聴者がこの「キャスターの顔」に飽きつつあることに次第に気づく。そこで、その活動がありふれたものであったとしても、ストーリーを説明するために、ある種の録画された活動が優先されるのである。これは多くの場合、進行中の裁判についての報道が――法廷内にカメラを持ち込むことはできない――法廷で生じていることを説明する記者の声とともに、裁判の参加者が法廷へと入場する映像を利用する理由である。

もちろんそれ以外にも、ストーリーを興味深いものにする方法はある。クレイムと同様に、一般にニュースのストーリーは、実例を典型化することから始まる。たとえばホームレスのストーリーが始まるさいは、おそらく一人か二人の特定のホームレス個人の経験を描くことから始まる。こうした導入部は、ストーリーに人の顔を出し、問題に人間らしい興味（human interest）を与える。面白くないと感じられるストーリーは、メディアの関心をめぐる競争にあっけなく敗れてしまう。なぜならニュース関係者は、面白い方法で紹介できるストーリーを好んで報道するからである。

人を引きつけるストーリーのもう一つの特質は、目新しさである。「**ニュース**」という語に注意してみよう。つまりそれは「新しいもの」なのである。ニュース関係者は現在生じていて（特に「速報ニュース」）、普段とは異なっていると感じられるものを好む。新鮮味がなくなり、お馴染みになったストーリーよりも新鮮なニュースが好まれる。結局、新しいニュースがないときに、受け手が関心を持ってくれることは期待できない。これは世界規模の飢餓のような、既に知られており、多数の人に影響を与えるトラブル状態であっても、最近起きたセックススキャンダルや、凶悪殺人と同じ程度にメディアの注目を集めることはできないことを意味している。

ニュース関係者はまた、ストーリーを組み立てるときに、他のプロフェッショナルな水準を適用する。たとえばストーリーの主題が、明確に反対意見があるような問題の場合、多くのニュース関係者は「双方」の見解を報道することで**バランスをとる**義務があると考える。こうした表現は、ある前提が存在していることを暴き出す。つまり多数の問題は、賛成派と反対派、リベラルと保守といった二つの陣営のみを持つとする前提が存在しているのである。ニュースメディアは、二つ以上の対立する立場が存在するような、複雑なストーリーを報道することに抵抗感を有することが多い。要するに、わかりやすい二大党派の対立を好むのである。またある意見に対して、一般に幅広い合意が得られているとき（第2章で「**一人勝ち型の社会問題**」と呼んだものと関わる）は、バランスのとれた報道をしないことにも注目しよう。たとえば「児童ポルノは悪いものである」というような、一般的で、幅広い合意が存在する場合、記者は児童ポルノを制作する側の見解と組み合わせて、報道のバランスをとるべきだと考えたりはしない。

ほとんどのニュース関係者は、競合組織の報道を注視しているため、**他の先例に追従しなければならない**と考えることが多い。他の新聞やニュース放送が、あるストーリーを報道するという事実それ自体が、そのストーリーには報道価値があることを示しうるためである。いくつかのニュース組織が同一の先例に追従すると、それはニュース報道の波となる。この現象は社会問題報道において頻繁に起きることである。犯罪学者は、犯罪増加はニュース報道でとりあげられる犯罪行動の増加ほど大きくないと、長きにわたって主張してきた（Vasterman, 2005）。

こうした重要性、興味深さ、真新しさ、バランス、そして他のニュース組織が報道することなどの考慮すべき事項は、ニュース関係者がニュースを構築するやり方を方向づける。これらは、いかなるストーリーが関心を向けるに値するのか、いかなるストーリーがそれに値しないのか、そしてどのストーリーを無視してもよいのかについて、編集者が判断を下すさいに避けられない問題である。いくつかの事例では、ニュース関係者が一次的クレイムメーカーとして行為することがある。つまりニュース関係者が、報道を通してクレイム申し立てをするかもしれないとのである。

社会問題のクレイム申し立て者にとっては、ニュース関係者の関心を引くほど重要で興味深いクレイムを申し立てることが課題である。洗練されたクレイム申し立て者は、ニュース関係者の関心事を考慮に入れることを心得ている。すなわち自分たちのクレイムが報道されやすくなるように、面白く、それゆえ報道価値があるように感じさせるデモやイベントを企画する。ニュース関係者がいつ、どこに行けばストーリーを得ることができるのか把握できるように、事前にイベントや記者会見を予定する。また自分の考えを明確に述べられる広報担当者を置く。広報担当者はクレイムを提示し、記者の質問に答え、最適な代表事例を特定することに役立つ人物である。また洗練されたクレイム申し立て者は、新鮮で視覚的に興味深い方法でクレイムを提示する工夫をほどこす。デモの新しい形式や新しい証拠などは、クレイム申し立て者らのメッセージが新鮮で、テレビに最適なストーリーであるように思わせる。たとえば小さな「サンフランシスコ売春婦権利運動」は、「新人売春婦のダンスパーティー」を企画することで、メディアの注目をなんとか集めたように(Jenness, 1993)。メディアの関心事を理解することで、クレイム申し立て者はクレイムをパッケージ化できるようになる。パッケージ化はニュース関係者の興味を惹くための方法であり、それゆえクレイムがニュース報道の対象になる確率を高める。

ニュース関係者は単純ではない。ニュース関係者は、経験豊富なクレイム申し立て者が、ニュース報道を獲得するために、運動を仕立て上げることを理解している。一方で、ニュース関係者は、相手から操作されることを警戒する。つまりニュース関係者は、自分たちや受け手がよく知っていて、退屈であるという印象を与えるストーリーを報道することで、時間を無駄にするのを回避しようとする。ニュース関係者は、自分たちがこれから報じようとしている情報は、新鮮で、正確で、興味深いものであるという確信を得たいのである。つまり、いつも同じ話し手がいつもと同じクレイムを行うような記者会見には興味がないのである。それでもライバル組織が検討しているストーリーに依存しているため、うまくパッケージ化されたストーリーを報道するのは容易である。これらは結局、報道価値のあるストーリーが足りないと感じられる、「これといったニュースのない日」に起こることである。新聞記者たちのあいだでは、長きにわたって、夏は「不振期」や「夏枯れ期」であることが知られてきた。なぜなら夏は連邦政府や他のニュース源となるような機関が活動しない時期だからである。そのため報道をめぐる競争は穏やかになり、一風変わったストーリーがニュース報道されやすくなる。メディアの関心をめぐって競争する強力なストーリーが存在しないときには、よく組み立てられたクレイムはニュース関係者にとって、いっそう魅力的になるのである。

地理的条件も、このプロセスに一役買っている。ニュース関係者は、国内で均等に配属されてはいない。というより大都市に集中している（J. Best, 1999）。とりわけ三大都市には、ニュース関係者の異常なまでの集中がみられる。ニューヨークは国内最大の都市であり、ニューヨーク・タイムスやウォールストリート・ジャーナル、三大放送局などの主要ニュースメディアにとって、従来から伝統的な中枢の地であり続けている。第二の都市ロサンジェルスは娯楽産業の中心地であり、独自のニュースメディアが集中している。ワシントンD．C．は当然ながら連邦政府の中心地であり、政府の行動を報道するニュース関係者の大集団を引き寄せる。ニュース関係者が集中する地理的条件を備えた場所の近くで生じる出来事は報道されやすい。

こうしたニュース関係者の地理的集中は、記者が多くいる場所にはクレイムが報道されるチャンスが多いという理由により、クレイム申し立て者にとって重要である。だからといって、中心から離れた地方の小さな町で、クレイム申し立てが不可能というわけではない。しかしこれらのストーリーを報道するために、ニュース関係者に足を運ばせるのは難しい。クレイム申し立て者が自らの事例を、主要なメディアの中心地、つまり多数のニュース関係者がストーリーにアクセスしやすい場所へと持ち込むことで、クレイムは幅広い関心をずっと得やすくなる。それゆえ中心から離れた場所で活動を始めたクレイム申し立て者でさえ、大きなメディアの中心部に移ることが多いのである。

これまで述べてきたことはすべて、つまるところニュースは社会的に構築されるということである。ニュースは、選択をせまる多様な制約下にあるニュース関係者によって制作される——良いニュースとは何かという、彼らの常識にあてはまるものが好まれる。こうした考慮すべき事項を無視するクレイム申し立て者には、リスクが伴うわけである。

変化するニュースメディア

ニュースメディアの形式は時とともに変化することに注目しよう。テレビ放送が開始されてから三〇年間、アメリカ人の大多数は放送用の信号に依存し、大都市の中心に住んでいたとしても、六局からしか信号を受信できなかった。三大ネットワーク（ABC、CBS、NBC）は当初、平日に一五分ニュースを放送していたが、それは一九六〇年代初頭には三〇分に拡大され、のちに週六日に増やされた。さらにローカル局も、各自一日二、三時間のニュースを放送するようになった。

今日では、ほとんどの世帯が、ケーブル放送と衛星放送のいずれかを受信している。これらは数百チャンネルほどではないにしても、数十ものチャンネルを提供する。いくつかのチャンネルはニュースの二四時間放送を行っている。こうした変化は、ありとあらゆる結果をもたらす。視聴者が二四時間ニュース放送をより便利な時間帯にみるようになるにつれ、主要放送局の夕方ニュースの視聴者数は減少した。印刷ジャーナリズム——新聞と週刊誌——の読者も、人びとが電子メディアのニュースをあてにするようになるにつれて減少した。さらにケーブルテレビ局は、編集方針を公然と表明し始めた（FOXニュースは、躊躇なく保守の立場を表明する放送局の一例である）。

こうしたメディア変化がもたらした帰結のうち、クレイム申し立て者にとって重要なのは、二四時間ニュースと競争することで、クレイムの新鮮さが一層求められるようになったことである。週五回の一五分ニュースを放送していたテレビ創設期には、ある問題を全国放送で報道させることは、現在と比べてきわめて困難であった。今やテレビがニュースに割く収容能力《キャパシティ》は、はるかに増えたのである（その一方、新聞と雑誌は広告が減少するにしたがい規模を縮小させたため、収容能力を減少させた）。

テレビのチャンネル数が増大するにつれ、各チャンネルはいっそう、特定の視聴者に狙いを定めるようになる。かつて理論家は、「マスメディア」が社会を、同じメディア・メッセージを受信する均質的な大衆へ転換させることを懸念してきた（Turow, 1997）。しかし現実には、メディアが特定の人口層に狙いを定める「**受け手の細分化**（audience segmentation）」を進めることがわかってきた。特定の人口学的な属性（年齢、性別、収入などによって定義される）にあてはまる人びとは、彼らの関心を直接ターゲットにした番組を視聴する傾向がある。こうした番組の視聴者は比較的同質的になり、広告主は、自分たちの顧客が、視聴者層のうちの特定の階層に集中していると考える傾向があるため、たとえ広告料が割高であっても、こうした番組に広告を出したがる。それゆえ、特定の利害関心を持つ人びとに向けたウェブサイトが存在するのと同じく、女性、スペイン語話者、特定の年齢集団などを狙ったケーブルチャンネルが存在するのである（同様のプロセスが雑誌出版を変容させた。かつて数多くの読者に人気だった『ライフ』のような大衆雑誌は、廃刊になってしまった）。

受け手の細分化は、社会問題過程においてメディアが果たす役割にも影響を与える。種々のチャンネルや雑誌は、各自が人口学的に異なった受け手に訴えることを目指すためである。メディアが行うクレイム申し立ての報道は、視聴者や読者がどの問題を面白く、有意味だと感じるかに関する、メディア側の常識を反映している。広告主は、自社製品を買える裕福な消費者を好む。それゆえメディアは貧しい受け手をターゲットには選ばないことが多い。この傾向が存在するため、社会問題の報道は、貧困者や力のない人びとに関するクレイムを控えめに扱うことが多い。たとえば新聞の経済面では、企業の問題にほとんどの注意が向けられ、そこで働く人びとや被雇用者の問題はあまり扱われない（Kollmeyer, 2004）。社会問題のクレイム申し立てについて、受け手の細分化がもたらす帰結は、クレイムがメディアに報道されることを容易にはしたが、その報道は、選択的にクレイムを報道するテレビ番組や雑誌に追従する特定の受け手に向けられたものである。

メディアの変化を明白にしめす事例は、インターネットの登場である。ウェブサイト、掲示板、ブログなどを素早く手軽に低コストで立ち上げられるインターネットは、クレイム申し立て者にとって恩恵である。あらゆる種類のクレイムが投稿され、検索エンジンの使い方を知っていれば誰でもこのクレイムにアクセスできる。事実上、インターネットの収容能力は無限である。なぜなら、フィルタリングする方法は少なく、論争中のクレイムであっても公開討論の場が与えられ、サイトが投稿者の身元を隠すために「**クローキング**」(cloaked)［人間のユーザーと検索エンジンに対しそれぞれ異なるコンテンツやURLを表示すること］できるからである(Daniels, 2009)。その一方、ニュース関係者にとっては、サイバー空間に投稿されるさまざまなクレイムを評価するのは困難である(これとは対照的に活字・放送メディアは、定期的に予想されるストーリーを選別し、いくつかのクレイムを拒絶する基準を有している)。さらにクレイム投稿は、多数の受け手に伝わることを保証するわけではない。ブロガーは他のサイトと相互リンクを貼ることによって、アクセス促進の方法を習得する。それでもインターネットは、クレイム申し立てに長期的な影響を及ぼすと考えられる。権威あるニュースメディアに、特定の問題を速報ニュース枠で報道させているウェブサイトやブログも、すでに存在するのである。

　このようにニュースメディアの構造は、変化し続けている。新聞・雑誌のようなメディアは受け手の一部を失い、報道を縮小させ、影響力は減り続けている。テレビのニュースは報道量を増加させ、イデオロギーを隠さなくなり、かたちを変え続けている。同時に、ブログやウェブサイト、電子掲示板など、インターネットに基礎を置いた新形式のメディアが現れている。これまでのところ、これらの変化はクレイムが報道されることを容易にした。しかしそれによって、より広く一般的な受け手にクレイムへの注目を集めることが容易になったわけではない。なぜなら異なるメディアがターゲットとする受け手は、小規模かつ同質的になる傾向があるためである。

ニュースにおける社会問題のパッケージ化

端的にいえば、ニュースワーク（業務）の性質とニュース産業の構造は、どのストーリーが報道され、その報道にどのような形式がとられるかを方向づけていく。とりわけクレイム申し立てに関するニュースには、いくつかのきわめて明確なパタンがみられる。

問題所有権の利点

第一に、特定のクレイム申し立て者は、時に社会問題の所有権を持つ。所有権を持つとはつまり、特定のクレイム申し立て者が当該の問題における権威であり、特にその問題に通暁していると広く認められることである。このような所有権を持つことの主たる利得は、ニュース関係者が、ある特定の社会問題に関係するストーリーを報道しようとするさいに定期的に問題の所有権者にコメントを求めに向かうことである。こうした地位は自己増強的である。ひとたびメディアがある活動家や専門家にストーリーの出所として意見を求めると、将来的にも関連するストーリーを同じ出所から求めることが多いのである。

たしかにある種の人びとは、他の人よりも所有権を得やすい。ニュースメディアは、ストーリーの出所となる政府の役人のもとへ頻繁に向かう。コメントを権威あるものと感じさせる資格を持つ専門家などにも、ニュース関係者はコメントを取りにいく。またニュースメディアは、すでに有名な人を報道することを好む。それゆえ映画スターや有名人がクレイム申し立ての運動に協力するとき、メディア関係者の注目を集めることが多い（所有権を獲得し、メディアのメッセージを支配する他の方法として、企業や利益団体にクレイムを提示するといった宣伝を行うことがある［Silver and Boyle, 2010］）。要するにニュースメディアは、すでに高い地位にある人から情報を集めたいのである。

所有権の他の側面として、メディアが、あるクレイム申し立て者には報道に値する正当性を欠いていると考えるときに現れる。こうしたクレイム申し立て者を「**所有権を持たない**クレイム申し立て者」と呼ぶ（つまり所有権を持つ者の対極にいるということである）。ニュース関係者は、貧しい人、つまり権力や財産、高い地位を持たない人びとを、報道価値のない人びととみなすだろう。こうした人びとを代表するクレイム申し立て者は、自分たちのクレイムが報道されにくいと感じることになる。同様に、あまり人気がなかったり、あまりに過激であったりと、主流から極端に外れた考え方を持つ人びとも、同じ困難をかかえる。メディアは問題にかかわる「両陣営」

――典型的には革新と保守、民主党と共和党を意味するものとして把握される――を紹介することで、報道のバランスを保とうとしていることを忘れてはならない。主流からまったく異なった立ち位置をとる人びとは、過激、反動的、人気のない信条や価値を掲げており、大規模な受け手を持つニュースメディアに割って入ることが困難であると感じているかもしれない。結果的に菜食主義者、ヘイト団体、不人気な新宗教など、彼らが用いるレトリックが、ニュース関係者にとって主流から極端に離れていると受け取られるクレイム申し立て者は、主流メディアに自分たちが無視されていると感じるようになる。大規模な受け手を持つ新聞、ニュース雑誌、テレビ局は、論争の余地がないと思えるクレイムを報道する傾向にある。

所有権を持たないクレイム申し立て者は、ニュースメディアがターゲットとする受け手の興味を惹こうとする取り組みに対応しようとする。私たちは、メディアは可能なかぎり多くの受け手を得ることを望んでいると想像するが、実際には、受け手の細分化により、メディアは特定の人びとの心を動かすことに関心を向けるようになる（Hamilton, 2004）。広告主は、顧客の典型的なタイプの人びとへと届けられるメディアに広告を出そうとすることが多い。そして編集者も、ターゲットである受け手の気をひくようなストーリーを好む。社会問題クレイムが対処するトラブル状態が、ターゲットとされる受け手に関係する度合いに応じて、容易に報道されやすくなる。つまりターゲットとなる受け手にとって疎遠なクレイムは、報道されにくい。さらに広告主は――したがってニュースメディアも――より裕福な受け手の心を動かすことに関心を持ち、貧しい読者や視聴者の注目を集めることには比較的興味を持たない。それゆえ貧しい人びとが直面する問題に関するクレイムは、ニュース報道を勝ち取ることが難しいのである。

すべての社会問題に所有者がいるわけではない。なぜならクレイム申し立て者は、どの問題が自分たちに重要か選択しなければならないからである（J. Best, 1999）。学校銃撃事件についてのメディア報道を例にとってみよう。一九九八年以来、学校銃撃事件は何度も世間を騒がせてきた。もちろん最も有名なものは、一九九九年に起きたコロンバイン高校の事件である。あらゆるクレイム申し立て者がこの事件を説明しようとしたが、それぞれの説明のあいだに存在する不協和が際立つだけであった。学校銃撃事件の原因として不完全な銃規制法、暴力的なゲーム、ゴス・サブカルチャー、いじめ、映画、銃文化などが指摘された。

ここには共通のパタンがある。これまでなかったような暴力犯罪が報道されることで、評論家が提出する説明や解決策は競合するようになる。学校における銃乱射の場合、支配的な説明は現れなかった。つまり所有権を持つクレイム申し立て者がいなかった。なぜ現れなかったのか。おそらくその問題について語る各評論家の大義にとって、学校銃撃事件は中心的な問題ではなかったのだろう。たとえば銃規制に取り組む運動家は、学校銃撃事件を銃問題の一部にすぎないとみなした。彼らは学校銃撃事件に焦点をあてるより、銃問題の全側面に注目を集め続けたかったのである。所有権が現れるためには、ニュース関係者がクレイム申し立て者を権威として扱うのと同じくらい、クレイム申し立て者が問題を宣伝し続ける動機を持つことが必要とされる。

ランドマーク・ナラティブの優越

第二に、ランドマーク・ナラティブ（Landmark Narratives）と呼ばれる代表的な特定事例が、その話題にかかわるニュース報道を独占することがよくある（Nichols, 1997）。つまり特定事例が社会問題についてなされるメディア報道の焦点となる――この事例を主題とする新聞・雑誌記事に他の類似の事例よりも大量に登場するか、その主題についてのテレビニュース・ストーリーにビデオ映像の代表例として登場するのである。クレイム申し立て者によって選択されただけの代表事例は多くの場合、典型的ではない――他の事例より深刻で、劇的で、問題性が大きい。これと同じく、ニュース関係者がランドマークやアイコンとなるストーリーを選ぶ理由は、より大きな問題を正確に映し出しているからではなく、そのストーリーが魅力的なニュース素材となるからである。これらの事例は二つの意味でランドマークとして提供される。第一に、ランドマークはニュース関係者が問題の性質をいかに把握し、それをいかに報道すべきだと考えるかを教え導く。第二に、ランドマークはニュースの受け手が問題を理解するための言葉（term）を作り出していく。

パッケージの構築

第三に、ランドマークとなる事例はパッケージと呼ばれる、より大きな構築物に属することが多い（Beckett, 1996; Gamson 1992; Gamson and Modigliani, 1989）。パッケージはよく見られるものであり、多かれ少なかれ、ある社会問題について首尾一貫した見方で、その原因と解決策に関する主張を含んでいる。パッケージは中心となるアイデアやフレームを持つ。一例を挙げると、「気候変動は、実際には人間の活動がその原因であり、深刻な脅威を引き起こす。この問題を最小化するためには段階的に取り組む必要がある」という議論が、よく知られたパッケージの中心となっている。同様に「気候変動は必ずしも人間の活動からもたらされているわけではなく、深刻な脅威となることはない」とするような議論は対抗パッケージ（rival package）のフレームである。一つのパッケージのなかで不一致が起こる可能性もある。共通の基礎フレームを受け容れたとしても、問題が生じる正確な過程や、何をすべきかの細部には異論があるかもしれない。気候変動にかかわる基礎的な関心を共有しているすべての人が、パッケージのすべての側面に賛成している必要はないのである。

さらに、パッケージは**凝縮シンボル**（condensing symbols）を提供する、簡便な要素である——パッケージを想起させるランドマーク・ナラティブ、代表例、スローガン、視覚イメージなどである。新聞の風刺画は、読者がこうしたシンボルを理解しているという事実に依存している。クー・クラックス・クランの衣服と頭巾はレイシズムを象徴し、煙を出す大きな煙突は公害を象徴する。同様に、「銃が非合法化されるとき、無法者だけが銃を持つ」という、車のバンパーに貼り付けられたステッカーは、銃と銃規制に関わる、より大きなパッケージを要約している。凝縮シンボルは、問題の原因や解決策の性質を定義する、より大きなパッケージを想起させるのである。

パッケージは、より大きな文化資源のストックを利用していることにも注意しよう。第一次クレイム申し立て者はクレイムを設計しており、それと同じくニュース関係者も、自分たちと受け手にとって道理にかなった報道を組み立てようとする。メディア関係者のストーリーは価値、シンボル、世界観など、彼らが自明視する文化を組みこむ。これらの仮定は根底に存在し、それを共有する人びとには見えないが、他者にとってその存在は明白であるように思える。一九七九-一九八〇年に起きた人質事件（アメリカとムスリム世界の緊張が顕現したおそらく最初の事例）が発覚したさいの、アメリカ中のショックについて考えてみよう。イランのメディアはアメリカを「大魔王」と表現した。しかし多くの場合、ニュース報道が、自明視されている文化的資源を利用する方法は、人目につかないものである。

メディアパッケージは、人びとが社会問題についての考えを整理するときに役立つ。ニュース関係者は、すべてではないにせよ入手可能な多数のクレイムを仕分けし、そのいくつかを報道価値のあるものとして選択して、報道を行う。彼らが選び取るパッケージは、時間とともに変化しうる。ニュース関係者の選択は、彼らが遭遇するクレイムの性質によって影響を受ける以外にも、ニュース・ワーク（業務）の切迫した状況下でニュースを制作せざるをえないこと、報道されることを目指して競合する入手可能なストーリーの範囲、ターゲットとなる受け手に向けて報道を仕立てることの望ましさなど、他の考慮すべき事項からも影響を受ける。社会問題のパッケージは、こうしたプロセスの結果として生じるのである。これらはニュースメディアによる第二次クレイムに首尾一貫性を与える。つまり人種や犯罪などについて語られうるすべての事柄のなかで、それらは最も可視的な位置に置かれるのである。ニュースメディアが提示するパッケージに、人びとが容易に馴染む。そして人びとは、社会問題についてそれ以外の仕方で習得することが困難になる。

パッケージは社会問題のメディア報道を、いっそう首尾一貫したものにみえるようにする。つまり、パッケージは大量の情報を「**ストーリー**」のなかに注ぎ込む——この語は重要である。なぜならニュースがたびたび物語（ナラティブ）として提示されることを気づかせてくれるからである（Nichols, Nolan and Colyer, 2008）。このプロセスにおいては、いくつかの要素が強調され、他方で他の要素は背景に押しやられる。これは、なぜメディアの内容分析が、「メディアによる」人びとや出来事の描写が問題の規模や特性に関する公式な測定結果を正確に反映せず、問題の通俗的なイメージを反映するにすぎないのか、その理由を説明するのに役立つ。誰がヘイトクライムの被害者にされやすいのか、何が貧困であるのかに関する私たちのイメージは、メディアが提示するイメージに由来する。同時に、メディアが提示することを選択するイメージをも形作るのである。

社会問題をパッケージ化するさいにメディアが果たす役割は、誇張される危険がある。彼らは完全に自由裁量を持っているわけではない。ニュース関係者は、受け手が理解するであろうパッケージを発見・提示しなければならない。たとえばアメリカ文化では自己責任という観念が重視されており、この観念は、人生の常識というべきものになっている。多くのアメリカ人は、おのおのの境遇について自分に責任があると考える傾向がある。そして「貧困や肥満、薬物中毒などは、当人の問題として非難されるべきである」ことに同意する。ゆえに、自己責任が主要な役割を演じるフレームやパッケージを案出することは比較的、容易である。その一方、個人の行為がほとんど社会的権力によって規定されるという議論や説明を提示するのは、より困難を伴う。

ニュースはただの娯楽なのか

ニュースメディアは社会問題を報道する。私たちはそのように想定しており、実際、深刻な問題を報道することが彼らの仕事である。しかし社会問題クレイムは、幅広い娯楽メディアによっても取り上げられ、**ポピュラーカルチャー**と呼ばれるもののなかで表現される。たとえばテレビのトークショーは、特に人間関係の問題や嗜癖などのエピソードに焦点をあてて放送する。さらにミステリー小説のようなフィクションのジャンルでも、ニュースから話題が借用される。子どもの失踪が全国的な関心を集めた際には、フィクションの探偵ヒーローが行方不明の子どもを探そうとした。同様に、ストーカーが関心を呼ぶやいなや、フィクションのヒーローがストーカーと対決した。ニュースワークが抱えるニーズによりニュースメディアによる社会問題報道が形成されるのと同じように、娯楽メディアも、社会問題の構築に影響を与える種々の慣習（convention）によって制限されている。

あらゆるポピュラーカルチャーのジャンルには、それぞれ慣習と制約――そしてそれにもとづく原則（formula）がある。テレビの日常生活を舞台にしたコメディーでは、二三分（三〇分の放送時間からCMとオープニング・エンディングのクレジットのための時間を引いた時間）は続く、ネタを盛り込んだ台本が必要であり、恋愛小説では、メインキャラクターが恋に落ちる必要がある。コミックでは、スーパーヒーローが大悪党と対峙し、勝利を収めねばならない。ポピュラーカルチャーを制作する人びとは、これらの原則に従うのである。なぜなら彼らは、各ジャンルの受け手に気に入られるようにするためである。たとえば恋愛小説の著者や編集者、出版社は、愛を見つけられない人のストーリーなど、読者は求めていないと考えている。

こうした原則は、娯楽メディアが社会問題クレイムに対処する方法を方向づける。ポピュラーカルチャーはしばしば、その時々の「大見出しからもぎとってきた」社会問題クレイムの影響を受けるが、その描写は異なった原則の要求にしたがう（Girlin, 1983）。たとえば対決を劇的にするには、先が読めない結末が必要とされる。つまり主人公は、勝てるかどうかわからない悪党と対決しなければならない。例を挙げると、探偵ヒーロー――テレビ番組にせよミステリー小説にせよ――は手強い犯罪者と対決しなければならない。その結果、フィクション上の犯罪者は、現実世界の犯罪者とくらべて強力な存在として描かれる。フィクション上の児童虐待者は、裕福な虐待者の組織に属し、薬物の売人は億万長者の実業家であり、ギャングのリーダーは数百人もの武装訓練済みの部下に指示を出す。それと比べて現実世界の犯罪者は、多くの場合、限られた資源しか持たず、娯楽のプロットにとっては貧弱な素材である。

社会学者はしばしば、ポピュラーカルチャーの慣習が、社会的な権力よりも個人に焦点をあてていることに不満を抱く。小説や映画、テレビの連続番組は、社会問題がどれだけ社会構造に由来するかを探求することなく、英雄的な美徳を持った善良な人と邪悪な悪役とを対決させることが多い。それゆえ人種差別がポピュラーカルチャーに現れる時、個人に属する欠陥として取り扱われる。悪人やその他の非好意的な登場人物が人種差別の感情を表現し、彼らは可哀想な人として描かれるのである。社会学者は、人種差別の根源を社会構造に求め、より大きな社会に影響を与えると論じるのに対して、ポピュラーカルチャーは、人種差別を、欠陥のある個人の、私的な性格から生まれるものとして扱うのである。なぜなら原則として、ヒーローは悪者を打倒することが求められるからである。同様に、ニュースに他の要素を混入するトークショーやその他のジャンルも、欠陥のある個人を強調することが特徴的である。このジャンルではギャンブルの問題を、個人に影響を与える心理学的衝動として提示する。行政やゲーム産業などの社会制度がギャンブルを推奨するせいで問題が悪化しているという視点は少ない。

換言すると、この原則は娯楽メディアのなかで、個人についてのストーリーを強調するさいに用いられる（Berns, 2004）。個人への焦点化は、ミステリー小説のようなフィクションのポップカルチャーと、トークショーのように一見ニュースのかたちをとるインフォテインメント（情報娯楽番組）の双方にみられる。娯楽メディアは社会問題を扱うが、一次的クレイム申し立て者が問題を広範で全体に浸透したものとみなしていたとしても（人種差別問題や環境悪化、気候変動などを考えてみよう）、これらのクレイムを特定の人びとの戦いや成功ストーリーに変換してしまう。個人に関する、効果的で魅惑的なストーリーに注目することは、多くの娯楽ジャンルの原則のなかでも中心的なものである。このメディアに従事する作家やプロデューサーは、典型的な個人に焦点をあてる必要があるのである。

つまり娯楽メディアは、C・ライト・ミルズがいうような「社会学的想像力」を持つこと、つまり世界を社会構造と社会的権力の観点から把握することが、とりわけ困難である。ミルズは、人びとが日常生活の中で、失業などの問題を個人的な問題として捉えることを指摘する。社会学的想像力を持つことは、個人的な問題を、より大きな公的な問題として捉えていることである。たとえばある人が就職に困っているときには、社会全体がより一般的な失業問題と直面しているのである（第3章と第4章の概念を用いると、社会学的想像力は、専門家としての社会学者が社会問題を構築するさいに用いるフレームとして理解される）。社会学者が、そして多くの一次的クレイム申し立て者が、娯楽メディアの社会問題の扱い方を批判するのは、もっともなことといえよう。メディアはクレイムを、個人が被害を受けたり、救いを得る劇的な物語へと翻訳することで、社会学的解釈とは真逆の方法で構築することを好む。

ソーシャルメディアとはなにか

Facebook や Twitter などのソーシャルメディアは、クレイム申し立てのメディア報道について論じる本章の議論と関係があるのだろうか。本章で用いた「**メディア**」という言葉は、端的にいうと大規模な受け手にメッセージを伝える、伝統的な「**マスメディア**」という意味である。つまり新聞、テレビ、映画のように、大規模な受け手へメッセージを伝達する方法のことである。それゆえここで問うべきは、「ソーシャルメディアはマスメディアの一つの形式であるか」ということである。Facebook は一〇億人以上のアクティブなユーザーがいることを報告しており、Twitter には数千万人のフォロワーがいる人もいる――ほとんどは芸能人だが。そういうわけで総体としてのソーシャルメディアの受け手は巨大である。しかしその受け手は幅広く分布している。Facebook は個人化しており、それぞれのユーザーがひとかたまりの友人を維持することに特色がある。Facebook の友人数の中央値は二〇〇人である。つまりユーザーのうち半分は二〇〇人以下の友人としかつながっていない。平均的な Twitter ユーザーのフォロワー数も似たようなものである。ソーシャルメディアが、大きな受け手を持つことはほとんどない。

ソーシャルメディアは、クレイムへの注目を集める方法として、社会問題過程に影響を与えることが多い。さらに、膨大なTwitterのフォロワーを持つ少数の政治的リーダー（おそらくTwitterを、短いクレイムを行うための演壇として用いている）や、ニュースのまとめ役（ニューヨークタイムズやCNN速報ニュース）などの芸能人は、少数の政治家を含むフォロワーの関心をウェブサイトにおける報道へと喚起することを望む。われわれはこうした人びとを、ソーシャルメディアの制度的参加者（institutional participants）とみなすことにしよう。しかし当然ながら、ソーシャルメディアを介するコミュニケーションのほとんどは個人間でおこる。彼らもクレイムに注目を集めることができる。数少ない投資家的な事例（通常、計画的なマーケティングにかかわる）では、クレイムは「口伝えに急速に広まり」数百万人に届きうる（Madianou, 2013）。クレイム申立て者が、クレイムが広範に拡散する機会を最大化できるように、クレイムのパッケージ化に努めている事例もある。

換言すると、ソーシャルメディアは新しい現象であり、このテーマに関する研究が比較的少ないとしても、社会問題過程の要素になりうる根拠がある。第6章で、クレイム申し立てに対する大衆の反応を評価するために、ソーシャルメディアの利用について考察しよう。そこであらためてソーシャルメディアについて触れる。

メディアによる構築――それがニュースであれ、娯楽ジャンルであれ、ソーシャルメディアであれ――はメディアが影響力を持っているがゆえに重要だと批評家は懸念している。ニュースに耳を傾け、娯楽を享受し、ウェブサイトを閲覧する人びとは、メディアによる社会問題の描写に影響されることは明らかだと思われる。しかしこの判断は正しいのだろうか。

メディアのインパクト

評論家はしばしば、メディアは強力で大きな影響力を持ち、その受け手はメディアのメッセージによって一律に影響されると考える。もちろん、私たちはたいてい、自分が個人として簡単にメディアにより操作されているとは考えないだろう。私たちの意思はそれほど弱くない。つまり私たちはニュースや娯楽、特に広告に対して健全な懐疑的態度を向けている。しかし他方では、メディアに簡単に騙されてしまうような、保護が必要な人もいるだろう。

メディアが強大な影響力を持つことは自明と感じられるかもしれない。しかしそれを立証するのはかなり難しいことがわかっている。テレビに映される暴力が、暴力的な振る舞いを導くというクレイムについて考えてみよう。テレビは、私たちの社会ではありふれたものである（このことがテレビの効果に関する実験的研究を困難にしている。なぜならテレビに触れたことのない自然な統制群〔実験における対照群〕が存在しないためである）。しかしほとんどの人は、暴力的行為と関わりになることはない。同様にCMを見たほとんどの人は、そこで宣伝された商品を慌てて買いに走ったりしない。クレイムを申し立てた人たちはしばしば、メディアの情報に晒されることには破壊的な効果があると主張するが、こうした影響を観察し測定するのは困難である。明らかに、メディアはすべての人に同様の効果を与えたりはしない。

社会問題過程のなかでメディアの役割を理解したいのであれば、その影響はいかなる形式をとるのかを特定する必要がある。一つには、メディアは社会問題に対する大衆の関心を喚起する。すでにみたように、これはクレイム申し立て者たちの主目的である。クレイム申し立て者が新しい問題に注目を集めようとするさいに——つまりトラブル状態が一般的には無視されていたり認知されていなかったり、あるいは多数の人には馴染みのない問題へ注目を集めようとするさいに——メディア報道を得ることで、その話題を既知のものにできる。メディアによる注目は、問題の存在を人びとに認識させ、問題解決のために何をすべきか考えさせる。これは**議題設定**（agenda setting）と呼ばれることがある（McCombs, 2004）。

会議が議題《アジェンダ》——対処されるべきトピックの一覧で、たいてい優先順位の高い順に並んでいる——に沿って行われることと同じように、社会の成員は彼らの関心に優先順位をつける必要があると想定できる。あらゆる人が、自身の関心をめぐって競合する無数のトピックを抱えている。それらのうち大多数は、日常的な雑務や友人や知り合いとの会話など、個人の生活に関わることである。メディア、とりわけニュースメディアは、世界では何が起きているかについての認識を与え、人が知るに値することを提示する。それゆえメディア報道は、社会問題を人びとに認識させる。つまりメディア報道は社会問題を認知させ、社会的な議題にできるのである。議題設定は、大衆の意識（第6章）ならびに、何が注目に値するかについての政策立案者の感覚（第7章）のどちらにも影響を与える。

メディアは議題設定において、自由裁量を持っていないことに注目したい。彼らは制約されている。第一に、たとえば大災害などいくつかの出来事は、メディア報道を必要とする。第二に、メディアはクレイム申し立て者、役人、その他のメディアから影響を受けて、特定のトピックを報道することがある。クレイム申し立て者は、ある問題が報道に値するとメディアを説得する。役人は特定の新政策について告知する。他のメディア報道は、そのトピックが報道に値することを示す。第三に、すでにみたように、ニュースと娯楽メディアで働く人びとは、入手可能な資源も限られており、彼らが報道すべきことについての常識によって制約を受けている。

それにもかかわらず、メディアはある意味で重大な選択を行っている。これまで、メディアが社会問題クレイムを翻訳し、変形させていることに注目してきた。クレイム申し立て者らが互いに矛盾するクレイムを行うようなトピック、すなわち（妊娠中絶のような）論争型の問題の場合、メディア報道は、クレイム申し立てのパッケージの小さなセットを組み合わせることで、討論を組み立てる。メディアは、人びとに特定の思想をとることを強要できないが、彼らは特定の構築を利用可能にする。つまりそれによって容易に、社会問題が特定の方法で理解されるのである。メディア報道が個人に、各自の個人生活における新しい視点を提供する事例もある。それは、個人的なトラブルをより大きな社会問題として定義しなおすことを促すのである。

大衆と政策立案者は以下の二つの理由から、メディアが報道したことに関心を持つ。第一に、これらの人びとはメディアを情報源として利用しているためである。大衆と政策立案者は、ある社会問題について、まずはメディア報道をつうじて知ることになる。第二に、メディアをつうじて問題について知り、行動を呼びかけうる一般大衆の声を、政策立案者が受け容れ始めると想定できる。メディアは万能ではないが、社会問題過程を方向づけるのに役立つのである。

■社会問題過程のなかのメディア

評論家がメディアの力を誇張する理由の一部は、メディアが社会問題過程において、可視的な役割を果たすからである。外部クレイム申し立て者は、自分たちのクレイムを大衆と政策立案者に認識させるためにメディア報道を必要なものと考える。さらに権力を持つ人びとは記者会見とPR技術を用いて、自分たちの活動に対する報道を行わせ、方向づける。他方、多数の圧力団体や内部クレイム申し立て者は、（貪欲な記者が注目しないかぎり）大衆の目からは隠れている。ほとんどの人にとってメディア報道は、社会問題について知るための最も簡易な方法であり続けている。

本章では、メディアは社会構造という観点からも理解されるべきであると論じてきた。図5－1は、この構造の主要な特徴を説明している。第一に、ニュースメディアと娯楽メディアの区別に注目してほしい。この図はニュース報道が最初に起こり、しばしば娯楽メディアによる社会問

図5－1　社会問題過程におけるメディアの役割

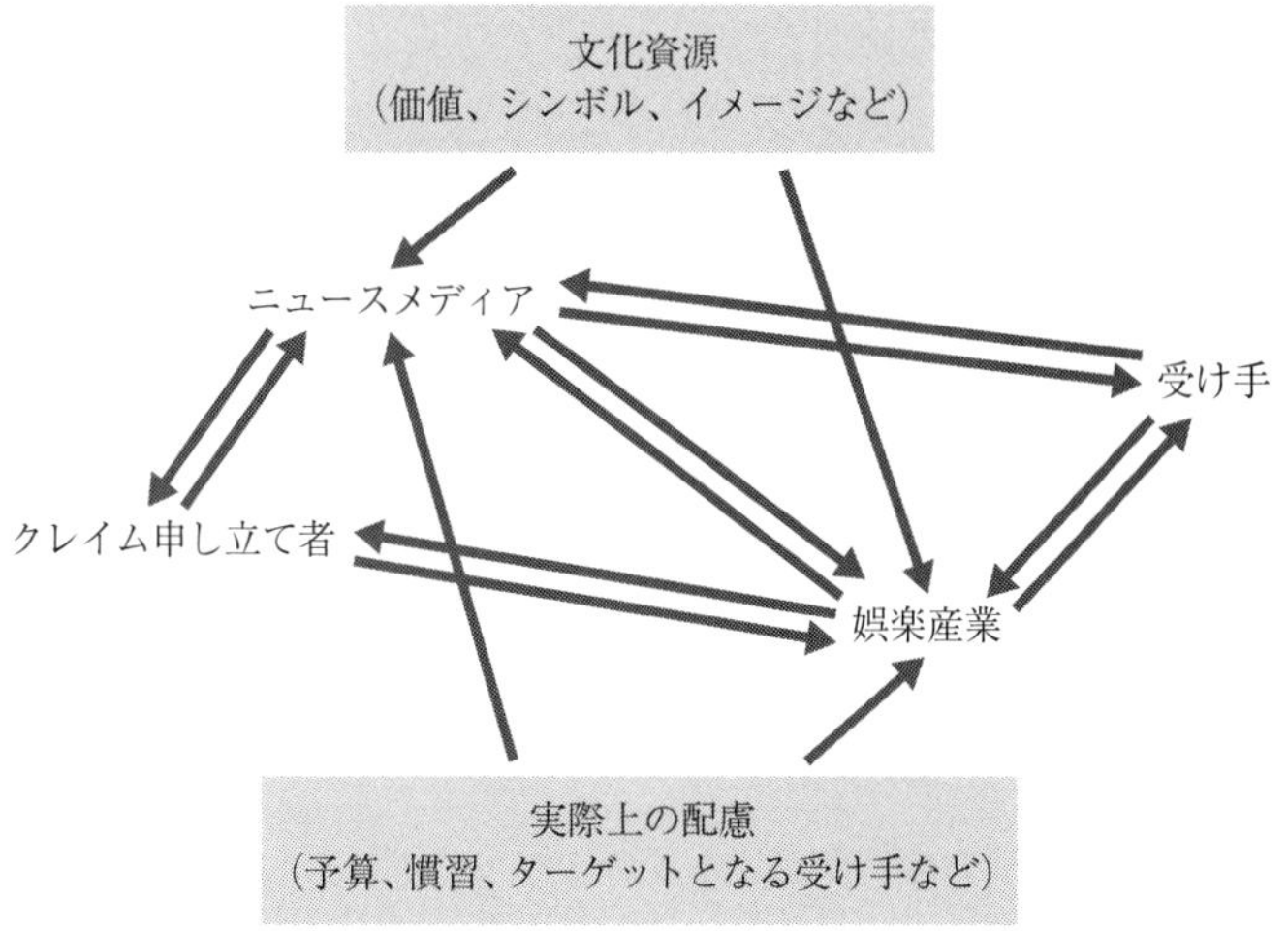

題の報道を方向づけることを示している。第二に、この図は、文化資源が果たす役割についても関心を惹起する。何が報道価値があるのか、いかにしてニューススト―リーが組み合わされ報道されるべきか、ということに関するニュース関係者の感覚は、より大きな文化がクレイムを意味づけるあり方についての見解に部分的には依存する。これらの事項を同時に組み合わせて考慮することで、何がエンターテインメントになりうるかを方向づけていく。第三に、ニュースメディアと娯楽メディアはともに、それぞれの組織的制約を抱えていることに注目したい。予算内でのやりくり、制作スケジュール、すでに定着している慣習と原則などがあり、これらもメディアが制作するものに影響を与える。

さらにメディアは、持続的にフィードバックを受ける。当然のことながら、彼らは受け手の反応を気にしている。自分たちがつくるニュースや娯楽に人びとは興味を持っているのか、と。もしそうでないなら、メディアは自分たちの振る舞いを修正するであろう。メディアは、報道に賛辞や苦情を述べてくるクレイム申し立て者、彼らがターゲットにしていなかった一部の大衆(多くの場合、批判的見解を有している)、メディアの行いを承認するか、異を唱える政策立案者の声にも耳を傾けるだろう。それゆえメディアで働く人びとを、他者の思考を支配する万能な存在とみなすべきではない。むしろ彼らは社会問題過程において他の行為者と接続し、影響を受ける。そしてメディアが第一次クレイムをニュースや娯楽産業のなかで提示された第二次クレイムへと変形・翻訳するのと同じく、メディアの受け手——すなわち大衆も、自らの都合にあわせて、メディアのメッセージに手を加えるのである。

第6章 大衆の反応

社会問題過程に関する議論は一般に、クレイムがある時点で一般大衆に伝わり、影響を与えることを想定してきた。クレイム申し立て者の演説を聞いたり、会話の中でクレイムを聞いたりするなど、第一次クレイム申し立て者と大衆のあいだに直接的なつながりがあることもある。しかし、当然ながらより一般的なのは、メディアを通じたつながりであろう。人びとはテレビやラジオ、新聞・雑誌・ウェブページや本を通じて第二次クレイムに接する。これらすべては、大規模な受け手に伝わるメディアの能力を示唆する。クレイム申し立て者はメディアに取り上げられることで、人に直接会って話すより遥かに多数の人びとに自分たちのクレイムを伝えることができる。

クレイムの受け手としての大衆は、単に受動的な存在ではない。大衆はさまざまなかたちで反応する。あるクレイムに心を動かされ、自ら行動に出ることもあるだろう。たとえば社会運動組織への加入を決心したり、デモに参加したり、国会議員に声明を届けたり、周囲の人にクレイムを広める人もいるだろう。中には、友人や知り合いと話すための面白いネタとしてクレイムを捉える人もいるかもしれない。クレイムをつまらないと考え、無視するなど、無関心で冷淡な態度を示す人もいるだろう。もしくは否定的な反応、たとえばそのクレイムに同意せず、クレイムの結論に反対する反応を示す人もいるだろう。すべてのクレイムは、あらゆる人からあらゆる反応を引き出す。

社会問題過程における大衆の役割を解釈するには、特殊な問題がある。なぜなら大衆は巨大かつ多様な集団であり、人びとはさまざまなかたちでクレイムに反応するからである。さらにその反応の多くはより個人的なものであって、自分の意見を秘密にしたり、親しい人にしか話さなかったりする可能性もある。にもかかわらず社会問題過程に参加する他の行為者は、大衆の反応を理解しようとする。クレイム申し立て者は、大衆からのフィードバックを用いることで、自分たちのクレイムをより説得的なものに修正する。メディアもまた大衆からフィードバックを受け、ニュースや娯楽番組を工夫することで、視聴者や読者の注目をより集めようとする。政策立案者であれば、大衆からの圧力に応え、何か特定の社会問題の解決行動に踏み出すこともあるだろう。このように、多数の人びとは大衆が何を考えているかを知ろうとする。それは難しいことではあるが。

本章では、クレイム申し立て者やメディア、そして社会問題過程に関わる（社会学者も含めた）種々の行為者が大衆の反応を評価するために用いる方法に焦点をあてる。いくつかの方法のなかから、最も親しみのある方法――世論調査、サーベイの話から始めよう。

世論の測定

私たちにとって世論調査は、当たり前のように目にする政治風景の一部となっている。候補者の誰が勝ちそうかとか、大統領の支持率が上下したとか、大衆がある問題に興味を持つとか持たないとか、そういったニュースは珍しいものではない。世論がどのように社会問題過程に関係するかについて考える前に、まず調査の方法がいかにして調査結果に影響を及ぼしうるかを考える必要がある。

調査法の影響

調査を通じて世論を測る努力は、二〇世紀初頭に成熟した。一般にこの種の調査は**標本調査**を伴う。すべての有権者や市民（統計学者はこれを母集団と呼ぶ）に話を聞こうとすると、とてつもない費用がかかるので、調査員はその母集団の一部（**標本**または**サンプル**）に連絡を取り、質問する。得られた回答は（たとえば選挙におけるA候補者への標本有権者の選好度というふうに）集計し公表することができる。得られた結果は、選挙結果の予測として用いられることで、今度は逆に母集団を一般化するための基盤になる。

標本は、正確な結果を担保するにはあまりにも小さく見えるかもしれない。実際、多数の人が標本調査を疑う。全国調査では、よく一〇〇〇人から一五〇〇人程度の標本《サンプル》が用いられる。「この数少ない人たちが、どうやって三億人以上のアメリカ人を正確に代表できるというのだ」と、不信を抱く人たちもいる。この疑問はもっともらしく見えるが、強調点が間違っている。比較的小さな標本、たとえば一〇〇〇人程度の人からは、それが**代表標本**であれば（すなわち、ある人が標本として選ばれる確率が、他の人の確率と同じであるという前提が満たされていれば）かなり正確な結果が得られるのである（統計学者の計算によると、三億人規模の母集団に対して毎回ランダムに抽出した一〇〇〇人規模の代表標本を用いた調査を繰り返し行うと、一〇〇回に九五回の割合で真の値（母集団の支持率）が、それぞれの標本平均のプラスマイナス3％の区間の中に含まれる。さらに標本を大きくしたところで正確さはさほど変わらない。たとえば一〇倍の費用を費やして一万人規模の標本に対する調査を行うとする。その場合、誤差はプラスマイナス3％ではなくプラスマイナス1％になる［de Vaus, 1986］）。

しかし代表標本に関する統計学的仮定は、実際の調査研究ではしばしば崩れる。完璧な代表標本を用意することは難しく、費用もかかる。他方、代表性のない標本を用いると、不正確な結果が得られてしまう。今日の世論調査員を悩ませるいくつかのサンプリング問題について考えてみよう。次第により多数の人びとが自動回答機を使ったり、発信者番号通知を利用したりするなどして、電話に出るか出ないかを決めるようになっている。さらに固定電話を持たず、携帯電話のみを持つ人の割合も増えている（携帯電話の場合、アメリカの法律の定めにより調査員が番号をいちいち手入力して電話をかけなければならないため、さらに費用がかかる［Link, Battaglia, Frankel, Osborn & Mokdad, 2007］）。調査への返答を拒否した人――もしくは、つながらなかった人――の意見が、調査に応じてくれた人びとと同じパタンであると仮定していいのだろうか。調査に応じなかった人やつながらなかった人たちは、回答者とは違う意見を持っているのではないかと疑うべきだろうか。調査機関からの電話に出ないとか、固定電話を持たないなどの要素は、標本の代表性を低下させる他の要因と同様に、調査結果の正確性に負の影響を及ぼしうる。

さらに、調査結果は他のさまざまなことにも影響を受けやすい。調査員は、質問項目の言葉遣い（ワーディング）が結果に影響しうることを承知している。調査にはお金がかかる。その費用はしばしば調査結果を自らの運動のために活用したいと思っているクレイム申し立て者により賄われる。その結果、多数の調査では調査のスポンサーに好ましい結果になりやすいリーディングの質問項目が用いられる。むろんクレイム申し立て者やスポンサーが調査結果をメディアに公表する際は、こうして得られた有利な結果を強調する一方、質問項目のワーディングには触れない傾向がある。

もう一つの重要な問題は、ある問題に対する多様で多面的な個々人の意見を、一つや二つの質問項目でまとめてしまおうとすることである。それによって得られる結果は、粗雑で単純すぎるものとなってしまう。例を挙げよう。妊娠中絶に対する人びとの態度は、多数の議論において（いかなる場合における中絶にも反対する）「プロライフ」と（女性が完全なる中絶の選択権を持つべきであるとする）「プロチョイス」に大別されている（Best, 2013）。しかし大多数のアメリカ人の態度は、その両極端のあいだのどこかにある。彼（女）らは妊娠中絶を「真っ当な」理由で支持する（強姦や近親相姦による妊娠、女性の命にかかわる場合など）。しかし同時に、（前の理由に比べると少し優先順位の低い理由で）中絶合法化に対する不安を抱くのである。中絶に賛成か反対かという単純な質問では、人間の複雑な態度を正確に捉えることは期待できないのである。

また調査に回答する行為は、社会的な状況下の行為であることを忘れてはならない。回答者は一般に、調査員と相互作用するなかで良い印象を与えようとし、良い回答者として振る舞おうとする。すなわち回答者の中には、調査員の期待通りの回答をしようとする人もいる。たとえば調査員が「あなたはXが深刻な社会問題だと思いますか」と尋ねたとしよう。調査員がそのことを尋ねているという事実そのものが、Xを深刻な社会問題だと思う人が世の中に一定数いることを意味しており、回答者自身もそれに合わせて「そうです、深刻な問題だと思います」と応えるべきではないかと感じてしまうことがある。しかしそのような回答は、回答者が本当にそのXという問題を深く考えたり、悩んだりしたことを意味するものではなくなる。

要するに、さまざまな方法論的問題（誰が調査対象になるか、質問項目のワーディングはどうか、など）は、調査研究の結果に影響を及ぼしうる。すべての調査結果は、調査を設計した人びとの選択によって形作られるものであり、その人たちが特定の結果が出るように調査を設計する可能性もある。すべての調査結果が無意味というわけではないが、それらを見る際には注意が必要である。とにかく調査結果がメディアにより知らされるのはかなり一般的なことであり、ここで測定された世論はしばしば社会問題過程の一つの要素となる。

世論の意味の構築

一般に、社会問題過程における世論の役割に関する議論のテーマは二つに区別される。第一に、世論について分析者は、クレイム申し立てと社会問題に関するメディア報道の産物であると主張する。すなわち効果的なクレイムは、社会問題の存在を大衆に気づかせ、真剣に考えさせることができる。第二に、政策立案者は世論に敏感であると想定される。すなわち、ある社会問題に関する大衆の高い関心が、政策立案者を問題解決行動に出るようにさせるということである。

【世論に影響する要因】　メディア報道が世論に影響を与えられるということが、いくつかの証拠により示されている。しかし重要なのは、メディアの影響力を過大評価しないことである。人は、メディアのメッセージが何であろうとそのまま鵜呑みするような受動的な存在ではない。おそらくメディアは、個別のメッセージの伝達よりも議題設定において優れている。すなわち、あるトピックに対する人びとの考えそのものではなく、その人たちがそもそも何をトピックとして考えるかに影響力を発揮しやすい。

例を挙げよう。ある調査（Beckett, 1994）によると、世論調査で犯罪への不安感を抱いていた人の割合は、公的に集計された犯罪率とあまり相関しなかった。犯罪への不安は、犯罪率が下がっているときでも高まりうる。また違法薬物に対する大衆の不安は、公的に集計された違法薬物の使用率とは相関が強くなかった。言い換えれば、犯罪や薬物に対する公衆の不安感の変化は、実際の犯罪率や薬物使用率の変化に応じて変わるようには見えない。半面、犯罪や薬物に関するメディア報道や、犯罪予防・反麻薬政策などに関する政府発表（もちろんそれもメディアによって報道されるわけだが）に、世論はかなり密接に関係していた。メディア報道が先に盛り上がり、世論の変化はそれに続く傾向がある。すなわち世論の変化は、メディア報道より遅い。したがって、犯罪に関するメディア報道の増加は、犯罪に不安を抱いていると答える回答者の割合の増加につながる。

この事例は、大々的に報道される社会問題に対しては、少なくとも大衆に関心を持たせることができることを示唆する。そしてメディアには働きかけの能力が本当にあるという認識は、より多数のメディアに報道されることで社会問題の構築を進めるための大衆的な関心を得ようとするクレイム申し立て者の行動にも影響を及ぼす。無論、問題に対する関心は母集団に均等に広まっていくものではない。人種、（学歴や収入を指標とする）社会階級、年齢、ジェンダー、そして地域の違いも、人びとの意見形成に影響を及ぼす。メディアは全員に同じ影響を与えることはできないが、特定の問題となる状況に関しては、かなり広範な大衆的な関心をしばしば引き起こすことができる。

【世論の影響】 調査結果は主に二つのかたちで社会問題過程に貢献する。第一に、調査結果はこの過程の初期段階へのフィードバックになる。クレイム申し立て者は――（相当なメディア報道がなされた後の場合は特に）自分たちの努力により世論が好ましい方向に動いていることを望みながら――自らのクレイムが効果的か否かを判断するために調査を用いる。たとえば銃規制を主張する運動家たちが、新しい銃器規制法の立案を促すキャンペーンに取りかかる状況を考えてみよう。運動家たちは、デモを組織したり、議員の前で証言をしたり、トーク番組に出演したりと、銃器問題に対する大衆の注意を喚起するためにさまざまに尽力する。これらの活動の後に調査を行い、銃規制に対する大衆の関心が高まり、規制法案に賛同する世論が増えているという結果が出たとすれば、クレイム申し立て者はこの調査結果を、運動が効果的であった証拠であると捉えるだろう。しかしむろん、調査結果にそのような十分な変化が見られなかった場合、運動家たちは運動をより効果的なものにすべく、自分たちのクレイムに変化を与える方法を模索するだろう。このように、調査はクレイム申し立て者たちにフィードバックを提供する。

社会問題過程における世論調査の第二の影響は、政策立案者がよくその調査結果に従うという点にある。とりわけ選挙によって選ばれる人たちは、トラブル状況に関する広い懸念の証拠としての世論調査の結果を、彼（女）らが行動を取るべきか否か、問題解決のための新しい政策を立案すべきか否かの判断材料として使うことがある。ただ、必ずしもそうであるとは限らない。なぜなら調査結果は、公職者に影響を与えうる考慮すべき事項の一つにすぎないからである。それでも「民衆の声」としての調査結果を把握し、その声に応えるものであるとして政策立案を正当化することは可能である。世論調査は、政策立案の構築をなす一つの要素となっている。政策立案については、第7章で詳しく論じることにする。

フォーカスグループ法とその他のインタビュー法

質問票による調査内容は、質問項目として定められたものに限られる。調査員はサンプリングをすることで、母集団における意見の相対的分布を測ることができるが、それぞれの回答者の意見は、質問によっては比較的単純なかたちで捉えられる傾向がある。さらにすでにみた通り、回答者は質問項目のワーディングや、質問が出された順番などに影響を受ける可能性がある。

研究者はしばしばフォーカスグループという手法を使うことで、そのような問題を回避しようとする。**フォーカスグループ**とは、司会者が質問を設定し、特定のトピックに対する議論を行わせる際の、その集団のことである。グループのメンバーは、特定の人種構成や教育水準などによって選ばれる。知り合い同士でグループが作られることもある。その場合、おそらく論争的な社会問題に関して、より気軽に話せることだろう。フォーカスグループには、他の調査法に比べていくつかの利点がある。個々人はトピックに対する自分のアイデアをより自由に表現し、主張を述べ、本当に言いたかったのは何であったか説明できる。さらに言えば、フォーカスグループは他者の意見に反応できる社会的な場でもある。

フォーカスグループはしばしば、社会問題に対する大衆の見解が、他の調査で見られるような単純な善し悪しの判断よりも複雑であることを示唆する。調査員は大衆の見解が内的に一貫しており、クレイム申し立て者たちに見られるようなイデオロギー的一貫性を持つものであるという印象を抱く傾向がある。こうした印象があるにもかかわらず、大衆の見解は時々混乱しており、曖昧で、不確かに見える。このような明らかな矛盾は、フォーカスグループの議論の中で明白になる。またフォーカスグループでは、個々人が社会問題に対し感情的な反応を示すことができる。

フォーカスグループ研究は、人びとが社会問題について議論する際に少なくとも二種類の情報に頼ることを明らかにした（Gamson, 1992; Sasson, 1995b）。まず人びとは一般的知恵（popular wisdom）、すなわち世界がどのように回っていくのかに関する「常識的」理解を利用する（たとえば格言やステレオタイプなど）。第二に、人びとは自分が知っている個人的な経験（自分自身や他者に起きたこと）を参照する。第三に、人びとは世界に関するメディア・メッセージ（ニュースだけでなく多様な情報番組なども含む）に由来する多様な情報やアイディアを取り入れる。これら三つ（一般的知恵、個人的経験、メディア言説）は、社会問題の公的定義を構築するのに用いられる資源である。そしてフォーカスグループ内の会話は、人びとがこれらの要素をどのように織り合わせるかを示してくれる。一般に、これら三種類の情報を統合する能力、すなわち自分自身の個人的信念と経験を広い世界に関する情報に統合させる能力があるグループは、彼（女）らの理解が正しいという自信がより強く、自分の見解を積極的に擁護する。

フォーカスグループにおいて経験知が重要な要素であるとわかれば、異なる背景を持つ人びとは問題構築の仕方も異なるということも容易に考えられる。人種や社会階級、ジェンダー、年齢、そして教育水準といった背景的特性は、人びとが社会問題をどう考えるかに影響を及ぼす。たとえば「犯罪に関する議論をしてください」という課題が与えられた際、黒人の集団では司法システムにおける人種差別の問題が相対的によく取り上げられるが、白人の集団ではそうではない（Sasson, 1995b）。いくつかの事例では、アフリカン・アメリカンからなる集団のメンバーが、権力を持つ白人たちが貧乏な黒人コミュニティに麻薬と銃器を供給し、黒人をいつまでも劣悪な状態に置こうとするといった陰謀論を披露することもあった（Sasson, 1995a）。そういった知見は、フォーカスグループの強みを示す。質問票調査では、調査対象がそのような考えを持っているかどうかがわかるような質問を立てようと思ったことすらないかもしれない。

フォーカスグループにより得られた結果は、ひるがえってクレイム申し立て者に影響を与える。政治コンサルタントが選挙期間中に有権者の見解を理解しようと試みたり、会社が市場調査を行ったりするように、運動家たちはしばしばフォーカスグループを用いることで、大衆の考えをよりよく理解しようとする。フォーカスグループに現れるフレームを識別することにより、クレイムを見直し、大衆により効果的に働きかけられるように調整することができる。例を挙げると、一九八〇年代に妊娠中絶の反対者たちが中絶のための公的基金に反対する運動を成功させた際、中絶権擁護運動をしていた人たちはフォーカスグループを利用し、中絶基金に反対する大衆は同時に人命への国家介入にも反対していることを明らかにした（Saletan, 2003）。中絶権擁護運動家たちは、この知見を利用し、新しい主張（「中絶の権利は、より広範なプライバシーの権利と結びついている」）を作り出した。すなわち中絶の禁止は、国民の私生活への侵害の別の形態であるという主張である。この新しいプロチョイス運動は、比較的有効であった。

当然ながらフォーカスグループは、大衆の反応を知るための情報のソースとしては限界がある。相対的に時間とお金がかかるし、特定のグループがどれほど代表性を持つかを知るのも不可能である。会話を導いたり、さまざまな参加者に発言をさせたりするなど、司会者のスキルに依存するところも多い。それでもフォーカスグループは、普通の人びとが社会問題についてどう思っているかを知る重要な方法になりうる。

■世論の指標としてのソーシャルメディア

世論調査やフォーカスグループインタビュー以外にも、問題となる状況に関する一般大衆のクレイムを分析する方法はある。大衆が自分の見解を披露できるようになっているメディア媒体に目を向けることは、その方法の一つである。典型例としては（今というより、かつての典型例ではあるが）、読者が新聞社に手紙を出し、意見を投稿する場合がある。これは無作為抽出された標本であるとはとても言えない。新聞に手紙を出す人は、わざわざ紙にペンで字を書くことを辞さないほどその問題に興味がある人間である。そしてそういう人は教育も十分受けており、手紙を書くための時間とお金の余裕もあるだろう。この方法で自分の意見を表明した経験を持っているのは、母集団のごくわずかな一部だけだろう。新聞の担当者が、どの手紙を新聞に載せるかを選別しているという点にも十分に注意する必要がある。送られたすべての手紙の内容を載せないことには、（「手紙を出した人の見解に同意できない」から「余った紙面がない」などまで）あらゆる理由があり得る。それでも、そのような手紙は大きな母集団の中の一部の人が、話題となっていることに対してどのように思うかを示してくれる。

今でも新聞に投稿する人はいるが（おそらくほとんどはメールを使うだろう）、インターネットには、大衆の構成員が自らの見解を表出可能な多様多種な新しいプラットフォームがある。紙媒体の新聞は、ますますニュースサイトに取って代わられており、ネットで記事を読む読者は自らの反応を投稿できるようになっている。一つの記事に数百件のコメントが書かれることもある。人びとが前のコメントに反応していくにつれ、もともとの記事のことが忘れられてしまうことも稀ではない。ニュース会社はこれらのコメントを追跡し、最多の反応を引き起こした記事リストを作成する。このリストは、読者には他の人が興味を持った記事を知る機能を果たすだろうし、サイトのメイン画面にはどの記事をどのよう掲載すべきかを決めるための貴重なフィードバックともなる。大衆が何に興味を持つかを把握する他の方法として、ウェブサイトのどのページが最もリンクされたかを追跡することができる。

そのような意見交換の場（スレッド）は、インターネットのいたるところに存在する。ブログ記事やニュース記事に加え、さまざまなウェブフォーラムは特定の関心や視点を共有しようとする人びとを惹きつける仕組みを備えている。これらのサイトの多くは趣味や有名人、あるいは軽い興味程度のものから熱狂的なファン層の趣味まで、さまざまなテーマを取り扱う。その他にも、特定のイデオロギーを支持する人に向けて社会的な問題を発信するために作られたサイトもあり、それらのサイトを社会問題過程の一部として見ることができる。分析者は、こうしたさまざまなネットフォーラムを用い、大衆の反応を評価するための方法を工夫している。

ソーシャルメディアの登場により、評論家はツイートやFacebookの書き込み、「いいね」などから大衆の態度を理解するようになった。こうした転換は、難しい問題をもたらす。ソーシャルメディアの内容をいかにして測定するか、そしてどれほど精密な測定ができるかを知るのは非常に難しい。最も簡単な方法は、テレビのニュース番組で視聴者の意見を紹介するように、個別のコメントを選択的に引用し、人びとが何を考えているか示すことだろう。しかし数個のコメントが大衆の考えを正確に反映しているか否かを知るのは不可能である。二番目の方法は、ある特定の表現が出現する頻度、すなわち「トレンド」を測定する方法である。しかしそのような数え方は、さまざまなコメントの多様性を無視してしまう恐れがある。多数の人が特定の単語を使うという事実そのものは、大衆の考えについてほとんど何も教えてくれない。

より将来性のある代案は、**セマンティック調査**（semantic polling）（Anstead & O'Loughlin, 2015）である。これは、プログラムを使って多数のソーシャルメディア上のメッセージの意味を解釈し、特定の意味を持つもの同士をカテゴリー化する方法である。この方法の難点は明確である。メッセージはすべて人間によって読まれ分類されるのではなく、コンピュータによって処理され、特定の単語のセットに分類される。その際、不正確な解釈アルゴリズムが用いられる恐れがある。セマンティック調査を支持する人たちは、分類されたメッセージの一部を人間が検討し、プログラムが誤った分類をしたとみられるものは再コーディングすることで、コンピュータがそれを学習し、より正確な分類ができるようになると主張する。さらにそれらが完全に正確とはいえなくても、セマンティック調査は即応性という点（ほぼリアルタイムで結果が得られる）で有利である。

伝統的な調査研究者は、ソーシャルメディアの分析に懐疑的である。ソーシャルメディアに書き込む人たちは統計的に一般的な母集団を反映しているとは想定できないし、ソーシャルメディアの書き込みが大衆の態度をどれほどよく反映するか（もしくは影響を及ぼすか）も、私たちはまだ知らない。大衆の反応を理解するために使われる他の方法と同様に、ソーシャルメディアの分析は不完全な結果を生み出すこともあり、注意深い検討が必要である。

伝説、冗談、そしてその他の民間伝承

世論調査、フォーカスグループ、ソーシャルメディア上の書き込みもまた、ある種の人工的で形式的な状態をともなっている。すなわち、これらの調査を行う場合、調査対象者は自分が述べる意見が分析に使われることを既に知っており、その人が何を言おうとするかに影響を及ぼしうる。しかし社会問題について話すのは、日常的な会話の一部でもある。自分が観察されていることを全く意識していないときに、大衆が社会問題をどのように構築するかを知っておくのもよいだろう。民間伝承《フォークロア》を研究することは、そういった日常における構築を分析する一つの方法である。「民間伝承」という言葉は「**民間**」、すなわち一般大衆のあいだで非公式的に広まった情報のことである。民間伝承は伝統的に文章のかたちではなく口頭で言い伝えられた。昔話を聞かせたり、民謡を教えたり、フォークダンスを踊ったり、工芸を習わせたりすることで民間伝承を伝えてきたのである。本書の読者もたぶん、この時代を最後に消えかけている伝統的な民間の知恵を記録しようと、人びとから離れた片隅に住むお年寄りを探しまわる民俗学者というイメージを持って

いることだろう。このようなありふれたイメージにおける民間伝承は、塗装が剥げた縁台で、今にも壊れそうな古い椅子に座り、昔話を聞かせる古老のイメージと重なっている。

これは、民間伝承をあまりにも狭く捉えた、誤ったイメージである。若年層、都市に住む人を問わず、すべての人は民間伝承を話す。現代の言い伝えは新しいかたち——たとえばオフィスに貼られるネタ画像（Dundes & Pagter, 2000）や、ＦＡＸ、メール、ＳＮＳの投稿といったかたち——、そしてもちろん口伝えという伝統的な方法によって伝播される。そして、しばしばこれらの民間伝承は社会問題クレイムに対する一般大衆の反応を表す。ここからは、二つの一般的な民間伝承である現代伝説とジョークサイクルを見ていきたい。

現代伝説

都市伝説とも呼ばれることが多い**現代伝説**は、人びとが他者に伝える話のことである（Ellis, 2001; Fine, 1992）。一般に、現代伝説は超自然的な要素を含まない。たとえば幽霊などよりは犯罪者を素材にする場合がよほど多いのである。典型的には、話をする人はその話が事実であり、本当に起きたことであると主張するし、話を聞く側もそれを信じる。話者はしばしば、たとえば話中の事件が起きた場所を示したり（近くのショッピングモールとか）、事件を目撃もしくは経験した人とのつながりを説明したり（「ルームメイトのいとこのお隣さんにあったことなんだけど」）するなど、ストーリーが真実であるという証拠を示すこともある。民俗学者はこのような属性を**「友人の友人**（Friend Of A Friend）」と呼ぶ。友人の友人に訪ねてその話の根拠をたどっていくことは必然的に失敗する。ルームメイトのいとこの隣人は、その話が本当であると主張しながらも、「実は私の義理の母の弟の友達にあったことで」と言い逃れるだろう。

伝説が広まるつれ、話の細部も変わる傾向がある。残虐な犯罪事件が起きた場所は最初はショッピングモールであったはずなのに、地域のスーパーに変わってしまうこともある。誰かの衝撃的な発言は、テレビのあるトーク番組でなされたはずが、他の違う番組でのことになることもある。民俗学者は、同じ話の異なるバージョンのことを**変種**（variant）と呼ぶ。変種は、聞き手にとって話をより興味深いものにすることがある。たとえばある事件が近くのモールで起きたと言った方が、どこかの知らないモールで起きたと言うよりも話が面白くなるのである。

現代伝説が伝播されるには、人びとに覚えてもらえるほど、また他者に教えてあげようと思えるほど面白いものでなければならない。したがって効果的な伝説には、たとえば怒りや嫌悪感といった強い感情的な反応を引き起こす傾向が見られる（Heath, Bell, & Sternberg, 2001）。人びとは、強い刺激を与えるストーリーをより容易に想起し、繰り返し話す。伝説は、しばしばこの世界が、私たちが思っている以上に危険であると警告する。暴力団のメンバーが車の後部座席に潜んでいたとか、日常的に訪れるモールでひどい事件が発生したとか、見知らぬ人とお酒を飲んでいたら薬を盛られ腎臓を抜き取られたなどがその例である。

噂と伝説の違いは何か。その区別はあまり明確ではない。基本的に、噂は特定の時間と場所に限られたものとなることが多い。「**噂**」は不確実な状況の中で拡散する。より信頼できる情報が得られない際に「即興で作り上げられたニュース」として機能する。また一時的にしか存在しない単一のストーリーである場合が多い（Fine, Campion-Vincent & Heath, 2005; Shibutani, 1966）。噂はその地域と関連するものとなる傾向がある。たとえばその地域の役所で生じた汚職スキャンダルや、問題を起こした地元企業などが噂の素材になる。

それとは対照的に、「**伝説**」は数十年間、生き残りうる。一時的に言及されなくなることもあるが、それでも結局復活するのである。伝説は地域を横断し、数年間姿を消すこともあるが、次の瞬間また現れる。伝説はその地域固有の情報（「この街のモールで起こったことなんだって」）を含むこともあるが、同じストーリーが背景の場所だけ別のものに変わって物語られることもある。伝説はよく馴染みのある**モチーフ**を援用する。すなわち、さまざまな伝説内の同じ要素が、繰り返し登場する。たとえば多数の現代伝説には、刃物による犯罪――フックの義手をした脱獄殺人犯や、（老婆に変装した）斧を持った男、剃刀の刃が仕込まれたハロウィンりんごの都市伝説など――の話がよく出てくる。またその数だけ、ショッピングモールで起きた恐怖の事件に関する伝説も驚くほどよく出回る。伝説は噂の原材料を提供することもある。すなわち馴染みのある伝説内の要素、たとえば極悪な陰謀などが、新しい噂の材料へと変遷を遂げるのである。

噂や現代の伝説と社会問題にはどのような関係があるのだろうか。それらはしばしば現代のクレイム申し立てを反映する。メディアが薬物の危険性について報道すると、「麻薬密売人が、LSDが盛られた飴を小さな子どもたちに配って回る」といった噂が出回り始める。暴力団に関する報道が盛んになると、「暴力団の間で行われるという恐怖の成人式」の噂が広がることもある。多数の現代伝説はその時点におけるクレイムに反応するが、同時にそれらのクレイムが伝説の制約の中に収まるように再構築される。伝説は、人びとに覚えてもらう必要がある。すなわち、伝説はドラマチックになりやすい。伝説には、悪質な天性の犯罪者によって犠牲になる、無垢で脆弱な被害者の描写が出てくる。麻薬密売人が幼稚園児にLSDを食べさせる合理的な必要性や理由などない。それは単に、悪い人たちが行うであろう悪行の一つとして想像されるのである。ニュースや芸能プログラムが第一次クレイムを各々の必要に応じて作り変えるように、伝説は自らをより衝撃的で、より劇的で、より記憶に残るものにするため、メディアの第二次クレイムを作り変えるのである。そうすることで、伝説は「成功する伝説」の資質を確保できる。

噂と伝説は、社会的対立をよくテーマにする。多くの物語は、たとえば人種やエスニック集団間の対立を中心に描かれる（Fine & Turner, 2001）。一般にこれらのストーリーは、一つのエスニック集団の中で拡散し、極悪な行為をする他のエスニック集団の人間を描写する内容となる。たとえばアメリカでは、白人が黒人についての噂を、そして黒人が白人についての噂を広げてきた長い歴史がある。これらのストーリーは、対立する側のストーリーと（登場人物の肌色が逆転しただけで）そっくりなものになることもある。例を挙げよう。アメリカにおける黒人と白人のあからさまな対立が際立った一九四三年のデトロイト人種暴動は、「ある女性とその子どもが、デトロイト地域のある橋から突き落とされた」という噂から発展したものであった（Langlois, 1983）。しかし黒人のあいだでは、黒人女性と子どもが白人によって突き落とされたという内容になっていた。他方、白人のあいだでは、白人女性と子どもが黒人によって橋から突き落とされた話として拡散していた。いずれにせよ、事件は架空のものにすぎず、誰かが橋から突き落とされたという証拠はどこにもなかったのである。

エスニック集団間の緊張にもとづくストーリーに、必ずしも上記の事例のような全く同じ内容の鏡像が存在するわけではない。たとえばアフリカン・アメリカンのあいだに出回っているいくつかのストーリーは、特定企業が人種差別集団（たとえばあの某フライドチキン会社をKKKが所有している、など）と関係していると注意を促す。また、ある有名な衣装デザイナー（具体的に誰のことなのかは、話によって変わる）がテレビショーに出演し、「黒人に自分の服を着させたくないから、黒人の体型には合わないように服をデザインしている」と明かしたという話もある（Fine & Turner, 2001）。そのようなストーリーでは共通して、白人によって動かされる経済の中でアフリカン・アメリカンの地位は従属的なものでしかないというテーマに基づいている。当然ながら、白人のあいだには黒人に支配されている企業の噂はあまり出回らない（ただ彼（女）らのあいだにも、悪魔崇拝者などの陰謀集団に支配される企業があるといった噂はある）。

また現代伝説には、ジェンダー間の対立を示唆するものもある。たとえば女性は、暴力団員や強姦犯などの犯罪者が、女性を犯す際に用いる手段について注意を促す話を共有する。他方、男性は自分たちに何か危害を与える意図で近づいてくる女性の噂を広げたりする。いかなる社会的亀裂（エスニック集団や性別、雇用主と被雇用者、学生と教授など）も、噂や伝説の素材になりうる。

その他の社会的変化も、現代伝説の素材になる。たとえば、見知らぬ誰かと一晩を過ごして朝起きたら洗面台の鏡に「ＡＩＤＳの世界へようこそ」と書いてあったとか、「ＡＩＤＳ感染者が麻薬を打ったあとにその注射針を公衆電話の釣り銭口に置いて去る」などといった内容の、ＡＩＤＳ感染の可能性を訴える噂が広く出回っている（Goldstein, 2004）。同様に、眼球や腎臓などのヒトの臓器を抜き取る臓器泥棒の噂も国際的に有名である（Campion-Vincent, 2005）。相対的に産業化が進んでいない国々では、「里親のフリをして子どもを引き取り、アメリカ人の臓器移植のために使う」など、西洋人への注意を喚起する内容になる。それに対してアメリカやヨーロッパでは、「誰かと一晩を過ごして朝起きたら腎臓がなくなっていた」といった内容になる。これらのストーリーに込められる教訓（帝国主義的搾取や軽い性交渉のリスク）は、（それ自体がクレイム申し立ての対象でもある）問題を反映しているのである。

これらの事例に見られるように、噂や伝説の重要性は、それらがある種の時事性を持っているという点にある。噂や伝説はクレイム申し立て者の懸念事項（人種ないしエスニック間の対立、移民の影響、ＡＩＤＳの拡散など）を劇的で、衝撃的で、しかし少々信じがたいストーリーに変換させる。そのため人びとは、そういった話が近隣の、または知人の知人の誰かに起きた事件であり、本当の出来事であると聞き手に納得させようとする。当然ながら、噂話を他人にする人の多くは自分たちが社会問題過程に参加しているとは思っていない。彼（女）らは単にこれらの印象に残った話を、悩ましく、そして誰かに繰り返し伝えるべきであると思っているにすぎない。彼（女）らは自分たちをクレイム申し立て者とは見なさないし、これらの噂を社会問題のクレイムとして見ることもないだろう。

ただし留意すべきは、多数の噂や現代の伝説が世界観を共有しているということである。それらは一般に、世の中は危険で、危険な犯罪者に取り憑かれており、常に用心しないといけないと警告をする。普通の活動、たとえば車を運転したり、ショッピングモールに行ったり、見知らぬ人と会話を交わす行為は、暴力的で危険な世界への入り口になりうるのだ。したがって、ほとんどの現代伝説は一種の保守性にもとづいており、その世界観は、変化は危険であり細心の注意が必要であるという信念により特徴づけられるのである。

ジョークサイクル

社会問題クレイム申し立ての外延を広げる現代の民間伝承の第二形態は、**ジョークサイクル**である。ジョークサイクルとは、パタン（「ノックノックジョーク」［ジョークの一種］）やテーマ（金髪に関する冗談など）に共通点のあるジョークの集合を意味する。サイクルは、人びとが興味を失うまでの一定の期間にわたって流行することがある。特定のジョークサイクルの登場を、社会問題の認知への反応として説明を試みた民俗学者もいる。ダンデス（Dundes, 1987）は、一九六〇年代の「象さんジョーク」の流行は公民権運動への大衆の態度を反映するものであると主張した。また一九七〇年代の「死んだ赤ちゃんジョーク」は、中絶と避妊への懸念を反映するものであったと論じる。

一見するとこれらの主張は奇妙である。しかしダンデスは、象さんジョーク（たとえば「なんで象さんが足指に赤のネイルをするか知ってる？　さくらんぼの木に隠れるためだよ」）には、特定の枠の中に無理やり収まろうと踏ん張る象をあざ笑うものが多く、また象はしばしば性的問題がある存在として描かれていたと説く。このジョークサイクルがはやったタイミング（公民権運動が絶頂に達した一九六〇年代）は、これが人種差別撤廃運動への反感を表出するための間接的な手段となっていた可能性を示唆する。

同様に、さまざまな不穏なイメージを用いていた「死んだ赤ちゃんジョークサイクル」（たとえば「あそこに座ってる赤いものは何？　剃刀の刃を噛んでる赤ちゃんだよ」）が登場した一九七〇年代初頭は、避妊薬が大衆化して間もなかった頃であり、妊娠中絶が合法化された時期でもあった。死んだ赤ちゃんに関するジョークが、これらの社会的変化に対する反感と関係していると解釈するのは、それほど突飛な主張ではなかろう。誰もがこの主張に同意するわけではないが、それでもそういった解釈は、最もくだらないと思われていたジョークサイクルでさえ、社会問題過程の一部になりうることを示唆する。

多数のジョークサイクルは、上記の例よりわかりやすい解釈上の問題を含んでいる。ジョークサイクルは長いあいだ、人種的、宗教的ないしエスニシティに関するステレオタイプをテーマとし、またそれらをより強固なものにしてきた（Dundes, 1987）。同様に、ジェンダーや性的志向も、他のジョークサイクルの素材になってきた。さまざまなジョークサイクルは、異なる対象集団を怠惰、馬鹿、汚い、淫乱、その他、望ましくない素質を持っているものとして描く。そのようなジョークを反復する行為は、他の集団の人びとに関する一種のクレイムとみなすこともできる。むろん、そのジョークを述べる人びとが、自分たちは単にふざけたことを言っているだけであって、そんな意図はなかったと主張する可能性は常にある。

冗談とクレイム申し立ての関係は、当時の劇的な事件（たとえば一九八六年のスペースシャトル・チャレンジャー号の爆発事故、二〇〇一年九月一一日のテロなど）を題材にしたジョークサイクルにおいてとりわけ顕著になる（Ellis, 2003; Oring, 1987）。そのような**時事的**（topical）**ジョークサイクル**の一つの重要な性質は、それらが広がり始めた時期を確定できる点にある。当然ながら、爆発があった一九八六年一月二八日以前は、チャレンジャー号ジョークはこの世に存在しなかったのである。

時事的ジョークサイクルに関する研究は、そのようなジョークが広くかつ急速に非公式的な経路を通じて広がることを明らかにした。たとえばメディア評論家は、チャレンジャー号ジョークの存在が事件の数日後には既に発生しており、それはメディアによって伝播されたものではなかったと述べる（メディアはそのジョークを不謹慎で、二度と口に出せないものとしていた）。この事例では、ジョークが話された回数とそれらを聞いたと報告した人数が（冗談の題材となった）事故の数日後そして数週間後に急増していた（Ellis, 1991）。むろん数週間後には、人びとは徐々にその冗談を口にしなくなった。それはおそらく人びとがその冗談を既に聞いたことがあるか、または事故のことが時事的でなくなったことによるだろう。

時事的ジョークは、それらと関係のあるところで拡散する傾向がある。ある地域の出来事が、その地域におけるジョークサイクルの素材になることはあっても、全国的に広がる可能性は低い。たとえばペンシルベニア州の財務大臣が生中継の際に自殺した一九八七年の事件は、州内ではジョークサイクルの素材になったが、その人のことがさほど知られていなかった他の地域までは広がらなかった（Bronner, 1988）。ほぼ同じ理由で、一九八六年に起きた（放射性物質の漏出があった）チェルノブイリ原発事故は、（事故現場から地理的に離れた）アメリカではあまり冗談の素材として使われることがなかったが、（放射能汚染の影響を懸念する）ヨーロッパでは広範なジョークサイクルが形成された（Kurti, 1988）。

なぜ人びとは、災害を冗談の素材にするのか。事故は笑い事ではなく、ジョークにするのは不適切であると主張することは簡単である。最もよくある解釈では、ジョークは社会の「病気」症状である、もしくは冗談を言うことは人びとに快感を与え、心理的緊張を緩和させる、などといった心理学的な説明が試みられる。他方で社会学者であれば、時事的ジョークが（当時のクレイム申し立てのテーマを反映する現代伝説のように）社会的なトラブル状態への大衆的な態度を表現させる間接的な方法であると主張するだろう。ジョークは、メディアによる事件の構築に対する懐疑的な態度を表すこともある（Oring, 1987）。

大衆的な冗談のもう一つのかたちにも言及しておく必要がある。すなわちオフィスやその他の職場に貼られる、ジョークや漫画、何かをからかうメモなどのことである（Dundes & Pagter, 2000）。この「オフィス伝承」は、コピー機やファクス、メール、パソコンのソフト、スマートフォンなど、人びとが写真などのイメージを簡単に作成、修正、保存、送信できるようにする現代の技術発展により、再生産と普及がより簡単になった（Ellis, 2003）。これらの民間伝承はしばしば、職場の官僚主義や上司の無能力に対して相当の懐疑的な態度を示す。伝説やジョークサイクルのように、オフィス内の冗談はしばしばエスニシティ、階級、ジェンダーなど、よくある社会対立の基となるものを素材にする。それらが広く普及したという事実は、それらが異なる社会問題を転覆的に再構築したものが比較的受け容れられやすいということであろう。だが、（他のすべての種類の民間伝承にも当てはまることではあるが）それらは単なるジョークにすぎず、真剣に何かを批判しようとしたものでないと強く言い張られる可能性は常にある。それでもそのような民間伝承は、一般人が自分の考えや反応を、より典型的なクレイム申し立て者に呈示する一つの方法である。

社会問題過程における大衆の役割

世論調査、フォーカスグループ、ソーシャルメディア、現代の民間伝承は、クレイム申し立て者やメディアによる社会問題の構築に一般大衆がどう反応するかについての理解を提供してくれる。しかし、これらのうち、どの方法も、私たちにすべてを教えてくれるわけではない。一般大衆というのは結局、きわめて大きく多様な存在なのである。その中には社会問題クレイムを事実上無視する人もいるし、逆にクレイム申し立てに積極的な関心を向ける人もいる。大衆は、幅広い社会集団（異なる職業、異なるエスニシティ、異なる社会階級、異なるジェンダーや性的志向、異なる政治イデオロギーなど）の人を含んでいる。これらの多様な集団は（異なる価値を持っているので なければ）少なくとも、どの価値が最重要で、それらをどう認識するかについて、異なる解釈を持っている。あらゆる違いが、一般大衆がどう特定の社会問題クレイムに反応するかに影響を及ぼしうるのである。

さらに言えば、同じ反応を示しているように見える人びとも（たとえば調査項目に同じ答えをしている人たちも）、本当はかなり異なる意見を持っているかもしれない。ある人は、クレイムにコミットしたり、運動に参加したり、変化をもたらすために時間やお金、エネルギーを費やすなど、特定のクレイムに動かされるかもしれない。また他の人は、本や記事、テレビの報道をチェックする程度の興味は持つが、それ以上のことはしないかもしれない。他の人は、調査目にある問題が深刻だと考えると答える程度にはクレイムをうっすらと認知しているが、それ以上の動機づけはないかもしれない。言い換えれば、人びとが調査に対してある問題を懸念していると答えていても、その実際の意味は明確ではない。

同様に、現代伝説やジョークを聞いたり繰り返したりする人びとは、この民間伝承をかなり異なる意味で理解しているかもしれない。ある人は特定の信念や態度を表出することにより、社会問題過程に参加していると自己認識しているだろう。たとえば、おそらく人種に関する冗談を言う多数の人は、その冗談を言うことにより特定のステレオタイプを強化していると理解している。しかし他の人は、冗談にこめられた意味などなく、ただ単なる冗談にすぎないと主張するかもしれない。

前章では、クレイム申し立て者はしばしば世論に影響を与えようとし、またあるトラブル状態を人びとに認知させ、考えさせようとすることを示した。またメディアは自らの行動を、大衆に情報が与えられることの重要性を理由に正当化する。同様に政策立案者は、自分たちは「民衆の意思」に応えねばならないと主張する（第7章で論じる）。そして社会問題過程に参加する他の行為者は、大衆の反応が重要であると主張する。クレイム申し立て者、メディア、そして政策立案者は大衆に影響を与えようとすると同時に、大衆の反応に注意を向け、それに合わせて自らの行動を調整しようとする（図6－1）。

本書は、社会問題過程の競争的な性質を強調してきた。数え切れないクレイムが主張され、多

図6－1　社会問題過程における大衆の役割

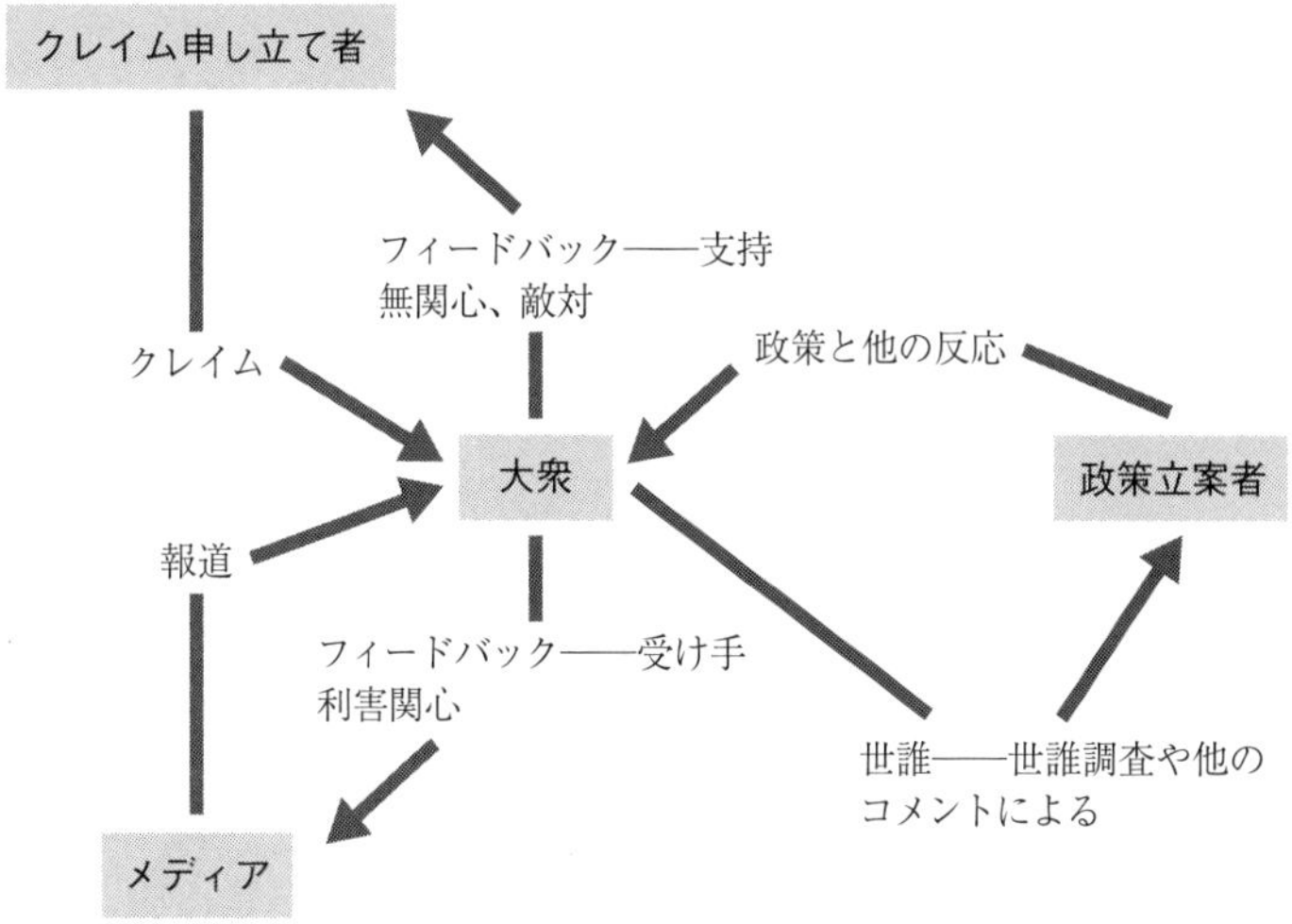

くの数のメディアはトラブル状態について報道を行うのである。大衆的関心を獲得する競争の中で、あるクレイムは必然的に注目を集めることに失敗する。レトリック（クレイムとメディア報道がパッケージ化されたもの）が重要になるのは、このためである。大衆は、特に重要性があると思われるクレイムにしか関心を向けないのである。

本章では、社会科学が大衆の反応を測る際に用いる方法について論じてきた。それらの方法（世論調査、フォーカスグループ、ノーシャルメディア、そして民間伝承）は、大衆の考えについての間接的で不完全な解釈しか提供してくれない。そうであるとすると、社会問題過程におけるこの段階について完全に理解することは果たして可能か、と疑問を覚えるかもしれない。

しかし、他にも大衆の反応の証拠はある。時が経つにつれ、クレイム申し立てに反応を表す人びとの行動が変化することも観察できる。たとえば自動車運転手のシートベルト着用率は増加してきた。このような変化が、部分的にはシートベルト着用を義務化した法律の影響によるものであるのは疑いようがない。しかし、ただ習慣でシートベルトを着用する人びとの割合が増えていることも事実である。また、喫煙をする成人の割合も年々減ってきた。これも、部分的にはタバコ税率の引き上げや場所による喫煙規制がその原因であるが、しかし他方ではより多数の人が喫煙をリスクのある行動とみなすようになったことにも起因する。このような変化を測定するために用いる私たちの方法は不完全なものであるが、それでも児童虐待などのDVの発生件数は下がっているし、調査に対して人種差別的な考えを示そうとする人の割合も減っているのである。

要するに私たちは、「何が賢明で慎重で適切か」に関する大衆の再定義が、人びとの実際の行動に変化を引き起こす証拠を発見することができる。私たちは大衆の反応を正確に測ることはできないが、それでも大衆が、より大きな社会問題過程に反応し、そして活発に参与することを認識することは可能である。

第7章 政策形成

ほとんどのクレイム申し立て者は、トラブル状態に注目を集めることを望んでいる。その社会問題をきれいさっぱり除去することはできないにせよ、少なくとももより良くなるようにと、物事や社会構造を改善させることを望むのである。この目的に向かって、クレイム申し立て者は、社会がそのトラブル状態に対処する方法を変えるべく、社会政策の変革を目指す。つまり彼らのクレイムは、政策を変える力を持つ人びと、すなわち**政策立案者**まで届かなければならない。

政策に変化を起こす最もわかりやすい方法は、法律によるものである。法律は、ある司法のもとで何が合法で何が非合法かを定義する。すなわち何が必要で、何が許可されていて、何が禁じられているのかを明示する。したがって政策形成についての研究は、まず立法機関（国会、州議会、市議会など）に向かう。立法機関はただ単に法律を可決するだけでなく、資金を割り当てたり、法律を施行するさまざまな公的機関のためのガイドラインを発行したりする。

新しい法案をめぐる立法府の議論についてのメディア報道は、見慣れたものだ。そうした議論は、政策形成のための非常に見えやすいアリーナでありうる。論争となっている法律の制定（あるプログラムに資金を供給するのか中止するのか、ある行動を有罪にするのか無罪にするのか、など）への投票は、劇的で、可視化された政策形成の瞬間である。しかし、ほとんどの政策形成は、あまり目立たない。新しい法律の多くはほとんど注目を集めないし、一度可決されれば、その法律は施行されなければならず、そのため舞台裏で政策形成が行われる機会はさらに増える。［というのも］ありとあらゆる政府機関が法律を執行し、実施している。私たちは、まず（ＦＢＩや地方警察のような）法執行機関に注意が向かうかもしれないけれども、あらゆる行政機関が、個々の法がどのように適用されているかを監督していることを認識しなければならない（たとえば環境保護局は、連邦政府の環境政策の管理を数多く担当している）。地方政府でさえ、健康条例や地域に適用されるその他の法の執行を担当する専門職を擁している。そして法というものは通常、どのように適用されるべきかについて、ありうるすべての状況において詳しく明記することは不可能なので、それを解釈する作業の多くは地方政府に委ねられており、したがって地方自治体は、実は政策形成に関わっているのである。

さらにアメリカ合衆国では、裁判所の判決は法律を形づくる力を持っている。たとえば控訴裁判所は、議員が違憲の法律を可決することによって議員の権限を超過したと判決を下したり、ある法律が適用・施行される方法が合法ではないと裁定したりできる。劇的なケースでは、最高裁判決は合法であるとみなされるものに対する基本的な認識を変えることができる（たとえばロー対ウェイド事件判決は、妊娠第一期のあいだ、州が女性の妊娠中絶へのアクセスを制限することはできないと裁定した）。したがって政府機関と裁判所もまた、時に政策立案者の役割を果たすことがある。

とはいえ、政策と法律を同一視すべきではない。組織化された幅広い非政府組織（企業、教会、同業者連、慈善団体など）が独自のルールや政策を策定しているのである。ホームレスの避難所が、入場資格や、避難所に残ることを許可してもらいたい人びとがとるべき振る舞いの規則を発表するとき、それもまた政策形成の一形態である。本章では、立法府やその他の政府機関がどのように法律を制定しているかに焦点をあてることが多くなるが、他にも種々の環境で政策形成が実施されることを忘れてはいけない。

政策ドメイン

議員やその他の政策立案者が政策形成をどのように組織するかについて社会学者が考察する際の一つの方向性は、「**政策ドメイン**」（Burstein, 1991）の概念を中心に展開されている。政策ドメインとは家族問題、刑事司法、保健政策など、特定の社会問題に焦点をあてた政治システムの一部である。あるドメインには国会議員、他の役人、政府外の人びとを含む、そのドメインが取り組む問題に特に関心を持つ多数の人びとが含まれている。たとえば議会には健康問題を扱う委員会がある。すなわち連邦政府機関として連邦防疫センター（CDC）、国立保健研究機構（NIH）などが健康問題に取り組み、政府外にも利益団体、シンクタンク、医療専門家のほか、保健政策の専門家が存在する。一般に保健政策は、結局のところその政策ドメインに属する人びと、すなわち保健政策の問題について最も精通している（そして誰よりも時間とエネルギーを進んで傾ける）人びとによって策定される可能性が高い。議会全体が健康関連の法律制定に投票しなければならないにしても、その立法そのものは保健政策ドメイン内部で形作られているのである。

政策ドメインという概念は、アリーナ概念（第5章参照）に類似しているが同じではない。「**アリーナ**」とは、クレイムを提示することができる舞台のことである（議会委員会の公聴会が一例かもしれない）。「**政策ドメイン**」とは、ある政策の問題について関心を共有する人びとのネットワークのことである。この人びとは、その問題についてのクレイム申し立てが可能ないくつかのアリーナ（別の委員会の公聴会、専門のニュースレターなど）を監督することができる。

私たちは、議員をとりまく社会状況の考察から、政策ドメインについて考え始めよう。連邦議会に焦点をあてるが、同様の状況が州と地方の立法機関にも影響を与えていると想定できる。注目を集めている社会問題クレイムを一つイメージしてみよう。メディアはこのストーリーを報道しており、世論調査は世間がこのトラブル状態に懸念を表明していることを示しているかもしれず、クレイム申し立て者と選挙区民は議員に連絡して行動を求めるかもしれない。このような状況は新しい法案（つまり政策形成）につながるかもしれないし、つながらないかもしれない。

新しい政策は、決して自動的に生まれてくるものではない。結局のところ、議員にさまざまなことを願う人びとがたくさんいて、議員はこれらの要求すべてに対応することなど到底できない。単純に、行動を求める声が多すぎるのだ。さらに議員は、何をすべきか自分なりの考えを持っているかもしれない。一人勝ち型の社会問題についてのクレイムは、ほとんど全会一致の賛同に恵まれることもあるけれども（第2章参照）、多くの論争型の社会問題は人びとのあいだに意見の相違があるため、ある法律の可決に賛成する人と反対する人の両方が存在する可能性がある。議員はどうすればこれらすべての要求を整理できるのか。

第5章で、議題設定におけるメディアの役割について述べたことを想起しよう。そこから、議員は議題、つまり議論したいことの優先順位リストを持っていると考えることができる。彼らが直面する要求のリストは途方もなく長大だ。議員は、時間的・金銭的に、頼まれたことのすべてはやれないので、優先すべきことをしっかりと決め、現時点で本当に対処する必要があるのはどれなのかを判断する必要がある。

ここでもまた、クレイム申し立ての競争的な性質が見てとれる。クレイムはメディアで報道され、世間の注目を集めるために競争しなければならないのと同様、議員の議題となるべく競争しなければならない。この過程でクレイム申し立て者は、自分たちの関心事に最終的に議員が取り組むまで、何年も待つこともある。法律は社会生活のほぼすべてに実質上、関連するので、新しい法律や既存の法変更を求める人びとのあいだで議員の注目を集めるために途方もない競争があるのである。この結果、立法過程を一から十まで詳しく知り尽くしていることを仕事とするロビイスト、専門家が生まれる。この人びとは、議員とそのスタッフとのネットワークを維持し、議員に関心を向けさせ、支持を集めるうえで効果的なクレイムをパッケージ化する方法を理解している。ほとんどの産業、同業者団体のほか、定着している利益団体は、法律制定に影響を与えようと永続的なロビー活動を維持しているのである。

第3章における、所有権の議論を思い出そう。あるクレイム申し立て者はどのように社会問題の権威として地位を確立し、また、それ以外の人は、問題に関して疑問が浮かんだとき、そのクレイム申し立て者をどう頼りにするだろうか。問題の所有権を維持する方法の一つは、ロビー活動を確立することで、進行中の立法に対し、人びとがいつでも見解を伝えられるようにしておくことである。

政策形成に影響を与えようとすると、忍耐力が必要になる。政治学者のジョン・W・キングダン（Kingdon, 1984＝2017）は、特定の政策がどのように議会の立法上の最重要議題に上り詰めるかを理解するための一つのモデルを提示している。キングダンは三本の流れについて述べている。（1）問題認知の流れ、（2）政策提案の流れ、（3）政治の流れである。三本は常に流れているが、互いにほとんど交わらないことが多い。しかし、三本の流れはたまに一本に合流するかのようなときがあり、このとき議会は行動する可能性がより高くなる。キングダンが焦点をあてたのは議会であったが、彼の三本の流れモデルは、他の政策立案者にとっても含意があるものだ。

問題認知の流れ

キングダンが「問題認知の流れ」と呼んだものを、私たちはすでによく知っている。これまでの章で焦点をあてたもののことである。問題認識の過程で、クレイム申し立て者はトラブル状態を特定し、その状態に名前を付け、他者にそのような状態を懸念させる説得力のあるレトリックを考案し、その状態を報道機関、世間、政策立案者に気づかせるべく運動する。こうしたクレイム申し立て者の努力は、そのとき起こっている出来事から恩恵を受けることができる。すなわち、恐ろしい犯罪や自然災害について注目を集めるニュース・ストーリーは、問題を目立たせる可能性があるからだ。しかし政策に影響を及ぼすことを望むほとんどのクレイム申し立て者は、政策立案者を行動に向かわせる圧力をかけたままにするため、彼らの問題構築を目立たせ、興味深く、新鮮で魅力的なものにする必要がある。したがって、万が一、政策立案者の注意がその問題に向かい始めたならば、クレイム申し立て者の見解は容易にアクセス可能な状態だということである。

政策提案の流れ

キングダンのいう二本目の流れ、「**政策提案の流れ**」では、新しい法律のための具体的な提案をするなど、より専門的な構築からなる。そのような提案は、新しい政策に向けて広範なイデオロギー的アプローチを描き出すので、かなり一般的なものになるだろう。たとえばある時点において、既存の貧困対策プログラムが誤っており、削減されるべきであると主張する者たちばかりでなく、貧困者を支援するための新プログラムを政府に主張する者もいるだろう。他方で、きわめて精緻で具体的な政策提言もあるかもしれない。提唱者は詳細な実行計画を立てるだけでなく、検討用の法案を書くことさえある。

あらゆる人びとが政策提言を考案すべく働いている。クレイム申し立ての一部として提言に磨きをかける、第4章で議論されたさまざまな専門家、シンクタンク、役人に加えて、議員および彼らにつくスタッフ、さらにロビイストもいる。外部のクレイム申し立て者には、問題認知の流れに活動を集中させる傾向がある一方で、政策提案の流れにスポットライトがあたるのは、内部クレイム申し立て者、すなわち特定の政策ドメインに属する政治組織のメンバーである。クレイムが一般に認知されることを目指して競合するのと同様、政策提言は政策立案者の注目を集めるべく競い合う。ここでも、忍耐力が必要だ。政策提唱者は継続的に下調べをし、常に提案を修正して再パッケージ化し、提案書を公聴会で検討できるようになるまで待たなければならないのである。

政治の流れ

最後に、キングダンがいう「政治の流れ」とは、私たちがそのときの政治状況と考えるものを指している。誰が選挙で選ばれ、その人物はどのようなイデオロギーを持ち、どのような利害を代表するのか。新大統領や新議会は、政府への特定のアプローチを支持するかもしれない（たとえば政府規制に対して比較的賛成か反対かなど）。議会の活動はすべてその構成を反映している。例を挙げるなら、与党が単独で圧倒的な議席数を持っているか。立法府の与党と国家元首の党は同じか。政治家の注目を集めようと競合する他の問題は何か。経済はある程度堅調か。予算制約は厳しいのか。このような要素が、議員の手の空き具合を決める。政治家はまた、世論に追従し、そこで認識した、大衆が支持するものの変化に対応するかもしれない。政治情勢は、どの法案が検討されるのかに影響を与えながら（どの法案が可決されるのか、に影響を与えるのは言うまでもない）、絶えず展開を続けるのである。

政策の窓モデル――三本の流れの合流

キングダンの政策の窓モデル（図7－1）は、これら三本の流れがどのように合流するかを図示しており、人びとがいつでも、さまざまな問題の認識、さまざまな政策の採用、およびいろいろな要素が詰め合わされた政治的機会を積極的に推進していると仮定している。この流れに関わ

図7－1　キングダンの政治の流れモデル

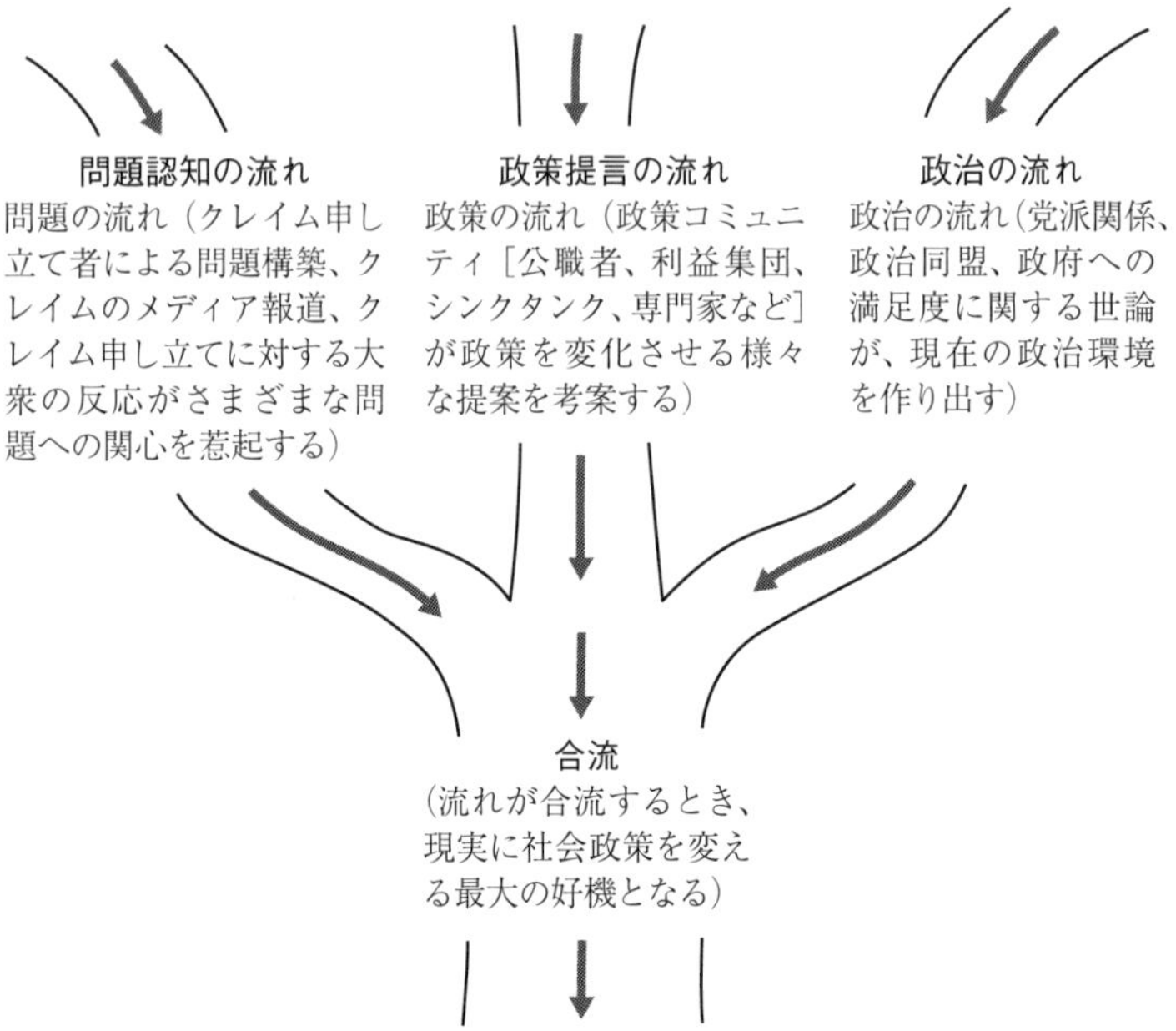
問題認知の流れ
問題の流れ（クレイム申し立て者による問題構築、クレイムのメディア報道、クレイム申し立てに対する大衆の反応がさまざまな問題への関心を惹起する）
政策提言の流れ
政策の流れ（政策コミュニティ［公職者、利益集団、シンクタンク、専門家など］が政策を変化させる様々な提案を考案する）
政治の流れ
政治の流れ（党派関係、政治同盟、政府への満足度に関する世論が、現在の政治環境を作り出す）
合流
（流れが合流するとき、現実に社会政策を変える最大の好機となる）

出典：Kingdon, 1984, pp. 92-94.

るすべての人びとは、政策形成過程において、注目を集め、影響力を持つために競合している。この熾烈な競争のせいで、確実にこれらの努力の大部分は失敗に終わる。というのも議題リストの最上位付近に位置を占めるのは、あまりに難しいことだからである。しかし時に流れが合流し、三本の流れが互いに他の二本の流れを強化し合う。あるトラブル状態の構築がある政策提言を補い、今度はその提言がそのときの政治連携にぴったりと合うのである。このような場合、新しい政策提案が実行される可能性は非常に高くなる。

多様なクレイムの叫びが注目を求めて不協和音を奏でている、政策形成という競争の激しい世界について考えてみると、政策ドメインがなぜこれほど重要なのかよくわかる。政策立案者がすべての論点を熟知し、すべての議題を完全に把握しようと願っても不可能だ。そうではなく専門に特化し、一つか二つ程度のドメインに精通するのである。たとえば立法府は、ある種類の立法案の管理を委任された委員会に委員を割り当てる(しばしばその委員会は、より専門的な小委員会に分かれる)。そしていくつもの委員会が特定の政策ドメインに属するとみなすことができる。委員会は巨大な立法府に比べればはるかに小さく、個々の議員が特定の政策ドメインの問題に精通しやすくなる機会を提供する。政策ドメインは知識のある人びとを結集させる。すなわちロビイスト、関連機関の役人、立法府の成員は、特定の政策ドメインを専門とすることが多く、そのドメインに最も関心を持っている委員会に注目する。このようにドメインの問題について精通することは、影響力につながる。つまり委員会の勧告が、巨大な立法府に影響を与えることもよくあるのである。何といっても彼ら委員が、問題に最も精通している人びとなのだ。

政策を進めるうえで、議員が利用できる戦術にはレパートリーがある。議員はひとたび特定の問題に（他にもありえた膨大な問題のどれよりも）力点を置き、（ずらりと並んだ選択肢の中から）特定の政策提言を支持することを選ぶと、その選んだ政策を推進すべく、公の姿勢を採用できる。彼らは演説し、自分の見解を公表し、テレビ番組に出演するなどして、自らの提案に注目を集めようとする。そうした戦術をとらない議員は、舞台裏で活動する。努力が公的か相対的に私的かを問わず、議員は他の議員とのあいだで同盟を結ぶ必要がある。すなわち議員は問題関心を共有し、主張に同意する他の議員を見つけなければならない。

議員の委員会での役職は、重要な資源である。すなわち議員は、自分が推進している論点に注意を向けさせるために、委員会の地位を利用して公聴会を開催できる。議員は自分の意見を提示するために、公聴会で証言する人を招致できる。注意すべきは、議員が公聴会に招致する人選を操作し、発言者を決定する力があり、それゆえ、ある立場や提案を強調する公聴会を確実に開くことができるということだ。公聴会も、広報が必要な度合に応じて、性質が変わる。メディア報道につなげる能力によって、証人が選ばれることもある。ビジネス界の有名人や、自分が甘受する苦難について詳しく語ることができ、同情を誘える被害者、あるいは不祥事に巻き込まれた人物が主役となる公聴会は、メディア報道の主題になりやすい。よく組織化された（すなわち非常にメディア報道の興味を引き、証人がドラマチックなプレゼンを行う）公聴会は、問題を見える化するのに役立ち、法律成立に必要な推進力をもたらす可能性がある。

場合によってはこの過程が、重要かつ突然の政策変更だと思われる結果、先駆的な法律の可決を導くことがある。しかし、議員の最終投票から時間を巻き戻して、そのような変化にいたる流れを分析してみると、議員の心変わりに先行して、社会的変化、特に問題認識、すなわちクレイム申し立て者やメディア、世間において、トラブル状態を構築する方法の変化が起きていたとわかるかもしれない。勝利を得たパッケージだと証明されたものを誰かが発案するより先に、どこにも進められていないかのように思われていた長い政策提言の過去があったのかもしれない。そして政治情勢も変わり、必要な票が得られるようになることはしばしばある。言い換えれば劇的な新法律は、三つの政策の流れが合流するときにのみ出現する傾向がある。たとえば以前の法律では、思春期の家出は非行であり、少年院に入れるべきだとされていたが、一九七〇年代までに家出は刑事問題ではなくなり、家出した子どもを（留置したり、帰宅させるのではなく）保護し、避難所を探すことを求める新たな政策へと、議会は移行した（Staller, 2006）。

しかし立法改革は突然発生するというより、積み重ねによって起こることのほうが多い。当初の法案は、支持者が実施可能で控えめな妥協策を立てながら、試験的・探索的な計画を作成するものであるかもしれない。この新しい政策が「最初の一歩」になってほしいと思っているのである。ひとたびこの一歩が受け容れられれば、さらなる政策を推し進められるようになる。比較的重要でない当初の法案成立に続き、ほんの数年間で一連の法律が追加されることで、政策転換は拡大し、制度化される可能性がある。たとえばヘイトクライムを扱った最初の連邦法はヘイトクライム統計法（一九九〇年）で、これは報告されたヘイトクライムの記録保管をＦＢＩに要求するだけのものであった（Jenness & Grattet, 2001）。続いて一九九四年のヘイトクライム量刑加重法は、連邦裁判官が何らかのヘイトクライムで有罪判決を受けた者により厳しい判決を下すことを認めていた。その間、大部分の州議会はヘイトクライム法を通過させ、多くの場合、ヘイトクライムの定義を拡大し、ヘイトクライムの罰則を強化する法律を追加した。時間が経つにつれ、ヘイトクライム政策のドメインが拡張したのである。

政策形成が社会問題過程の重要段階であることは明らかだが、社会学者はそれを自明視しすぎている（政治学者は政策形成に最も関心を寄せる社会科学者である性向がある）。この章の残りでは、政策形成過程を分析するための社会学的側面を論じよう。社会組織と政策立案者に対する圧力について見た後、社会的に構築されたものとしての政策と、政策形成のレトリックについて見ていく。

政策立案者に対する圧力

政策立案者が制約を受けながら活動していることは、すでに述べた。多数の人びとが政策立案者に行動せよと主張するが、彼らが自由にできる資源は限られている。したがって、彼らは優先順位を設定し、議題《アジェンダ》を確立する必要がある。しかしこれらの制約の影響は政策立案者のあいだで異なり、解決が求められている課題によっても異なる。

私たちは最も見えやすく、最も争点のある政策問題を第一に考える傾向がある。たとえば妊娠中絶を考えてみよう。この問題は、ほとんどの人が容易に理解できるものだ。そのせいで、どのような政策であるべきかについて種々の人びとが鋭く対立する。このため政策立案者は、全員を満足させることなどとてもできない。そして意見対立は、時に激情的に表現される。中絶政策に関する話題（法的措置、裁判所の判決など）は相当、メディアで報じられるが、中絶に関する政策立案者の行動は広く知れわたることが多く、少なくとも一部の人びとを怒らせることは確実である。

しかし妊娠中絶のような激論を呼ぶ問題は、典型的なわけではない。ほとんどの政策形成は、目にとまりにくい。連邦政府のある機関が、たとえば高速道路で使用されるコンクリートの組成基準を決めていると想定しよう。これは基本的に技術的な問題だ。ほとんどの人は、コンクリートの化学的・物理的な適性について何も知らない。私たちは十中八九、政府が高速道路をできるかぎり安く、最高品質で（すぐに劣化してしまわないように）建設してくれたほうがいいと思っているが、どんな組成のコンクリートが必要なのかなど全くわからず、誰か（おそらくは機関にいる専門家）が問題を処理してくれるだろうと期待している。他方で、（疑いもなく、連邦政府を主要な顧客と見なす）コンクリート製造業者は、コンクリート政策について強い意見を持っていると想像してよいだろう。業者はおそらくコンクリートの消費を促進したいと思っているが、国の政策が自分たちの利益を削ることは望んでいない。おそらくコンクリート業界は、コンクリート政策を決定するさまざまな機関の議員や役人と協力するために、ロビイストを雇うだろう。この種の内部クレイム申し立ては、ほとんど世間の目につかないところで政策形成につながるものである。

これが、政策ドメインが非常に重要な理由である。各ドメインには、ある問題のセットに最も関心がある（そして最も精通している）人びとがいる。私たちは納税者として、政府が最高品質のコンクリートをできるかぎり安い価格で買うかどうかに誰もが関心を持つことに同意するかもしれない。しかしこの政策ドメインに注意を払う時間やエネルギーを持つ納税者はほとんどおらず、この政策形成過程において積極的に役割を果たすことはなおさらない。つまり一部のドメイン内では、政策立案者は注意深く監視されているわけでも、強い競争圧力に晒されているわけでもなく、比較的自由なのである。

政策立案者はこの自由に、さまざまな形で対応する。少なくとも時々は、政策立案者は自らの力を利用するため、かなり活動家的な立場を採用することがある。たとえば議会が一九七三年のリハビリテーション法を可決したとき、この法は「障害者」差別の禁止条項を含んでいた（Scotch, 2001）。これは巨大な法律のなかのほんの小さな規定であり、明らかにリハビリに関する国家資格の計画を定期的に更新するための法案であった。この反差別条項は、議会で法案が審議されているあいだ、ほとんど注目されなかった。

しかし保健教育福祉省の公民権局（ＯＣＲ）の職員は、この新法律の規定の解釈を大きく広げていく上で積極的な役割を果たした。彼らは法律の反差別条項では、縁石やその他の物理的障壁をなくして車椅子でも通れるように変更するなど、これまで自明視されてきた幅広い社会的環境を変更する必要があると主張した。公民権局は新興の障害者権利運動に仲間を見つけ、その幅広い解釈は、公共建造物を改造して障害者がアクセスできるようにするなど、大きな変化をもたらした。新法律の解釈を広げようとした公民権局の決定がなければ、障害者政策はこれほど劇的に、あるいは迅速に変化していなかった可能性が非常に高い。これとは対照的に、政府機関の選択が政策形成の潜在的機会を逸し、現行の政策を単に管理し続ける場合があることも想定可能だろう。

もちろん、これまでずっと何事もなく続いていた、実質的に目に見えないところで行われていた意思決定が、突然白日の下に晒される可能性はいつでもある。野生生物を管理する州立機関による、カワウソ数の調整方法などは、ふつう世間の主要な問題にはならない。しかし釣り好きがカワウソは害獣だから駆除すべきだと主張する一方で、環境保護主義者はカワウソの保護を要求するといった状況下では、議論を呼ぶ話題となる（Goedeke, 2005）。このような場合、通常なら内部者クレイム申し立てによって形成される政策は、内部も外部もあらゆるクレイム申し立て者から真逆の要求を受ける可能性があり、今やその政策形成過程はメディア報道を通じて明らかにされる。

このような相反する要求に対して政策立案者がどのように対応するかも、明確ではない。一見すると、公職者がロビー活動に影響を受けていることは明白と見えるかもしれないが、この点に関する証拠は比較的弱く、おそらくふつう思われているような確信に反して、政策立案者が［むしろ］世論に敏感であることを示唆するかなりの証拠がある。政策形成がそれほど表に現れない場合には、内部者のクレイム申し立てが最も効果的と思われるかもしれない。これは、政策が必ず秘密裏に行われているわけでもなければ、政治過程が腐敗していることを常に意味するわけでもなく、単にメディア報道がスポットライトをあてないところで多くの政策形成が行われているに過ぎない。政策立案者はメディアの注目を集めるにしたがい、おそらく世論により敏感になるだろう（Burstein, 2014）。

一つの問題についての政策形成が、複数のアリーナで行われうることにも注意が必要だ。ある政策ドメインに関連する法律に、議会内の複数の委員会が関与しているかもしれない。提案者は各委員会の前に提案書を提出し、異なる委員会がどのように対応しているかに応じて、一番見通しのあるアリーナに力を注ぐという選択肢がとれる。さらに政策形成のアリーナは、州の水準でも連邦の水準でもよい。政策の唱道者は、両方の水準で新しい政策を迫ることができるのだ。連邦水準での成功は、州水準のキャンペーンに勢いを与えることができる。他方で一～二州でキャンペーンが成功すれば、連邦政府当局に行動の必要性を説得するのに役立つ。同様に、成立した法律に不満を持つ人びとは、特定方向へ政策実施を向かわせる法解釈をさせるべく、当局の職員に圧力をかけることができる。あるいは当局がすぐに対応しない場合、法律の内容またはその施行について、さまざまな裁判所を通じて異議を申し立てることができる。政策形成の「窓」の多くは開いているのだから、徐々に政策を大きく変更させるために、控えめにまず問題に「足」を差し入れる機会はいくつもあるのだ。

私たちは政府職員と政策立案者を同一視しがちだが、政策形成は民間部門でも起こりうることを忘れてはいけない。法人、教会、その他の組織は、トラブル状態についてのクレイムに対して独自の対応を編み出すことができる。相反するクレイムの圧力で板挟みになりうる政府の職員と異なり、民間の政策立案者は組織外の人びとに対して比較的、説明責任を負わない。たとえば財団は、特定の社会政策を奨励するためにお金を寄付することがある（Silver, 2006）。

財団は民間企業として、どのプロジェクトを支援するかについてかなりの自由度を持っている。つまり柔軟性があり、決断力があり、優先順位を比較的迅速に変えることとさえできる。はじめの数十年間は、主要財団はときおり連邦政府と協力していた。財団は実験的な社会的プログラムに資金を供給し、このプログラムが効果的であったという証拠が、類似のモデルに基づいた連邦水準の社会政策を打ち立てるのを正当化するために使われた。これは、州あるいは地方自治体のプログラムの成功例が連邦での立法を促進するために使われるのと同様である（Silver, 2006）。しかし近年、連邦政府は民間の「信仰に基づく」（すなわち教会がスポンサーの）プログラムが、政府機関よりも効率的または効果的に社会サービスを提供できると主張することによって、社会プログラムへの財団の関与を減らそうとする。したがって今日、民間団体の努力は、より大きな公共プログラムにあまり刺激を与えなくなっている。

これまで見てきたように、無数の組織の思惑が、政策形成を方向づけることがある。政策形成の具体例は、ある問題の議論に進んで加わろうとする団体（クレイム申し立て者、議会の委員会、利益団体、公的機関など）の布置による。これらの行為者は、キングダン（Kingdon, 1984＝2017）の政策の流れ、政治の流れの構成要素である。しかし政策形成が、問題の流れ、すなわち社会問題とその政策的解決策がどのように構築されているかにも依存していることを忘れてはいけない。

象徴政治と政策形成のレトリック

政策立案者は自分の行動を説明し、正当化しなければならない。つまり自分の政策が賢明で適切であると、他者を説得しなければならないのである。そのような説得には、必然的にレトリック（新たな政策が最善の行動措置であると他者に説得する努力）が関係してくる。なぜその政策が必要なのか。どのような問題を解決しようとしているのか。特にこの政策が問題を解決するために最も適切な手段といえるのはなぜか。政策形成の公開性の程度に合わせて、政策立案者はそのような問いを予測し、対処する必要がある。この課題では、トラブル状態のある特定の側面を強調し、ある政策がなぜ、どのように問題を解決するのかを説明するという、さらなる再構築が必要となる。

政治学者のデボラ・A・ストーン（Stone, 1989）は、政策形成は**因果のストーリー**構築を伴うと主張している。結局のところ、問題解決にあたり、ある政策的解決策が効果的である可能性が最も高いのは、その問題を引き起こす原因の理解が反映されている場合である。因果のストーリーはトラブル状態を、その原因の性質に応じて、見慣れたカテゴリーに分類する。原因のカテゴリーが異なれば、政策による対処法も異なる。たとえばトラブル状態は、偶発的な原因を有するものと描かれるかもしれない（換言すればトラブル状態を引き起こした事象もその結果も、意図的ではないということである）。簡単に言うと、事故が避けられないなら、それは誰のせいでもないということだ。

因果のストーリーが異なれば、その含意も異なる。他によくある説明として、意図的な行為によって社会的状況が生みだされたのだという描き方がある。たとえば、犯罪についての私たちの考え方には大体、このことが当てはまる。人は、法に従わなければならないとわかっているが、時として故意に法を破ることもあるというものである。第三の因果のストーリーは、不注意を原因として強調する。すなわち意図的にあることを行ったが、その行為が意図しない結果を招くというストーリーである。

問題とされる全く同じ状況の構築が競争的に行われる場合を、三種の因果のストーリーをすべて使いながら考えてみることが可能である。二〇〇五年、ニューオーリンズで堤防を決壊させ、大洪水の被害をもたらしたハリケーン「カトリーナ」を考えてみよう。ハリケーンの影響を事故として構築することは可能である（嵐は単に発生して街に打撃を与えただけだ）。あるいは、不注意が生みだしたものとしても構築できる（強固な堤防は非常に高価になり、また堤防を決壊させるような強い嵐が街を直撃するのは稀であるから、当局は激しい嵐に耐えられる洪水制御システムを用意しなかったのだ）。あるいは意図的なものとしても構築できる。そのようなストーリーは人間の意図（最貧地区が重大なリスクに晒され続けることになる堤防の建設を政治家はいとわなかったのだ）、あるいは神の意志（神はニューオーリンズの罪深い振る舞いを意図的に罰されたのだ）を伴うかもしれない。因果のストーリーが異なれば、政策的含意も異なる。街は再建されるべきか。もしされるべきだとして、再建費は誰が払うべきなのか。その災害で誰か責められるべき人はいるのか。

因果のストーリーの選択は、トラブル状態の影響を受ける人びと——政策の**対象集団**——のキャラクター化にも、非常に異なる方法で作用することに注意しなければならない（Schneider & Ingram, 1993, 2005）。因果のストーリーは、脆弱だが道徳的に価値ある人びと——政策立案者の支援と援助の手を差し伸べるに値する被害者——としてトラブル状態を描き出すこともある。もう一方の極として、ストーリーは対象集団を悪役——トラブル状態を体現しており、その悪行が新政策の施行を通じて制御されるべき個人——として描き出すこともある。異なる因果のストーリーが、同じ対象集団を全く異なる仕方で構築可能なことに注意しよう。だからたとえば、薬物依存者は悪役（故意に法を破る人）としても、犠牲者（薬物に向かうほどの絶望的な人生を送る人）

としても描かれうるのである。

対象集団は相対的に力を持つ（つまり政治的影響力がある）場合もあれば、相対的に力が弱い場合もあり、その地位が政策立案者による構築を制約する。社会保障（つまり最も投票率の高い人口区分の一つである高齢者の利益になる政策）と、福祉制度（投票率が低い貧困者の利益になる政策）についての政治家の語り口の違いを対比してみよう。社会保障を受ける人びとはふつう、彼らの利益が守られると期待してよい権利を有する存在として語られるが、福祉制度となると、その受給者に本当に給付が必要なのか――あるいは受け取るに値するのか――に疑問を呈する政治家もいるのである。

こうした問題構築において、必然的なものなど何もないことを理解することが重要である。問題とされる全く同じ状況が、全く異なる因果のストーリーや、対象集団の全く異なる特徴づけを政策立案者に考案させるかもしれないのだ。あるときは広く受け容れられ、自明視されていた因果のストーリーが支持されなくなり、脇に追いやられ、かつては考えられなかったような対抗する構築が広く受け容れられるかもしれない。

新しい構築が定着すると、社会問題過程に関わるすべての人びとは、新しいストーリーに合うように自分たちの立場を決め直し始めるかもしれない。環境運動が起こる前は、農薬メーカーは、Arsenal（兵器庫）やTorpedo（魚雷）などの厳しい軍国主義的なブランド名で製品を販売していた（Kiel & Nownes, 1994）。ところが一度、政策立案者が農薬の危険性および農薬製造業の厳しい規制の必要を訴えるクレイムに応え始めると、企業は自社製品を「作物保護用化学薬品」であると言い始め、ブランド名もAccord（調和）やGreen Mountainといった、不穏さを感じさせないものが考案された。新しい因果のストーリーが現れると、多くの集団がそれを受け容れることを余儀なくされるのである。

因果のストーリーとそれに関連する政策が、同等に魅力的で、同等に説得力があるわけではない。理想的には、因果のストーリーは容易に理解できる必要がある。つまり良い因果のストーリーは伝えやすく、メディアで放送できるぐらい単純で（第5章で述べたように、比較的簡単な第二次クレイムに変換できるようなストーリーをメディアは好む）、受け手にとっても理解しやすいものであるべきだ。良いストーリーは、簡単でわかりやすい解決策を提示することができる問題で、その解決策が経済的であると約束できる場合に役立つのである。政策立案者は「これで問題は一挙にすべて解決するはずだ」というふうに、効果的でお金がかからないものとして自分の政策を構築したいだろう。もちろんそのような政策クレイムは、受け手に期待を抱かせるものである。

政策立案者はふつう、政策の「**手段としての**」目的を強調する。つまりその政策が、社会におけるあるトラブル状態を正し、改善するにあたって力を発揮することを目指したものだと主張するのだ。もちろん、そのようなクレイムは理にかなっている。政策立案者によるクレイムの内容（因果のストーリーや対象集団の定義など）は、ある特徴を有するものとしてトラブル状態を描き出し、この状況の原因や対象集団のニーズのほか、政策立案者による構築の別の側面を扱うにあたり必要で適切な手段として、政策を提示する。

しかし分析者は、政策が「**象徴的**」目的としての役割を果たすこともあると主張することが多い。つまり政策は価値を体現し、その世界特有の構築を進める役割を果たすのである。たとえば麻薬取締法を考えてみよう。歴史の記録は、違法薬物の流通や使用を禁止する取り組みの宝庫であり、その取り組みのほとんどが失敗に終わっている。古典的な例としては、アメリカ合衆国でアルコールが違法薬物として扱われた禁酒法という実験がある。禁酒法時代、アルコールの不法取引が盛んに行われ、組織犯罪やかなりの贈収賄の新たな機会を生んだ。それから約一二年後、政策立案者は潮流に逆らってアルコールを合法化し、アルコールの販売および消費の条件を制限するさまざまな酒類管理法によって飲酒を規制しようとした。当然、アルコール問題はなくならなかった。アルコール依存症は依然として主要な健康問題であり、飲酒運転で命を落とす人びとは後を絶たない。しかしアルコール合法化に関わる問題のほうが、アルコールを再度禁止の対象にした場合に起きる問題よりも少ないと考える政策立案者がほとんどだ。

違法薬物を禁止する他の法律に関連する問題も、並行して議論できるだろう（MacCoun & Reuter, 2001）。しかし多くの政策立案者は、ドラッグ合法化など考えられないと主張している。合法化は、薬物使用を部分的に承認するものとして解釈されるかもしれない。つまり合法化が「間違ったメッセージを送ってしまう」、すなわち外れた価値観を是認するもののように見えてしまうかもしれないのである。薬物の禁止に献身的に関わり続けることには、特に肯定的な手段としての効果はないかもしれない。というのも専門家は同意しないにせよ、ドラッグ合法化は現在の禁止主義政策以上に悪影響はないと主張することは少なくとも可能である。しかし麻薬取締法は、象徴的目的のためにも重要な役割を果たす。反ドラッグ派は、節度およびその他の道義にかなう社会の責任を主張するのである。

象徴的な物事について考慮することは、政策立案者が選挙で選ばれる公職者である場合に特に重要である。論争を巻き起こす公的問題となる話題（たとえば禁酒法までの数十年間におけるアルコールや、現代的な話題でいえば妊娠中絶、ドラッグ、福祉）は、象徴政治でうまく立ち回れる立場を採用するよう政策立案者に促す。このような政策は正しい価値を求めて立ち上がっているのだと主張し、政策立案者は、（そのような政策は実際的には予期した通りに機能しないことを、過去の実績が示しているときでさえ）少なくとも原理的には、これらの政策は機能するはずだと断言することができる。

象徴政治という概念は、政策形成もまた、政策立案者は正しい理由で正しいことをやっているのだと受け手を説得することを意図したレトリックの一種であることを想起させる。ここで受け手とはメディア、大衆、そして（さらなる政策改善を求めないよう政策立案者が静かにさせたいと思っている）クレイム申し立て者さえも含み込んだ概念である。政策立案者（特に選挙で選ばれる公職者）が政策形成を象徴的な用途で使う方法を見極めるためには、政策形成の劇的な性質に注意を払う必要があるのである。

政策立案者から注目を集めるための競争や、自分たちの活動を世間に賛同してほしいという政策立案者たちの願望は、新しい政策創造をドラマティックにする。したがって政策立案者はしばしばファンファーレで演出するかのように誇示的に新政策を発表する。例を挙げると、新政策は、過去からの劇的な変化を表しているという感覚を与えるべく、特色のある名前がつけられることがある。たとえばアメリカの政治指導者は、社会問題に関する「宣戦布告」を好む。重々しく公表された戦争として、これまで貧困、がん、ドラッグ、そして最近ではもちろんテロリズムがあった（J. Best, 1999）。戦争のレトリックが伝えるのは、社会問題を根絶するための広範で献身的な活動の感覚である。ある政策を「戦争」と呼ぶことは、道具的ではなく、象徴的な目的を果たす。

この種の戦争レトリックに伴う問題は、それが非常に高い期待を生むことである。アメリカ人は戦争を、全勝で終わることが前提の、比較的短期間の戦いだと考える傾向がある（たとえば第二次世界大戦における米国の関与は四年未満であり、枢軸国はすべて降伏した）。私たちアメリカ人の歴史は、三十年戦争や百年戦争ではなく、一連の短い、概して成功に終わった戦争によって特徴付けられている。実際、迅速に解決されることがないように思われる軍事的紛争は、すぐに不評になる。

もちろん社会問題というものは、打ち負かして公的な降伏に追いやることのできる、明らかに特定可能な敵ではない。ある一つのがんの形態というものはなく、何十とあるものなのである。

がんの治療には、実際には多種多様な治療が必要である。同様に、人びとが貧困に陥る理由はさまざまであり、すべての原因に対処するのに適切な唯一の政策などありはしない。貧困を解消するには、長期間にわたって多くのさまざまな原因に取り組む必要がある。社会問題の解決とはふつう時間がかかるもので、少しずつ進むことが多いのである。

政策は徐々に成功しながら進んでいくものなので、時間の経過とともに社会の表情を変えていくことはできるが、その貢献はほとんど気づかれないかもしれない。小児ワクチン接種プログラム、厳格な消防法、あるいは義務教育要件など、私たちが自明視しているすべての政策の影響を考えてみればわかるだろう。そういう政策は年々劇的な変化をもたらすものではないが、何十年にもわたって重大な変革を生み出すことができる。時をさかのぼれば、意外な事実がわかるかもしれない。一九〇〇年には麻疹《はしか》は、一〇ある主要な胎児疾患のうちの一つだったが（U.S. Census Bureau, 1975: 58）、今日ではもちろん事実上撲滅されている。今では小児ワクチンで簡単に対処できるこの病気が、かつては人命に対する重大な脅威であったとわかるのは衝撃的なことだ。この政策の成功は、全く自明視されている。

このように水面下で効果を発揮した政策と、多くの新政策を予告する喧騒に満ちた発表とを比較してみよう。特定の社会問題と闘う新たな戦争が発表されると、人びとの期待を高め、これにより将来について語る評論家のために機会を創出する。四、五年後（アメリカ人は、戦争の長さがだいたいこのぐらいだと思っていることを思い出してほしい）、貧困でも薬物使用でも何でも、現在

図7－2　社会問題過程における政策形成

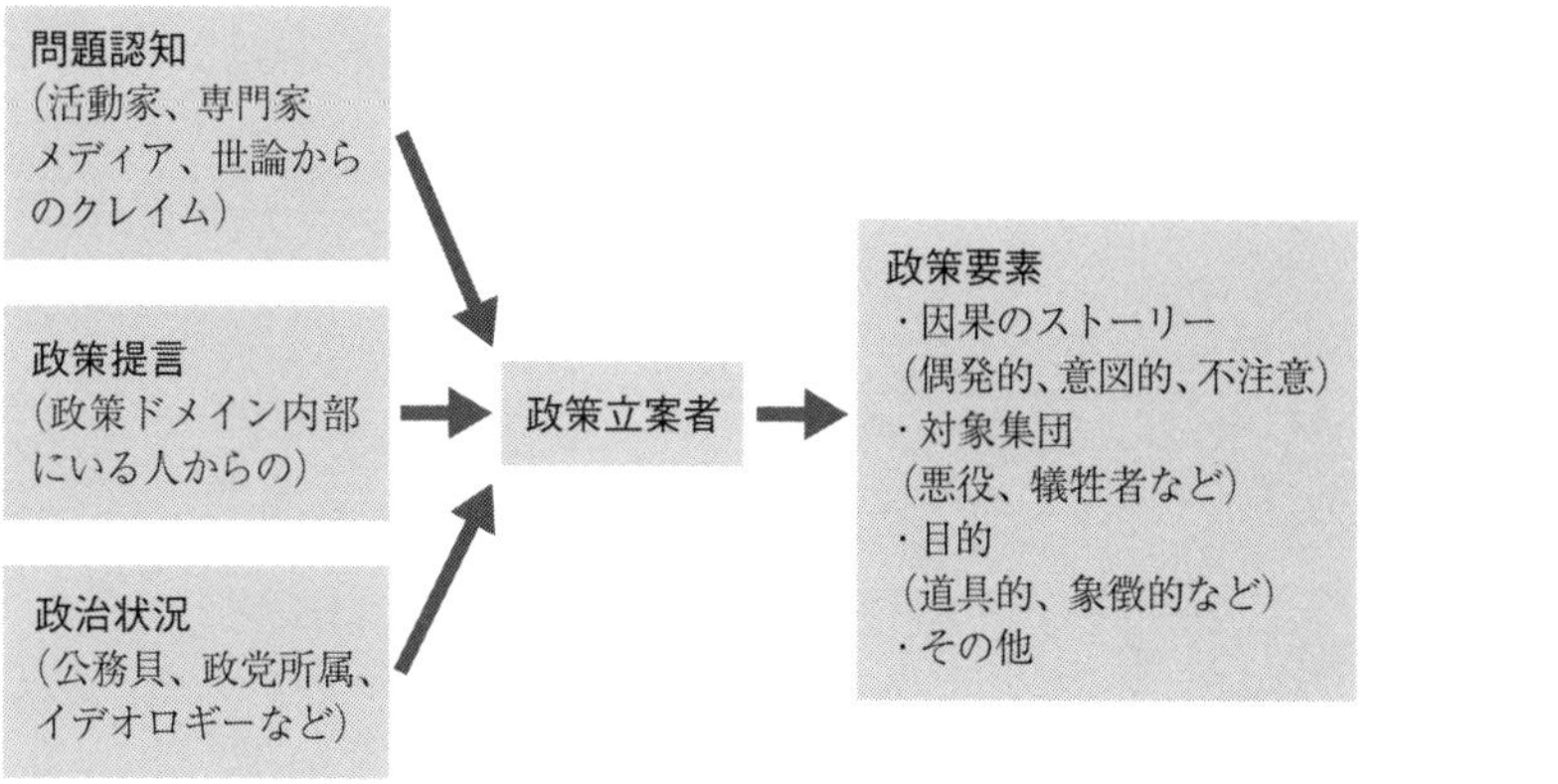

の緊急課題が引き続き存在するという証拠を指摘したり、新しい政策が失敗してしまったと主張することは可能になるだろう。言い換えれば、象徴政治へと向かう目的で制定された政策は、象徴的議論に根ざした批判に脆弱であることが多いのである。

要約すると、政策形成は重要な社会学的側面を有する（図7－2）。政策にとって好都合な社会状況のもとでのみ政策は現れ、トラブル状態に対する別の再構築を伴う。妥当な因果のストーリーを考案しなければならない政策立案者が、対象集団などを描き出すのはこのときである。ここでもまだ問題は終わらない。すでに指摘したように、新政策はトラブル状態を克服、排除する手段として劇的に告知される傾向があり、これが将来、評論家のための舞台を用意する。社会政策を評価するこの過程については、第9章でさらに述べよう。しかし、こうした批評の構築について検討する前に、社会問題ワークを通じて政策がどのように実施されているかを探る必要がある。次章ではこれをテーマとする。

第8章 社会問題ワーク

これまでの章では、クレイム申し立て、メディア報道、大衆の反応、政策形成という社会問題過程の初期段階を説明してきた。どの段階においても、人びとは社会問題を構築し、再構築する。まずクレイム申し立て者が、トラブル状態に注意を引きつける。そしてメディアが、クレイム申し立て者の一次クレイムを二次クレイムへと変形させる。次に大衆が、独自の解釈を加える。最後に政策立案者が、新しい社会政策を用いて対処できるよう問題を組み立て直す。

本章は社会問題ワーク、すなわち——社会問題過程の次の段階を扱う。この段階でも人びとはトラブル状態の意味を再構築するが、ある相違点がある。これ以前の、すなわちクレイム申し立てから政策形成にいたる段階での構築は、広範に及ぶ、ときには社会全体の問題として、一般的な言葉で抽象化して社会問題を特徴づける傾向があった。たとえば医療保険に加入していない貧困者の問題についてのクレイム申し立ては、増加しているか否かにかかわらず保険未加入の貧困者数について、あるいは未加入者の医療費がどれほどかかるかについて議論するだろう。これらのクレイムは一、二の典型例を取り上げるが、その焦点は広く、より大きな社会のトラブル状態を含意する傾向がある。つまりクレイム申し立て、メディア報道、政策形成は、社会学者が言うところの**マクロ社会学的**アプローチを取る傾向があるのだ。

社会問題ワークではその焦点は狭くなる。**社会問題ワーク**は社会問題や社会政策の構築を目下の実践的な状況に適用することで成立する（Holstein & Miller, 2003; Miller & Holstein, 1997）。たとえば犯罪を例にとると、社会問題ワークを行う人びとは犯罪について抽象的に議論するのではなく、他の出来事は犯罪のように扱われるべきではないと結論しつつ、犯罪に関する特定の出来事を構築する。社会問題ワークとは、人びとが日常生活に社会問題の構築を適用するその仕方である。

いうまでもなく、人びとは自分の職業のために社会政策を実行しなければならないとき、社会問題ワークに参加する。例を挙げるなら、医者や看護師のような医療専門家が医療保険に加入していない病気の人びとと出会うと、彼らは治療を施すか病人を見捨てるか決めなければならない。そのような社会問題ワークは「肝心なところ」で起きる、つまり社会問題や社会政策の一般的・理論的な構築が現実世界に適用される状況においてである。社会問題ワークをより広義に、人びとが社会問題の構築を適用する（日常会話のような）あらゆる場合を含むものとして定義する社会学者もいるが、本章では「ストリートレベルの官僚」、すなわち警察官、教師、ソーシャルワーカー、医者や看護師、カウンセラーといった人びとが行う社会問題ワークを強調したい（Lipsky, 1980）。彼らは問題状況に対処するために考案されている政策ならば、どんなものであれ実施しなければならないのである。

社会問題ワークは、しばしば対面的な相互行為場面において生じる。たとえば医者が患者を診察し、教師が生徒に教え、警察官が被疑者を尋問するような場面である。こうした相互行為の一対となる参与者を記述するために、**社会問題ワーカー**（医者や教師など、その仕事に社会政策の遂行が不可欠である者）とその**対象者**（依存症患者、依頼人、被告人、犯罪者、病人、被疑者、被害者などさまざまな呼び方があるが、社会的に構築された社会問題を何らかの方法で体現する人びと）という概念を用いよう。したがって本章の一部ではより**ミクロ社会学的**な視点を取り、個々の社会問題ワーカーとその対象者とのあいだの相互行為のダイナミクスに焦点をあてる。しかしこれらの対面的出会いを理解するためには、相互行為が展開される社会的文脈も考慮しなければならない。本章は、この文脈と、とりわけ社会問題ワーカーがなす仕事の性質とを考察することから始める。そして社会問題ワーカーとその対象者との相互行為の性質を明らかにしたあと、日常生活で生じる社会問題ワークの種類へと焦点を拡大しよう。

仕事について

社会問題ワーカーは、多大な期待と日常の現実との板挟みにあっている。期待は天下り式に降ってくる。つまり、期待はより大きな社会、政策立案者、直属の上司から、社会問題ワーカーに押しつけられるのである。最も広範な水準では、こうした期待は社会問題ワークに対するより広い文化的理解から生じる。一般に私たちは、医者が病人を治療し、教師が生徒の学習を補助し、警察が法を遵守させることで犯罪と闘うものだと期待している。このような期待は大衆文化によって再強化される。献身的な医者と看護師、警官と検事、教師を題材としたテレビ番組のシリーズを考えてみてほしい。一般に、英雄的に描かれたこれらの人びとは毎回、社会問題の事例に直面し、それを解決する。患者は傷を癒し、犯人は報いを受ける。私たちの多くは、現実世界では社会問題ワーカーとかなり限定的な接点しか持たないために、これらの理想化されたイメージは、私たちの社会問題ワークに対する考え方を方向づける。私たちは社会問題ワークを、メロドラマが示すようにわかりやすく効果的なものであると想像するだろう。

さらに社会問題ワーカーは、彼（女）らの行為を統治する一般原則と特殊ルールの双方を定める広範な制度——医学や法体系——の内部で働いている。警察官を例にとると、彼（女）は多様な犯罪の性質だけでなく司法警察の職務の限界をも定める刑法を遵守している。種々の社会問題ワーカーの活動は、制度化された規則の多様な組み合わせ——職務上の行動規範や適切な振る舞いの基準など――に規定されている。これらのルールは、社会問題ワーカーの行為のあり方を拘束する、別種の予期を提供する。

最後に、多くの社会問題ワーカーは、警察、病院、福祉機関など特定の組織に属しており、それが持つ官僚的な階層制度には、自分の部下に対する予期を有している監督者も含まれる。どの政策実行を重視するかは、組織により異なる。たとえばヘイトクライム法の遵守を他の市警より重視する市警もある（Jenness & Grattet, 2005）。警察長官は、交通違反がその地域にとって問題となっているがゆえに、市警職員に交通違反の切符を切ることに特に尽力するよう命じるかもしれないし、病院の経営者は医局員が高額医療を実施するのを妨害するかもしれない。これらの例では、違反切符を発行し損ねた警察官や、多数の診察を指示し続ける医者に対して、上司のおぼえはよくないかもしれない。このような組織的な予期は、社会問題ワーカーに対するさらなる制約として明白に作用している。

文化的・制度的・組織的な予期の組み合わせは、社会問題ワーカーを上から圧迫するものと考えられる。これらの方法を用いて、より大きな社会は社会問題ワークのあり方を規定しようと試みる。（図8－1）。同時に社会問題ワーカーは、彼らが出会う特定の人びとや現実の状況に直面する。警察官は些細な交通違反を発見したり、街角にたむろする若者集団や歩道に倒れこむ千鳥足の酔っ払いを見たり、夫婦喧嘩の通報に対応したりする。こうした場合、警察官はいつも選択を迫られる。見ないふりをすべきだろうか？　関係者に聞き取りをして調査すべきか？　それと

図8－1　中間にある社会問題ワーカー

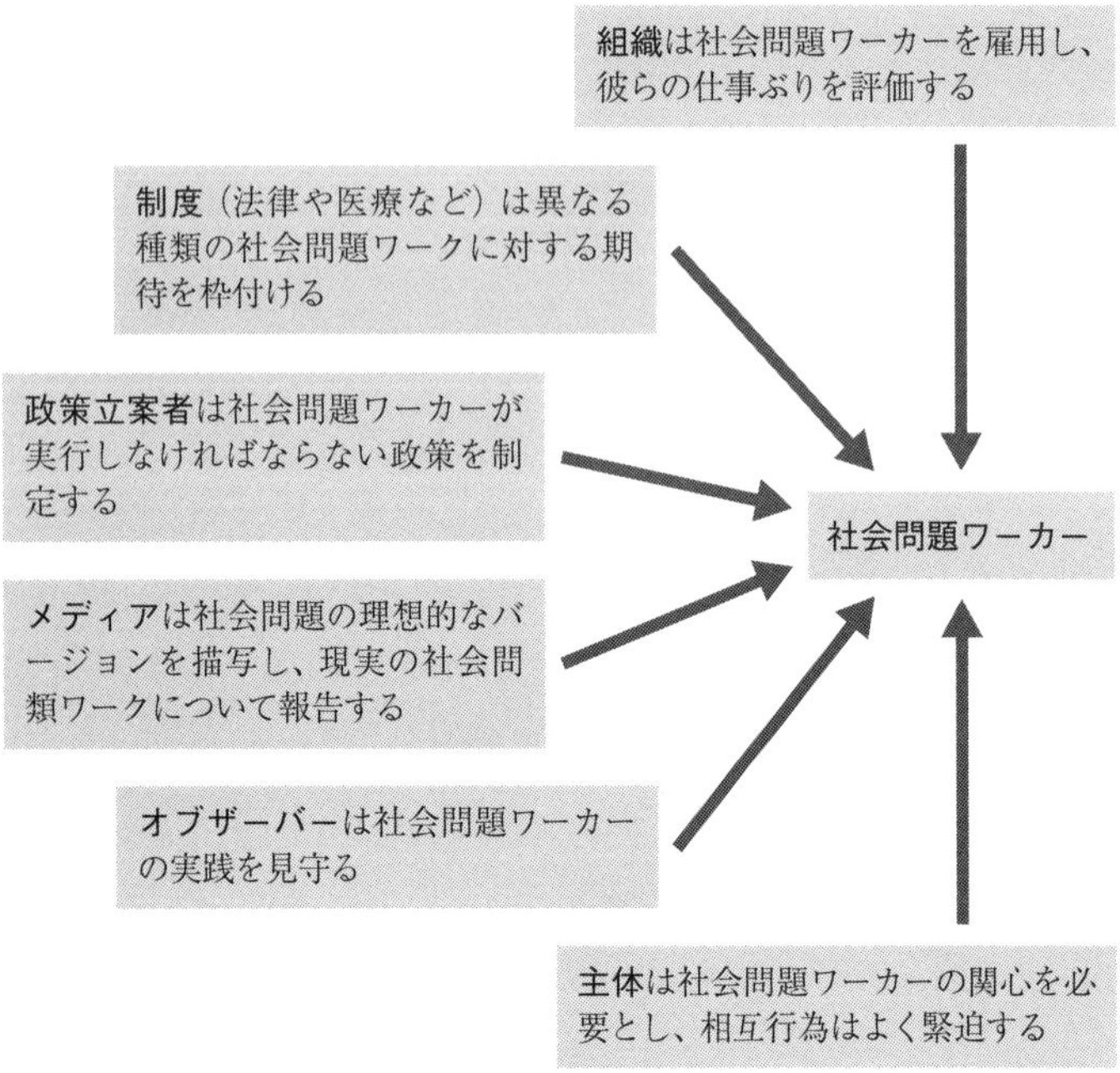
組織は社会問題ワーカーを雇用し、彼らの仕事ぶりを評価する
制度（法律や医療など）は異なる種類の社会問題ワークに対する期待を枠付ける
政策立案者は社会問題ワーカーが実行しなければならない政策を制定する
社会問題ワーカー
メディアは社会問題の理想的なバージョンを描写し、現実の社会問類ワークについて報告する
オブザーバーは社会問題ワーカーの実践を見守る
主体は社会問題ワーカーの関心を必要とし、相互行為はよく緊迫する

も違反切符の発行や逮捕などを公式に行うべきだろうか？社会問題ワークを遂行するときはつねに、この種の多くの決定が必要になる。

以上の点から、多くの社会問題ワーカーにかなりの裁量の余地があることがわかる。社会問題ワーカーの上司は、彼（女）らの行為のすべてを監視することはできず、社会問題ワーカーは多くの場合、「マニュアル通りにやること」――制度的・組織的ルールに従うこと――は最も賢明でも最良でもない策であると結論を下すだろう。社会は社会問題ワーカーを理想化する傾向があるが、彼（女）ら自身は自分のやることが現実的でなければならないと知っている。彼（女）らは、自分たちが遂行すると予期されている政策の賢明さに留保があるかもしれない――その政策は理想化されすぎて、社会問題ワーカーが直面する、あるがままの現実世界には合わないように見えるかもしれない――、彼（女）らは特定の政策をいつ実施し、いつ無視するのかを選択する（Åkerström, 2006）。つまり社会問題ワーカーは、与えられた状況下でなすべきことを決定するためにに、他の社会問題ワーカーと最高の仕事の仕方について交わした会話と同じくらい、自分自身の経験を参考にしなければならない。

社会問題ワーカーは、裁量により決定を下せる度合いが異なる。上司の机がすぐそばにある社会福祉のケースワーカーよりも、単独でパトロールに出る警察官のほうが管理するのは難しい。制度や組織には、業務水準を向上させるという名目で個々の社会問題ワーカーを独立させないように試みる一般的な歴史的傾向がある。たとえばかつて新米警官は、仕事のコツを示してくれるベテラン警官と一定期間組んで仕事を学ぶことが一般的だった。この種のインフォーマルな見習い期間は、訓練中の警官が刑法や刑事手続きについて数週間受講する教育課程に取って代わられている。

同様の変化は二〇世紀初期の医療にも見られる。医学部が認可され、各州が医師免許取得の手続きを定めたほか、すべての医者が最低限の一連の資格を持ち、最低限の治療水準を提供するのを保証するための公的制度が整えられた（Starr, 1982）。同様に、連邦政府が近年、規格化した試験によって国立学校に属する学生の成績を測定することにしたのは、各教育課程での能力を向上させるためである。

換言すれば、社会問題ワーカーの裁量もまた、社会問題として構築される。なぜなら裁量は堕落しているか、あるいは無能な、一貫しないワークにつながるかもしれないからである。それゆえ改革者は、社会問題ワーカーに、より一貫性を持った高い業務水準を達成するよう圧力をかける政策を策定する。その種の改革は専門性を強調する。改革者は、社会問題ワーカーが自らを特別な訓練と資格を有する存在と考え、高水準の専門性を発揮しようと望むように促す（Freidson, 1986）。こうした改革はしばしば事務作業を必要とする。社会問題ワーカーは自身の活動記録を提出し、さらに活動継続の承認申請——自分の業務について上司に統制力を与えることを意図した手段まで要請される。さらに固有の問題が存在する。大原則は、法律であれ専門的な基準であれ、実際の行為へと翻訳されなければならない。社会問題ワーカーは最前線にいる人物であり、特定の対象者を含めた特定の状況を評価し、何をすべきか決定する裁量を有している。

社会問題ワークの専門職化の傾向は別の帰結ももたらす。クレイム申し立て者に関する（特に第3章における）議論では、クレイム申し立て運動が、特定のトラブル状態について何らかの経験を有している活動家や、現存する社会環境を批判する枠組みを提供するイデオロギーを有する活動家によって開始されることがままあると指摘した。そのような活動家は、その問題が重要であり対処しなければならないと強く感じるので、クレイム申し立て活動に時間とエネルギーを注ぎこむ。活動家がトラブル状態に対処するため、独自の草の根プログラムを作って私的な政策立案に加わる場合もある。たとえば一部のヒッピー・コミュニティーのメンバーは、家出少年の脆弱さに関心を持ち、彼らに食事と住まいと生活必需品を提供するシェルターを設けた（Staller, 2006）。同様に初期のフェミニストは、レイプ被害者向けのカウンセリングセンターと、暴力を受けた女性のためのシェルターを創設した。

そのような草の根活動の運営は、ボランティアと寄付によって支えられる傾向があるが、それだけで運営を維持するのは困難である。給料と経費をまかなうための安定した資金提供が必要になれば、いずれ政府の援助を要求せざるをえなくなる。しかし政府の援助にはコストがつきものである。その機関は自分たちが専門機関であり、（草の根活動の創始者とイデオロギー的立場を共有していることよりも）適切な資格を有し、政府資金を受けとることから生じるあらゆる法的制約の遵守を求められる社会問題ワーカーがスタッフにいると主張することを想定されるのである。

この種の専門職化には例外もある。わかりやすい例として、「回復途上」の人が集まるアルコホリック・アノニマス（AA）と、それをモデルにした一二段階のプログラムがある。AAは完全なボランティア組織であり、専門資格との関連を認めていない。AAには、アルコール依存症になり、回復した経験を持つ者だけが禁酒をめざす人の助けとなるべきだという理念があるので、メンバーは、自分が回復すると他のメンバーのサポート役にまわる（Rudy, 1986）。しかしここでも、アルコールと薬物からの回復のためのリハビリ治療に健康保険が適用されるようになったので、アルコールとドラッグのカウンセリング職が創設された。そこでは、回復過程を経験した人物が「経験者・専門家（professional ex-s）」として、AAに似たグループを主導するリハビリ施設で雇用されている（J. D. Brown, 1991）。このように社会問題ワークのプログラムを安定化させるために必要となる資金の確保という現実的な問題は、社会問題ワーカーの中に、少なくともある種の専門主義を促進する傾向がある。

してみると、初期段階のクレイム申し立て者を動機づけていたイデオロギー的・感情的情熱を、社会問題ワーカーが維持することは困難となる。社会問題過程の初期段階でトラブル状態は、多くはメロドラマのような言葉を用いて、クレイムをできるだけ説得力のあるものにするために構築／再構築される。新しい犯罪問題が構築されるとき、その犯罪はきわめて有害なものとして描かれ、犯人は冷酷で無慈悲で凶悪な人物という性格が与えられる。貧困など他のトラブル状態についても、無辜《むこ》の善良な被害者に危害を加えるゆゆしき脅威として特徴づけられる。多くのクレイム申し立てでは、メロドラマ的な世界に邪悪な悪役と無辜な被害者が暮らしているとされる。

対照的に、社会問題ワーカーが仕事の過程で実際に出会う人びとは、たいていの社会問題構築が想定している以上に、多様で複雑で両義的な姿を見せる。警察官が現場で遭遇する法律違反者は、傷つき、挫折し、怒り、病を抱え、酒におぼれ、絶望した人かもしれない――つまり、テレビに出てくるヒーロー警官によって裁かれるべき悪人でも、その警官によって保護される同情すべき被害者でもない。他の社会問題ワーカーが出会う人びとも、多くのクレイムの中で描かれる被害者ほどに賞賛に値するような人物でもなければ、立派でも無垢なわけでもない。社会問題ワークは、クレイム申し立て者や政策立案者が主張するほど明確に割り切れるものではない。

事例の構築

社会問題ワークは典型的には一連の個人、すなわち関心を向けるべき対象者への対応を伴う。与えられたシフトの中で、警察官は多くの人びとと出会う。警察官はその中の一部の人を立ち止まらせるし、他の者は警察官に声をかけるし、必要とする人のところへ警察官を手配する人もいる。また医者は病気の患者を診断し、ソーシャルワーカーは援助を求めて相談に来るさまざまな人びとと出会う。

社会問題ワーカーは、対象者との接触場面ではつねにその出会いの性質を評価しなければならない。警察権は違法行為があったのか、であれば何の違反に当たるかを判断する必要がある（これは強盗で、あれは交通違反だというように）。医者はその患者が本当に病気か、何の病気か、最適な治療は何かを判断する。社会問題ワーカーは、何も悪いところはない、少なくともきちんとした対応が必要なほど悪い状態ではないと判断することもあることに留意したい。警察官がトラブルと関わりを持たないよう警告するにとどめたり、医者がそれ以上の治療は必要ないと診断することもある。

社会問題ワークの中心的なテーマは**事例**の構築である。つまり社会問題ワーカーは、特定の対象者がすでに構築済みの、関心を持つべきトラブル状態の**実例**であるか否か、また適切な対応を要するかどうかを判断しなければならない。制度的かつ組織的な期待のもとで社会問題ワーカーは、その事例を扱う手続き以外にも、事例となる対象者が適用されるべき一連のカテゴリーとレッテルを知っている（Chambliss, 1996）。しかしまずは、対象者は事例として分類されなければならない。それぞれの人が直面している実際の問題は、社会問題ワーカーが用いるカテゴリー（犯罪、病気など）に変換される必要がある。社会問題ワーカーについての研究は、彼（女）らがこれらを評価するにあたって幅広い要因を考慮していることを明らかにする。以下のような問いがある。

・何が問題と見なされるか？　言うまでもなく、社会問題ワーカーは対象者が抱えるトラブルをカテゴリー化して、対象者にレッテルを貼る必要がある。しかしその評価には、社会問題の構築における他の過程が含まれている。医者の場合を考えてみよう。医者は病気を見分けるための教育を受けている。新しい患者に出会うと、医者は既知の症状のパタンを特定するために設計された質問をする、その質問によって医者は、患者が特定の病気にかかっていると確信を持って告げることができる。患者の病気に病名のラベルが与えられることで、医者は適切な治療を施せるようになる。医者が個々の患者を特定の病気にかかっている者として構築するように、他の社会問題ワーカーも対象者を既知のカテゴリへと分類する。警察官は罪が犯されたか否か（そうであればどの罪か）、逮捕可能な証拠があるか否かを判断しなければならない。教育者はどの生徒が学習上の問題を抱えているかを発見し、その困難の原因は何かを（ときには学習障害という診断をして）明らかにしようとする。

社会問題ワーカーは、対象者が事例となるための基準を満たしていない、あるいはその対象者が示している事例は他業種の社会問題ワーカーが扱うべきものだと結論することも多い。そのような拒否ないし否定は、対象者にとっても社会問題ワーカーにとっても不満の種であり得る。仮に医者が患者の症状を分類できないと判定すれば、患者は医者に不満を抱くだろう（ただし医者は、患者が心気症にすぎず、妥当な医療的根拠なく症状を訴えていると結論するかもしれない）。

・事例と関連するのはどの側面か？　事例を既知のカテゴリーへ分類する必要があるので、社会問題ワーカーは分類や治療という目的に関連のある事例の特徴を注視する。たとえば病名診断を行う医者は、他のありうる診断と区別するのに役立つ特定の症状に興味を持つだろう。しかし診断の手がかりにならない他の症状にまで耳を貸すことには興味を持たない。このように狭く焦点化された関心は、社会問題ワーカーと対象者とのあいだに緊張関係を生み出す。社会問題ワーカーは対象者の関心を見当違いとして退けることもあるし（これは対象者にとっては不満の種となりうる）、逆に社会問題ワーカーの側が、対象者がどんな情報を伝える必要があるかを理解していないことに不満を覚えることもある。

・**深刻な問題に見えるか？**（たとえば、誰かがひどい傷を負ったか？）言うまでもなく、問題が深刻であるほど、社会問題ワーカーは高い優先度をもって事にあたるようになる。対象者と社会問題ワーカーのあいだに深刻さの判断が異なると、両者に緊張が生じる。たとえば喧嘩があったというのはささいな誤解で、誰もが落ち着いていたし、逮捕する必要はないと警察官を説得する人もいるだろう。他方、患者は自身の症状がどれほど深刻かを主張して、医者の治療を求める場合もあるだろう。

・**対象者の性質は？** 社会問題ワーカーは、人種、ジェンダー、社会階層、年齢、学歴、その他の社会的文脈に個人を位置づけるために、一般的に使われる地位カテゴリーによって対象者を分類する。異なる性質の人びとは異なる扱い方をされるべきであるという文化的期待がある。警察官ならば六歳の子どもと一六歳の人とでは異なる扱い方をすべきで、六〇歳であればなおさらであると、ほとんどの人が疑いもなく同意するだろう。他の事例では、対象者は、社会問題ワーカーが不当なかたちで人種や階層に注目していると疑念を持つことがある。運転停止を求められたアフリカ系アメリカ人の運転手は、警察官が人種差別にもとづいた犯人像を想定していると疑うかもしれない。対象者と社会問題ワーカーとでは、対象者の特徴と社会問題ワークを行うことの関連について意見が一致しないことがある。例を挙げると、ある対象者は、自分たちと同じ地位にある人に対して社会問題ワーカーが、その事例における状況以上、あるいはそれ以下の関心を向けていると不満を言うこともある。

社会問題ワーカーは、対象者の人口統計学的ではない側面により多くの関心を向けることがある。たとえば個人の振る舞いが社会問題ワーカーの活動に影響を与えることがある。その人は落ち着いているか、それともうろたえているか。社会問題ワーカーから丁重に扱われているか。警察の権威に楯突く者は、落ち着いて礼儀正しくしていた者よりも逮捕されるはめになりやすい。他には、対象者としての個人的経歴が考えられる。繰り返し社会問題ワーカーから関心を持たれる対象者もいる。彼らは副校長室に何度も行かされる生徒と同じようなものだ。社会問題ワーカーはそのようなリピーターに失望することも多い。特に彼らが、以前自分が与えた助言や忠告を無視したように思われるときには。

・**他の人はみているか？**　社会問題ワーカーと対象者とのやりとりを観察している人がいるとわかると、両者にとって事態はより複雑化する。警察官と若者とが会話するとき、他の青年がその場にいると、両者ともに引き下がれなくなる。特に社会問題ワーカーは見物人の存在によって、非難を避けるべくより慎重に行動するようになる。こうして、ある意味では見物客に対して演技をすることになるため、社会問題ワーカーも対象者も不満が高まる。

・ワークが配慮すべきことはあるか？ 社会問題ワーカーの勤務時間は終わっているだろうか？ 誰だって残業して事務書類を作成したくはない。社会問題ワーカーの上司は特定の業務を促進したか、あるいは妨げたか？ 組織的および個人的な配慮もまた社会問題ワークを形成する。

特に社会問題ワーカーの仕事は、処理件数が膨大であるため複雑であることが多い。ソーシャルワーカーや公選弁護人に多くの担当者が割り振られるように、医者は多くの異なる患者を診察するよう期待される。新たな患者、新たな逮捕者——新たな事例が社会問題ワーカーの対処を必要として絶えまなく押し寄せる。対処を求めて待つ多くの人がおり、新たな事例が舞いこんで対応しきれなくならないように、社会問題ワーカーは一つの事例にあまり多くの時間を割くわけにはいかない。事例を効率的かつ迅速な方法でさばかなければならないというプレッシャーがあるために、社会問題ワーカーはどの事例についても、自分の専門に関連することのみに焦点を絞る。しかしもちろん、焦点を絞ることとは別の緊張を生む原因ともなる。対象者は自分が機械的に扱われており、然《しか》るべき丁寧な配慮を受けていないと感じるかもしれない。

つまり、社会問題ワークは複雑なのだ。多くの要因が、社会問題ワーカーがある特定の事例にどう対処するかの決定に影響を与えている。同時に未処理の案件を出さないよう、できるかぎり迅速かつ効率的に事例に対処する圧力をいつも感じている。社会問題ワーカーは一般的には**ルーティン**、つまり事例を選り分け、分類し、ニーズが求めることをし、次の事例に移るという標準的な業務習慣を作り出すことで、このジレンマを解決している。たとえば検察官も被告側弁護人も、被告人に有罪答弁をさせることで、膨大な件数の刑事事件を処理できることを学ぶ（それによって比較的短時間で多くの事例処理が可能になる）。弁護士はどのような立場であっても、各事件のカギとなる特徴を見極めるために裁判資料を検討しなければならない。資料を評価することで、どの法に違反したかという観点だけでなく、被告人の犯罪の深刻さという観点から事例を分類できる。それにより、適切な有罪答弁を交渉するための合理的期間を定めることも可能になる。

社会問題ワーカーは多くの事例に対応していくうちに、彼らが執行を義務付けられている政策が不完全であることに気づくことがある。政策の文言が曖昧かもしれないし、ある種の事例には対応できない政策かもしれないし、政策が望ましい結果をもたらさないかもしれない――無限に問題はありうる。これらの問題を現場で経験するほとんどの人がそうであるように、社会問題ワーカーも、業務の効率化をめざして政策を修正する方法を考えるようになる。こうして政策立案と政策実施の境界が曖昧になる。

■対象者の視点

これまでの議論で明らかにしたように、社会問題ワーカーは、扱う人びとを唯一無二の個人としてでなく、事例として、つまり特定の病気や犯罪など何らかのトラブル状況の事例とみなすよう促されている。しかし、これらの事例を構成している人はもちろん、患者、原告、被告人、生徒、依頼人などさまざまに名付けられており、社会問題ワークを頼りにしているが、こうした人びとは社会問題ワーカーと同じ見方を有してはいない。対象者は自分の経験を特別で独自のものとみなす傾向がある。そして自分の症状や、ある選択や行為の理由、社会問題ワーカーを頼るに至った特定の一連の出来事などを話したいと考えている。

体調を崩して医者にかかる人は、個人的な独自の出来事として病気を経験し、自分の身体を健康な状態に戻すことを医者に望む。医療システム——あるいは他の何らかの社会問題ワークに関わる対象としての人びとは、独自の個人的な視点を持っている。私たちは「ただの一事例」——として扱われることを好まないだろう。そのため対象者は、社会問題ワーカーが彼（女）らを個人ではなく、事例の一類型としてしか見ていないことに気づくと衝撃を受ける。たとえば病院の職員が「胃潰瘍の患者は313号室です」と言うことがあるが、このような無個性化は、個人として社会問題ワークの対象者となりたいという期待を裏切ることになる（Chambliss, 1996）。

社会問題ワーカーと対象者は、お互いの相互行為をそれぞれ異なる方法で捉える。そのために、すでに指摘したように、両者のあいだには緊張が生じることがある。対象者を既知のカテゴリの事例へと分類する必要のある社会問題ワーカーと、独自の問題を持つ個人として社会問題ワーカーに認められたい対象者という、両者の観点の相違は、別のありふれた緊張を生み出す。対象者は、社会問題ワーカーが——彼らの視点によれば——思いやりに欠けるとか鈍感だと非難することがよくある。社会問題ワーカーのほうは、対象者が一般的でありふれた問題に対して個人的な処遇を期待していると不満を募らせる。

そして、対象者が自己と自分の問題を再定義するよう、社会問題ワーカーが指導することもよくある。飲酒により仕事や家庭生活に支障を来している人は、個性あふれる言葉で、自分がどんな困難を抱えているかを説明する。もし上司が理不尽でなかったら、配偶者にもっと理解があったら、酒を飲みたいときもあると周りがわかってくれたらよかったのに。そしてたまに飲みすぎることもあるが誰にも迷惑をかけていないじゃないか、と。個人としての対象者は独自の、自伝を語るような仕方で、社会問題ワーカーに対応を求めることになった状況を説明する。もし周囲の人が自分の考えを理解しようとしてくれたら、自分の行いが理にかなったものであるとわかったはずなのに、と。

社会問題ワーカーの仕事は、対象者が行う個性的な説明を、もっと一般的な構築へと変える手助けをすることである。対象者には、自分が社会問題ワーカーのお世話になる原因となった個性的な出来事の組み合せを再解釈して、それらの出来事を過度の飲酒、家庭内暴力、犯罪行為など、より大きなトラブル状態の事例として構築できる必要がある。理念型でいえば対象者は、社会問題ワーカーが提示した「私はアルコール依存症だ」「私は暴力を受けた妻で、夫は虐待をしている」などの新しいアイデンティティを採用するようになる。

たとえば12ステップのプログラムでは、対象者はこの種の自己再定義を行うよう求められる。AAの集まりは、参加者が自分をアルコール依存症だと認識することから始まり、第一ステップはアルコールに抵抗するのは難しいと認めることである。換言すれば、対象者は自分の状況を一般的な問題の事例として受け止めることを迫られる（そのため実際に「私はアルコール依存症で、私の個人的な問題はアルコール依存症という大きな問題の一事例に過ぎない」と言うことになる）。対象者は、かつては個人的で特殊な状況と思えていたことが、社会問題ワーカーやその他の人びとと同じように、一般的な問題の一事例であると理解するように援助される。

社会問題ワーカーは仕事を効率的に行うために、個人の対象者を事例へと変えることが必要だと考えるだけでなく、この転換過程が彼らにとっても有益であれば、一事例であることを認めることは対象者にとっても必要なのだと確信している。社会問題ワークは力、あるいは**強制**にもとづくこともある。警察に逮捕された人は、裁判官よりも先に検察官に審問され、刑務所送りか保護観察になると宣告されるわけで、その過程にいやいやながらも参加している。大体の人は社会問題ワーカーの関心を避けることを望むだろう。そうだとしても、威圧的な社会問題ワーカーはアメ（「これ以上悪い状況になるのはいやだろう」）とムチ（「協力すれば自由にしてやるぞ」）を使って、対象者の協力を引き出そうとする。対象者が最大限に抵抗し続けると、社会問題ワーカーの仕事は困難になる。少なくとも対象者が認める範囲を明確にし、事例として扱うために、上記のような過程に協力するよう対象者を説得することが好ましいわけである。

無論、すべての社会問題ワークが強制的なわけではない。多くの社会問題ワーカーは、彼（女）らを求める対象者に、異なる種類の救いや援助や治療などの**サービス**を提供したいと思っている。たとえば医者、社会福祉従事者、ドラッグ使用者のカウンセラーらは、自分は、対象者が困難を乗り越える手助けをしていると考えている。対象者もそう考えている。繰り返すが、そのサービスのカギは、社会問題ワーカーが対象者に一事例として構築していることを納得させること、つまり第一に、社会問題ワーカーが問題を正しく理解していることを認め、提示された自己認識を受け容れること（「そうです、おっしゃる通り、私はアルコール依存症です」）、第二に、問題に対処するために社会問題ワーカーの助言に従うことである。提示された問題解決のプログラムに従うときには、状況に対する社会問題ワーカーの構築を受け容れる必要があることも多いので、対象者が個人的な苦痛を軽減し、さらに解決するのを助けると考えられる新しい視点を得ることが理想である。

対象者が社会問題ワーカーの構築を受け容れる過程は必ずしも容易には進まない。社会問題ワーカーの再定義に対して、対象者は他の解釈を対置して抵抗するかもしれない。一般に、（お金、教育、社会的援助などの）資源をより多く持つ対象者は、社会問題ワーカーがどんな圧力をかけてきても抵抗するのは比較的容易だが、限られた資源しか持たない対象者でも抵抗が可能かもしれない。ホームレスは路上で暮らすと主張して、シェルター入居を拒むこともあるし、中絶診療反対の暴力で逮捕された者は、自分は神の法に従って道徳的に行動したと主張することもある（それは中絶反対論者でさえ拒絶する立場である）。これら対象者の抵抗行為には、社会的支援の程度が異なる可能性もあると指摘しておこう。先の例でいえばホームレスは、路上生活を送るという決断を他者に言葉で理解させることができないかもしれないし、中絶反対論者は中絶反対の暴力は道徳にかなうと考えているかもしれない。

しかしほとんどの抵抗は活発でもなく、みえにくい。医者は無数の患者に対し、食事を減らし、喫煙をやめ、節度を持った飲酒をし、運動量を増やすよう助言している。多くの患者はこの賢明な助言に従えず、健康状態が悪化し続け、医者を落胆させる。多くの社会問題ワークには、この種のリピート対象者がいる。ドラッグ治療を完了した人の多くは再びドラッグに手を染めるし、刑務所から出所した元収監者の多くはまた刑務所に入る破目になる。むろん、このようなリピーターを同情的に、大きな社会的権力の犠牲になったと捉えることも可能である（たとえば、初めに犯罪との関わりを助長した元収監者の不利な立場［教育や仕事の可能性の制約］だけでなく、刑務所に入ったことでさらに選択肢が減るために常習性が高くなる、というように）。しかし多くの社会問題ワーカーは、もし対象者がもっと真剣に、強い意志を持って、あるいは道徳的になれば常習者になることは避けられたとして、対象者に非があると考える。

一般に社会問題ワーカーは、対象者が従順で、彼（女）らの構築を快く受け容れてくれたらありがたいし、その場合には協力的な関係を築いて社会問題ワークを効果的に進められると考えている。しかし、少なくとも一部の社会問題ワーカーは、対象者の抵抗と非協力をあらかじめ織り込んでいる。たとえば警察は、対象者が警察官の権威を認めようと認めまいと、被疑者を逮捕・拘束する権力を有する。社会問題ワーカーの権威に、一時的に型どおりに服従するふりをする対象者もいるかもしれない。次に社会問題ワーカーは、対象者の協力が本物である証拠を期待し、要求する。たとえばドラッグ使用者の裁判で、被疑者は治療プログラムに参加すれば禁固刑を免れられるという提案があるとき、被疑者がそのプログラムを完了できなければ刑務所に送り返すだろう。社会問題ワーカーと対象者の関係にはきわめて多くの対立が生じるので、社会問題ワーカーはしばしば失望し、自分の仕事についてシニカルな態度を身につけたとしても不思議ではない。

肩越しに覗き込む

社会問題ワーカーが考慮しなければならないことは他にもある。彼（女）らは仕事に説明責任があると自覚しているし、さまざまな方向からの圧力もある。図8－1が示すように、社会問題ワーカーは中間にあって、多方面から圧力を受ける。特に個々の社会問題ワーカーには監督者、すなわち社会問題ワークの仕事ぶりを監視する上司がいる。監督者には期待がある。社会問題ワーカーが生産的であること（つまり事案を迅速かつ効率的に処理し、その機関による援助が不要であること）を期待し、仕事に優先順序をつけ、ワーカーがいくつかの事例をもっと大切に処理し、他の事例よりも配慮するよう命じる。監督者はワーカーがミスや、所属機関が中止するような重大な状況に陥るような行為を避けるように期待する。たいていの社会問題ワーカーは監督者の期待を理解し、上司を落胆させることを避けようと努める。

監督者にも肩越しに覗き見る他者がいる。それは組織ヒエラルキーの上位者だけではない（大組織には組織のトップと、その機関の対象者に実際に直接対応する地位の低いストリートレベルの社会問題ワーカーのあいだに、いくつかのレベルの権力がある）。しかし機関はより大きな環境のもとで仕事をする。たいていの機関は立法府や寄付者に頼っている。専門職の行為を監督する専門職団体（たとえば医者に免許を与える州立委員会）があるかもしれない。こうした機関はメディア報道の対象や、クレイム申し立て者からの批判の標的になるかもしれない。ただの関心にすぎないものを批判に転化するのは容易だし、その批判によって政策立案者は機関運営への介入を始めるかもしれない。

それゆえ社会問題ワークの全レベルに関係する人――たとえば警察官から水上警察に至るまで――は社会問題に対処する最善の方法を考えるだけでなく、彼らの処置が他者からどうみられるかについても考慮する。これらの考慮に対する社会問題ワーカーの対応は、二つの主要な原則にもとづいている。

まず社会問題ワーカーは、自分の行為に対する情報の流れを統制しようと努める。彼らは一般に、自分たちが直接他人に行っていることがその人に理解されることを望む。そして機関は、自分たちの活動をまとめた公式の報告書を発行するかもしれないし、当機関に対するメディア報道が行われるよう働きかける広告の専門家を雇うかもしれない。情報統制は、社会問題ワーカーが報告する内容を決定しようと努めていることを意味するかもしれない。彼らは何らかの情報を隠蔽し、秘匿するかもしれない。社会問題ワーカーは、自分たちの活動を最も好意的に紹介してくれる情報を出そうとする。それが自分たちの報告内容を歪めることになったとしてもである。そのことにより、説明責任を果たせるように社会問題ワーカーの振る舞いを知悉したいと望むあらゆるレベルの監督者と、他人が自分たちの仕事について行う理解を調整したい社会問題ワーカーとの対立が、さまざまな段階で継続することになる。

第二の原則は、社会問題ワーカーが自分たちの活動に対する外部機関の活動を制限しようと努めることである。ここでの論点は、社会問題ワーカーこそが自分たちの仕事の性質と、彼らが受けている圧力を本当に理解できるということである。彼らは可能な限り、仕事に対して自分たちと同じ見解を有する人――つまり同僚や、自分たちの立場に共感し自分たちの行為を援護する仲間の社会問題ワーカーに、自分たちの仕事ぶりを評価してもらいたいと望む。たとえば教員組合は、教員の給料を生徒のテスト成績にもとづいて決めようする外部の提案をしばしば拒絶する

（教員は、テスト結果は教員がコントロールできない多くの要因に影響されていると主張する）。同様に警察官は、警察の不正行為に対する不満を監察する（警官以外の）市民による評価委員会を作る改革に抵抗する（外部の人は警察官が直面している現場の圧力を理解できないという理由を用いる）。社会問題ワーカーがそれらの提案に反対するのは、それが社会問題ワークに対する権力手段を部外者に与えるからである。

社会問題ワーカーが情報を統制し、自分たちの活動に対する部外者の介入を回避する能力はさまざまである。一般に社会問題ワークの対象者が使える資源が増えると、社会問題ワーカーは部外者から吟味され、社会問題ワーカーは観察の対象となる行動を調整するようになる。たとえば中の上の階層に属する人の住む郊外に勤務する警察官は、自分が地域住民にサービスを提供し、地方の新聞社とも地域社会全体とも良好な関係を築くべく努めていると考えているが、下層階級の人が住む都市の近くに勤務する警察官の場合、彼らの仕事は公衆の目からより隠れているので裁量の余地が大きいかもしれない。

健康管理、教育、警察などの社会問題ワークが相対的に貧しく権力を持たない対象者と対峙しているとき、そこで生じたことは、より裕福な対象者への同種のサービスが失敗したとされるときと比べて、公的な注目や関心を集めにくい。さらに権力を持たない人びとはもっとサービスを必要とする問題を抱えている傾向があるので、貧しい対象者に対応する社会問題ワーカーは、裕福な人やニーズが少ない人のために働くワーカーと比べて業務が多すぎると感じることが多い。

また政策立案者は社会問題ワークを改善するときに中間層の要求に反応する傾向があるので、相対的にニーズが少ない社会問題ワーカーに資源が流れる傾向がある。つまり社会問題ワーク、特に相対的に不利な立場の対象者に向き合う社会問題ワークはとても辛いものであり、社会問題ワーカーは情報操作の必要性をより強く感じる。その結果、学校崩壊や専門家らしからぬ警察官に周期的に失望し、新たな不満がたまる。

日常の社会問題ワーク

本章はここまで警察、ソーシャルワーカーなど社会問題ワークを職業とし、トラブル状態へのクレイム申し立てに対処すべく制定された公共政策を実施する人に焦点をあててきた。しかし私たちはみなアマチュアの社会問題ワーカーとなりうることを認識しよう。第6章で大衆は、日常会話の中で社会問題のクレイムを再構築していた。同様に普通の人びとは、特にクレイム申し立てと政策立案のメディア報道を通して、トラブル状態の構築が変化することを知っており、日常生活にそれらの構築を適用可能な無数の状況があることを知っている。

たとえば人種とジェンダーに関する期待の変化について考えてみよう。日常生活は以前よりも分離されなくなっている。差別はさまざまなかたちをとる。南部諸州における人種隔離の法体系（学校や病院や水飲み場などであらゆる隔離を行う法律）は市民権運動の標的であったが、それが唯一の明白な事例である。他の形式の差別はもっとみえにくい。たとえば女性解放運動が始まる以前、女性は医学校や法律校にほんの少数しかいなかった。事態は変化した。たいていの職業は、たいていの隣人や学校や他の環境と同じく異人種や両性の人びとに開かれてきた。あらゆる場所で完全平等が達成されたというわけではない。平等ではない。しかし期待や不満も変化した。たとえばビジネス学校の門戸を女子学生に開くべきだと運動してきた活動家は、いまやビジネス界の女性は「ガラスの天井」に直面しており、女性が企業の経営陣に移動することを困難にしていると不満を述べている。

日常生活は、人びとの行動が文化の変化を反映する状況に覆われている。人種・性に関するマナーについての前提はますます広まり、黒人や女性は敬意を持って処遇されるに値するという感覚が広がっている。人びとがあらゆる差異——同性愛、障害、同棲している非婚者など——に対応する方法に関するマナーは変化し、社会問題ワークの最もありふれた一つのかたちとなっている。それらの多くは、人びとがなすべきことについて考える単なる方法として自明視されている。むろん、そのような反応を調整するのは意識的な行動である。たとえば女性が中絶するときには自分の経験について何を考え、感じなければならないかを決めなければならない。

日常の社会問題ワークのかたちの一つは、かつては気まずい状況だったかもしれないものを円滑化することである。親密な個人的関係——友人や家族とのつながり——は最も端的な例を提供する。ここでは人びとは互いをよく知っている。個々人はかけがえのない個人であり、各自の個性と行動パタンを有する存在として理解される。そのような関係は、専門職の社会問題ワーカーが自分の対象者を特定のカテゴリーに属する事例として分類する営みとは真逆のものである。

かように高度に個人化された相互理解の結果、家族や友人は、自分がよく知っている人を大きなトラブル状態の事例として構築することに躊躇することが多い。ジョーおじさんは酒飲みで、妻を殴ったりもする。隣人のジェーンは不機嫌かもしれない。しかしジョーとジェーンをよく知る人が、それは単なる個人的な偶然だと自分に言い聞かせることは可能である。「ジョーはストレスがひどいんだよ」とか「それがジェーンなんだよ」と。友人や家族が社会問題に関する文化的語彙——アルコール依存症、家庭内暴力、抑鬱など——を使い始めるには時間がかかる。

メディアが、日常的な社会問題ワークの指針を提供することもある。テレビのトーク番組のエピソードは、視聴者がつきあい上の問題を大きな社会問題の事例として再解釈する助けとなり、どこに助けを求めるべきかなどの助言を与える。たとえば友人や家族や同僚は、個人が自分の飲酒問題について認め、何かをするように圧力をかける「介入」を行うことを奨励される。このように普通の人びとは、自分たちも専門職の社会問題ワークを助けることができ、トラブル状態の事例として生じる事柄を認め、対象者を専門的な社会問題ワーカーにつなぐことで適切に対応できると考えるよう奨励される。

社会問題ワークは、社会問題過程の重要な段階である。なぜならそれは、マクロ社会学的な社会問題についての一般論を、個人の生活現実に結びつけるからである。私たちはみな、個人的であれ、他者との出会いを通してであれ、いずれトラブル状態を経験し、専門的な社会問題ワーカーと少なくとも一時的に接触するようになる。そのような状況ではトラブル状態について現在利用できる構築は多くのかたちで——メディア報道、あるいは社会問題ワーカーによって解釈された政策を通して——私たちに影響を与える。私たちに起こっていること、私たちの周囲の人に起こっていること、社会問題ワークに巻き込まれたときに生じることについての理解はみな、社会問題過程の一部である。そして逆に、社会問題ワークに伴って経験することは、さまざまな反応を引き起こす。そのことについて次章で論じよう。

第9章 政策の影響

社会問題の過程は、長期に及ぶ。本書の前半で述べたように、典型的なかたちのクレイムは、メディア報道や大衆の反応、政策形成に行き着き、結果としてもたらされた政策は、社会問題ワークを形作る。この過程の各段階において行為者は、トラブル状態を再構築する。メディア関係者は、活動家や専門家の第一次クレイムを、メディアにとって適切なニュースやエンターテインメントに求めているものにふさわしい第二次クレイムへと再パッケージ化する。これと同様に社会問題ワーカーは、社会政策が掲げる一般的な理想を、彼らが直面する、砂を嚙むような現場に活かす方法を理解しなければならない。社会問題過程の各段階では、トラブル状態の理解のされ方には転換が生じる可能性が高い。なぜならそれを構築し、再構築するのは、多様な人びとだからである。

本章が扱うのは、構築過程における最終段階、すなわち政策の影響である。それは社会問題ワーカーの政策実施方法に対する反応である。起こりうる結果は、幅広い範囲に及ぶ。一方の極には、ある特定の政策が問題解決につながるとして、意見が全員一致する場合を想定しうる。すべての利害関係者が笑って、手の埃を払い、別のものに注意を向けるかもしれない。その一例は、女性にアメリカ国内投票権を付与するアメリカ合衆国憲法修正第一九条であろう。現在では女性参政権は、単に自明な政治風景の一部である。しかしこの例のように、社会政策に完全に満足することは、おそらく稀である。他方の極では、政策は完全に拒否されるかもしれない。政策がうまく機能していないとか、状況を悪化させているとすら考えられるかもしれない。たとえば修正第一八条は全国レベルの禁酒法を成立させたが、すぐに不十分なものとなり、（修正第二一条を通じて）無効にされた。たいていの政策は、これらの両極端のあいだにあり、欠陥のあるものとみなされる。つまり満足のいく側面もあれば、満足のいかない側面もある。

たいていの事例では、政策は対処中のトラブル状態を根絶できない。このことは、何ら驚くべきことではない。特定の政策が実施されたからといって、犯罪、人種差別、貧困、その他ほとんどのトラブル状態がなくなる可能性は低い。これらの状態は、複数の原因を持つ傾向にある——人に犯罪に向かわせるさまざまな物事をすべて考えてみればよい。一つの政策でそれらすべてに対処できる可能性は低いのである。なすべきことが多く残されるのは確かだろう。この事情により、なぜ完全な満足を得る社会政策がほとんどないのかは説明できる。

重要なのは、私たちの文化は社会**「問題」**について語っていることである。まさにこの言葉は、解決策がなければならないことを意味する。学校に通う子どもたちは、算数の「**問題**」を「**解決**」することを学ぶ。社会のトラブル状態を、他の語を使って特徴づけることもできるかもしれない。解決策があるはずだという同じ確信を含まない表現と思われる**社会状態**（social condition）、あるいは問題が解決されうるという期待を必ずしも高めず、意見の相違や討論に関心を向ける**社会的論争**（social issue）という語を用いてもよいかもしれない。だが私たちは、社会「**問題**」という観点から考えるがゆえに、社会政策がすべてを解決しないならば、そこには欠陥があると判断する。人びとはうまくいかない政策を批判し、それらの政策の欠陥に対して解釈を構築し、別の解決策を推奨する傾向がある。

本章ではそのような批判に焦点をあてる――私たちが「政策の影響」と呼ぶものである。これから見ていくように、そのような結果の「範囲」は、きわめて幅広い。政策に欠陥があると意見が一致する場合でさえ、欠陥がどのようなものか、何がその欠陥を引き起こしたのか、欠陥はどのように修正されるべきかについて、解釈は多様でありうる。本章では、人びとが社会政策に対して示す反応の仕方すべてを追尾することはできない。ただ政策の影響について、いくつか鍵となる特徴を記述することができる。まず議論の手がかりとして、政策の影響がどのように新たなクレイムに発展しうるのかを考察し、そののち政策の影響の構築過程に参加する人のタイプや、彼らが好むレトリックについてみていこう。

政策評価にもとづく新たなクレイム

すでに示したように、社会政策が一般に成功と認められるのは、比較的稀かもしれない。たしかに私たちの関心は、批判的な声が上がった事例に向かう傾向があり、そうした事例で人びとは、政策がともかく不完全だと非難する。これらの反応は新たなクレイムとみなしうる。それは、欠陥を有する社会政策そのものが、現在では対処が必要なトラブル状態を構成しているというクレイムである。政策の欠陥についてのクレイムは多様なかたちを取りうるが、社会政策についての批判には三つの理念型を確認できる。

批判その一――政策は不十分である

最初の批判は、政策は「**不十分である**」というものである。ここで批判者の主張は、政策は正しい方向に踏み出したが十分ではなく、結果として、政策が対処すべきトラブル状態を根絶するのに必要なものを欠いている、というものである。たとえば批判者は、次のように主張するかもしれない。すなわち反貧困プログラムはある程度貧しい人びとの力になるかもしれないが、貧困を根絶するには不十分である、と。あるいは、公民権法は人種差別の遺物を根絶するには十分ではないと。その批判者によれば、不十分な政策は、あまりにも小さなことしかしていないのだ。

不十分だという批判を推し進めるのは、社会政策の実施へと導いた、もともとの主張を支持していた人びとである場合が多い。トラブル状態を特定し、政策立案者が動けるようにすることに成功したにもかかわらず、今や彼らが主張するのは、政策は十分ではなく、政策はトラブル状態をよりよく処理できるよう拡大・拡張の必要があるということである。往々にしてこれらの新たなクレイムは、より広い戦略の核となる。要するにクレイム申し立て者は、はじめにトラブル状態に注意を向けると、クレイムがあまりにも馴染みのないものであり、クレイム申し立て者の主張が過激すぎると考える報道機関や大衆、政策立案者から、かなりの抵抗を受けると予想するかもしれない。クレイム申し立て者は個人的には、トラブル状態を除去するには広範でコストのかかる政策変更が必要だと思っているかもしれないが、彼らの懸念は、少なくとも最初は、大衆や政策立案者を説得してそのような広範な変更に巻き込むのは不可能だということだ。よりましなのは、特定の、より狭く、安価な政策を要求することである。すなわち、他人が与えようという気になるものを要求するほうがよい。第7章で議論したように、政策立案者は、類似の手法を採用し、それが最初の一歩となることを期待しながら、控えめな初期の計画で我慢する。多くの人びとが、トラブル状態に対して何かを行う必要があるといったん認めるなら、新たな運動を開始し、元の政策は不十分で、さらに多くのことをする必要があると主張できるようになるかもしれない。

批判その二——政策はやりすぎだ

第二の批判は、最初の批判とは正反対で、政策は「**やりすぎ**」だと主張する。その主張は、政策は行き過ぎ、やり過ぎであり、元に戻す必要があるというものである。たとえば次のように主張する批判者もいる。すなわち絶滅危惧種の保護を行う法律は、（それらの法律は、少数の重要ではない種の保護を試みて、経済成長を妨げるという意味で）あまりにも広範であり、（その法律を遵守するには、あまりにも多くの官僚的手続きが要求されるという意味で）あまりにも扱いづらく、（絶滅危惧種の保護を要求することで、社会の他の重要な目標達成が妨げられているという意味で）社会の最善の利益にかなっていない、と。これらもまたクレイムである——政策が不適切で、悪影響を与えうるというクレイムである。

行き過ぎた政策についてクレイムを申し立てる者は、当初からその政策に抵抗していた可能性が高い。彼らは提案された政策を、自分の利益や価値を毀損するものと認識していたが、政策決定過程を妨害できなかったのかもしれない。いまや彼らは、政策が実際に行き過ぎだということが明確になったと主張し、政策の撤回を要求するかもしれない。特にクレイム申し立て者は、当初の政策を支持したメディア関係者、大衆、政策立案者に対して、自分たちが間違いを犯したことを認めさせ、今こそ損失を取り戻し、元に戻すときだと説得を試みるかもしれない。

批判その三——政策は誤誘導する

最後に、政策は「**誤誘導するもの**」として批判されるかもしれない。ここでの評価は、政策がトラブル状態につながったというクレイムとなる。だがこの事例におけるクレイムは、政策が行き過ぎだったとか、不十分だったと指摘するのではなく、政策が間違った方向へと事態を導いたと主張する。このようなクレイム申し立てには、種々の根拠がある。たとえば批判者は、もとの政策を生み出した「トラブル状態の構築」自体が錯誤であり、全く別の観点から問題を認識しなければならないと主張するかもしれない。

そのようなクレイムはしばしばトラブル状態の別の定義を提示し、それは別の潜在的なイデオロギーに根拠づけられている。たとえば青少年間での性病拡大や一〇代の妊娠に対する懸念にもとづいて、リベラルは、性教育や、若者に避妊や中絶のよりよい機会を与える政策を提唱する(Irvine, 2002)。実際、そのようなリプロダクティブヘルス・サービスのプログラムは、社会が広範な青少年の性行動の現実を効果的に処理できなかったがゆえにトラブル状態が生まれたと結論する。これらのプログラムに長期間抵抗し、ときに妨害してきたのは、性教育やリプロダクティブヘルス・サービスが青少年の性行動を促進したと懸念する保守派である。

しかし、HIV/AIDSが主要な健康リスクとして出現したことで、多くの学校や地域社会が、拡大された新プログラムを採用した。プログラムが実施されると、保守派のなかには、別のトラブル状態の構築を提示する者も現れた。つまり、リベラルの政策こそが若者の性行動を促進したと主張するのである。保守派の対抗クレイムで主張されたのは、婚前性交渉の防止を目的とした、禁欲を基本とするプログラムである。類似の事例は多数あり、そこで批判者は、社会政策に潜む考え方――貧困やホームレス問題を扱うそれ――は間違っており、トラブル状態の本質や原因を再解釈してはじめて、効果的な政策を策定・実施できると主張する。

他にも、トラブル状態の初発の構築を一般的には受け容れるが、そこで出現した「政策」は何らかの誤った方向に向かっているという批判もある。たとえばリプスキーとスミス（Lipsky & Smith, 1989）が主張するように、社会問題を緊要なものと構築することで、資源が消費される場合が多い。緊要なものは短期的課題として定義され、それゆえ政策立案者は、短期的解決策を採用する傾向がある。だが長期的な構造を確立して、問題状態に対処するほうが有意味な場合もある。たとえばホームレス問題を緊要なものとはみなさず、長期的な観点から安定的なプログラムを確立し、長期間にわたって低価格住宅を利用可能にするほうが、コストはかからず、有益かもしれない。社会問題の本質について人びとの意見が一致したからといって、最善の解決法についても意見が一致するとはかぎらない。

政策の誤導という批判における重要なテーマの一つとして、政策によって事態は実際に悪化しており、政策が除去を目指しているはずのトラブル状態を悪化させているというものがある。すなわちこれらのクレイムは、しばしば政策が「皮肉な」結果を生み出す様相を描き出す。たとえば批判者は、薬物禁止政策が現実には非合法薬物の拡散を促進すると主張するかもしれない（たとえば薬物の売人を逮捕すると、取引リスクが高まり、薬物供給が減るため、薬物の価格が高騰し、結果的に今より多くの人びとがさらに儲かる薬物取引ビジネスに手を出すようになると彼らは主張するかもしれない)。人びとを貧困状態から抜け出せるよう策定されたプログラムによって、実際には貧困層の数が増えていると主張するかもしれない(社会福祉プログラムが寛大なものになれば、その分だけ人びとは労働よりも福祉依存の状態を選ぶ可能性が高まると主張される)(MacCoun & Reuter, 2001; Murray, 1994)。最初の例(薬物禁止政策)のような批判を好んで行うのはリベラルであり、後者の例(貧困脱出プログラム)のような批判を行うのはたいていの場合、保守派であることに留意しておこう。政策が皮肉めいた結果を持つというクレイムは、特定のイデオロギーに限らないわけである。そのようなクレイムはしばしば、悪循環を記述する。トラブル状態は、状況をかえって悪化させる政策を生み出す。その結果、政策は拡大される(なぜなら、人びとはこの問題に取り組むことで意見が一致したからである)。それは結果的に状態をさらに悪化させた、といった具合である。この悪循環を断ち切る唯一の方法は、新たな方向から問題に取り組み、全く異なる政策を考案することだと批判者は主張するかもしれない。

政策の誤誘導に関する、やや異なる批判として、政策の実施——「社会問題ワーク」——が、政策の真意や目的に反するというものがある。ここで批判者は、問題や政策に対する初発の構築——その支持者の意図は、苦しんでいる人を支援する寛大な計画だったのかもしれない——が、社会問題ワーカーによって台無しにされていると主張するかもしれない。そこでの批判は、政策の表向きの顔、その隠れた機能と対照させることである。たとえば職業訓練は、クライアントが良い仕事を見つける役には立っておらず、低賃金で将来性のない仕事へと追いやっているという類の主張である（Lafer, 2002）。あるいは、社会問題ワーカーは自分の地位を濫用し、資源を浪費しており、政策が支援しようとしている人びとのニーズに何の関心も払っていない、と主張する批判者がいるかもしれない。たとえば警察の残忍性や汚職に対するクレイムは、法律の欠陥よりも、法の執行方法に関する問題である。

要するに、社会政策の働きを不完全なもの——トラブル状態そのもの——として構築するには、多数の方法がある。特定の政策が実施されれば、社会政策過程が終焉するわけではない。むしろ新たな社会政策は、さらに別の社会問題過程を開始するための、生の素材をしばしば提供する。その過程において批判者は、政策は過小であるか過大であるか錯誤であるかのいずれかであり、それ自体がトラブル状態であり、それに関してなんとかすべきであると主張する。事実、現在の社会政策実施に関する不満は、たいていのクレイム申し立て者のレトリックの要素の一つとなる。本書前半の章における事例をみればわかるが、本書の中で検討してきたクレイム申し立て運動の多くは、少なくともある程度は、既存の社会政策の不備に焦点をあててきた。つまり、社会問題過程は時間を介して結びついている。ある社会問題過程が一つの経路をたどるとき、しばしば、複数の新たなクレイム申し立て運動が促進される。それは、図の9－1で図示される。

図9－1　1つの社会問題が他の社会問題を刺激する

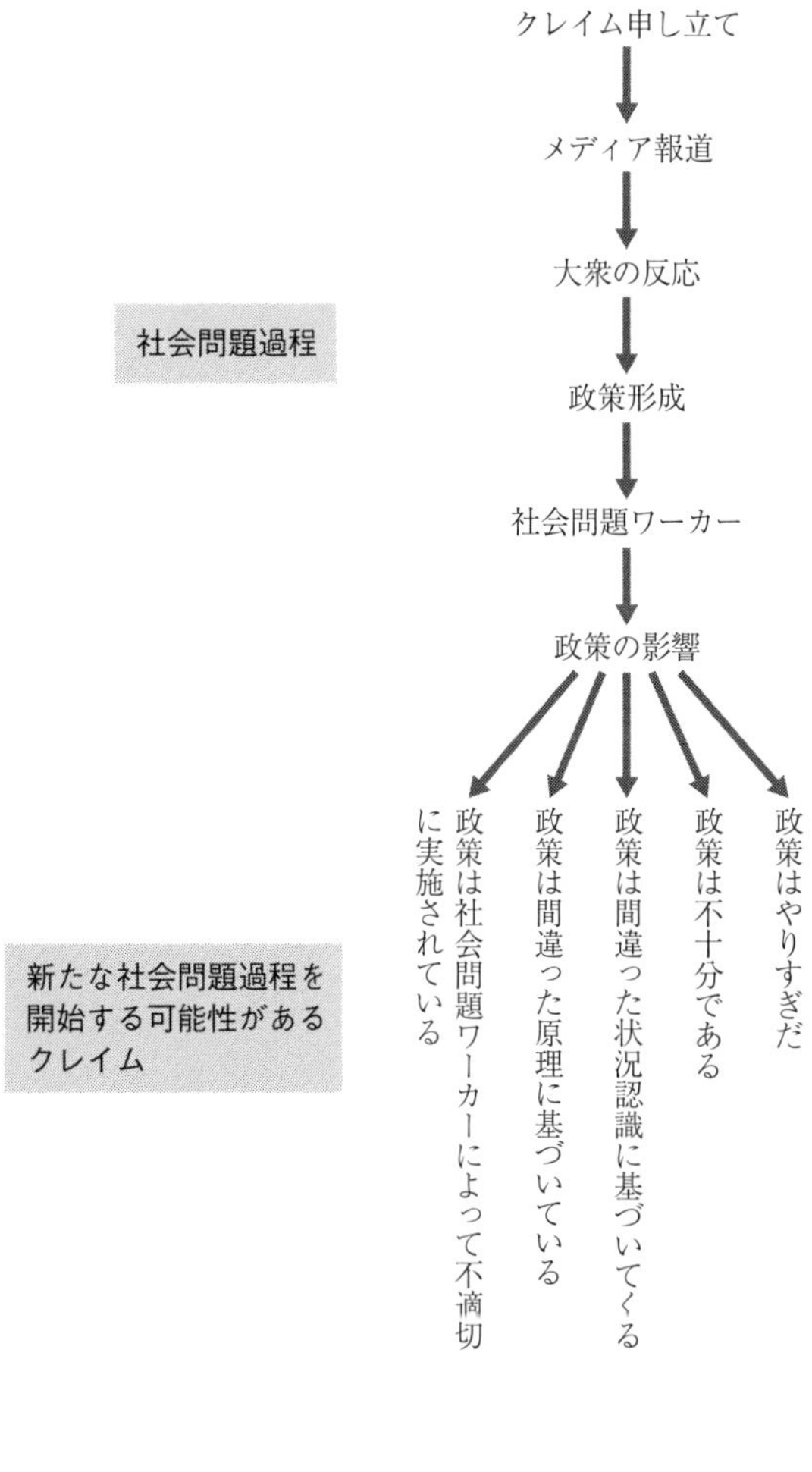

行為者、証拠、評価

前節では、社会政策の働きを批判するいくつかの方法を記述した。だが、誰がこれらの批判を行うのか。そして、彼らはどのような種類のレトリックを用いて主張を説得的なものにしようとするのか。本節で考えてみたいのは、彼らの主張のなかで示される可能性の高い証拠の種類だけでなく、社会問題過程の結果を構築するなかで主要な役割を果たす行為者の一部である。

社会問題ワーカーはたしかに批判者になりうる。第8章で注意したように、社会問題ワーカーが、自分たちが実施しなければならない政策について両義的な気持ちを抱くことはよくある。加えて、彼らは何がうまくいき、そしてうまくいかないかについて正しい感覚を持っている。社会問題ワーカーはしばしば、自分たちの実績を上司に報告しなければならない。ほとんどの社会問題ワーカーは記録をつけているので、彼らには社会政策の結果に関する論争では二つの重要な利点がある。つまり、社会問題ワークが実際にどのように実践されるのかについて彼らは理解していること、そうした記録へアクセスできること、である。再び第8章で示唆したように、社会問題ワーカーは、自分たちの作業に関する情報を制御しようとするのであり、そうした願望が彼らのクレイムを形作る。彼らの関心は、他者に次のように納得させることである。つまり、彼らがよい仕事をしており、彼らはより多くの資源、たとえば、より多くの人材やより巨額の予算に恵まれた場合には、よりよい仕事をなしえたはずであると。こうして社会問題ワーカーはこの過程で、自分たちの機関が追加的な資源を受け取ることを主張できない場合には、自分たちが実施するはずだった基本政策、あるいは実際にそうした政策を実施する方法を激烈に批判することを躊躇する。

社会問題ワーカーは自分たちの機関の記録を統制するので、特に組織活動の証拠——どれくらいの作業をしたのかを測る指標——を伴うクレイムを支持する可能性が高い。社会問題ワーカーは、比較的容易にこれらの情報を蓄積する。たとえば警察は前年の逮捕者数を計算することができるし、病院は患者数を数えることができる、など。社会問題ワーカーはこれらのデータを使って、自分たちは予定していたことの執行に忙殺されており、忙しいという事実自体が、サービスの需要を処理するのにより巨額の予算や追加の人材が必要な証拠であると主張できる。言い換えれば社会問題ワーカーは、特に組織活動の指標を用いて、次のような主張を支持する可能性が高い。つまり、現存する政策は不十分であり、それらを拡張して、社会問題ワーカーにより多くの資源を与える必要があるという主張である。

ときに社会問題ワーカーの「**対象者**」、それは政策が取り組むトラブル状態で生活が圧迫されている人びとであるが、彼らは自分自身の評価を提示する。たとえば貧しい人びとは、反貧困政策が、貧しい人びとを助けるのに十分なことをしていないと批判するかもしれない。同様に、逮捕された人びとと犯罪犠牲者はともに、刑事司法システムのせいで誤った処置をされたと不平を言うかもしれない。再び第8章で注意したように、対象者が社会問題ワーカーによる自分たちの扱いにしばしば不満を感じるし、実際の社会政策の実施に満足しないかもしれない。

社会問題ワーカーと同様に、対象者は政策の働きについて直接的な経験をしているという利点を有しており、自分たちの経験を自分たちの主張を支持する証拠として利用する傾向が最も強い。彼らは事例にもとづく(anecdotal)説明――政策が自分自身や自分の知人が関わる特殊事例ではうまく機能しない理由――を好む傾向にある。その説明は、より大規模な政策の失敗の典型例として構築され、機能する(第2章での教訓を思い出してほしい。典型例が真に典型的であることはほとんどない。その事例が選ばれたのは、自分の主張を説得的に描き出すためなのである)。

社会問題ワーカーはたいていの場合、政策が不十分であると主張する。これに対して対象者の批判は、よりさまざまなものでありうる。対象者も、政策は不十分だと主張するかもしれない。たとえば対象者は、長蛇の列や他の遅延が起きるのは、十分な数の社会問題ワーカーがおらず、サービスを必要としている対象者の助けにならないからだと主張するかもしれない。あるいは政策は行き過ぎている、と警告を発するかもしれない。たとえば彼らは、軽犯罪を犯す人びとは、非合理的なほどに辛く、生活にダメージを与える刑罰に苦しんでいる、と非難するかもしれない。あるいは対象者の主張は、社会問題ワーカーは対象者を抑圧するのではなく、むしろ力になるべきであるということかもしれない。適切に選び出された典型例は、これらの批判のどれをも支持することができる。

社会問題ワーカーと比べて、対象者の重大な欠点は、政策を批判する場合に生じる。対象者が個人的な経験を利用して、政策の欠陥を主張するにつれて、受け手は対象者の主張を自己利益にもとづくものとみなすかもしれない。高い地位にある対象者のクレイムは、大いに注目を集めるかもしれない。だが多くの社会問題ワークの対象者は、比較的資源が少なく（すなわち限られたお金や教育、社会的地位しか持たない）、対象者であるという事実そのものがスティグマ化されうる（犯罪者や精神病患者などとしてレイベリングされてきたかもしれない）。低い地位にあったり、スティグマ化された対象者が、特定の社会政策の実施のされ方を批判するクレイムを行うことは不可能ではないにせよ、これらの欠点があるゆえに、メディアや政策立案者、そのほかの受け手が対象者のクレイムに注意を払うことはかなり難しいものとなりうる。

第三の批判者、すなわち初発の社会問題過程を開始する人――最初にトラブル状態や、対処する必要がある事柄に注目を集めさせた**初期の活動家と専門家**――にとっては、将来の見通しは明るいものでありうる。これらの人びとは、すでに（社会問題の）所有権からえられる利点を享受していたのかもしれない。すなわちメディアと政策立案者は、クレイム申し立て者がこのトラブル状態について言うべきことを傾聴するのに慣れているかもしれない。特に専門家の批判は、より信頼できるものに思えるかもしれない。というのも彼らには専門家としての経歴があるからである。そしてこれらの専門家は、権威ある評価を提示する存在と見られるかもしれない。クレイム申し立て者が推進してきた政策が、いくつかの点で、効果的な問題対処に失敗しているという批判は、ほかの人びとからの批判よりも受け止められる可能性が高いのである。

事実、クレイム申し立て者からの不満は予期可能である。第7章で示したように、政策立案者はクレイム申し立て者の最初の提案を変更するかもしれないし、社会政策は妥協の産物である場合が多い。というのも政策立案者は、行動を要求するクレイム申し立て者と、何もしないか、できるだけわずかのことしかしないか、あるいは全く別のものを望む反対側のクレイム申し立て者の双方を調停しようと試みるからだ。政策が妥協の産物であればあるほど、初発のクレイム申し立て者は満足せずに、より多くを望む。彼らは政策が不十分だと主張し、さらなる改革を要求する可能性が高いと、誰でも予想できるだろう。

活動家や専門家などのクレイム申し立て者はともに、社会問題ワーカーの活動実績と指標を同時に利用しながら、政策が不十分であるという主張を行う。対象者と同様、彼らは、典型例を用いて、政策が十分ではないがゆえに、トラブル状態から影響を受ける人びとを救えないと示せる。だがその政策の拡大は、何よりも資源の増加（より巨額の予算割当など）を要請するかもしれない。だがそれはドメイン拡張にも関わるかもしれない（第2章を見よ）。そこではクレイム申し立て者は、当該の政策がトラブル状態をあまりにも狭く定義しており、より広い定義が必要だと主張するかもしれない。なぜならより多くの影響を受ける人びとを救うことができるかもしれないからだ。

あるいは社会問題ワーカーと同様、クレイム申し立て者は、（あるいは社会問題ワーカーが収集した）統計的な証拠を提示して、問題がますます増大し、さらなる行動が必要だと主張するかもしれない。社会政策が制度化され、かつて無視されていたトラブル状態に対処できるようになった後には、社会問題ワーカーの統計はあからさまな増加傾向を示す場合が多い。たとえば児童虐待への関心を惹起する運動は、医師や教師などに、虐待が疑われる事例の報告を要求する法律へとつながっていく。当然のことながら、報告事例の数は劇的に増える。だが児童虐待のクレイム申し立て者は、これらの統計を用いて、報告数が増えたのは児童虐待がますます増大したからだと主張できる。最近の政策的対応は不十分であり、児童虐待と戦うにはより多くの資源が必要になると主張できるのである。

政策を批判するのは、彼らの努力が政策決定へとつながるクレイム申し立て者だけではなく、**ライバル**［敵対的］**活動家や専門家**であるかもしれない。彼らは、初発のクレイムや、その結果生まれた政策、つまり社会問題過程で対抗クレイムが失敗したことが証明された政策の結果に反対した人びとである。彼らはもちろん批判的な性向を有しているので、政策は行きすぎであるか、誤導するものであるかの、どちらかであると主張する可能性が高い。彼らの視点からすると、政策は実験の失敗にほかならない。それはうまくいかなかったのであり、事態を悪化させたかもしれない。これらのライバル・クレイム申し立て者は、政策立案者に損害状態の解消を要求し、政策拡大こそが事態を悪化させたと警告する。

これらのライバル・クレイム申し立て者は、事例にもとづく証拠や統計のどちらも利用できる。彼らが用いる典型例が指し示すのは、政策を実施する社会問題ワーカーとの接触により生活に損害を受けた対象者である（たとえば突然、少量の薬物所持で重罪に問われる優秀な中産階級の学生や、生活自立を促進する給付システムのせいで、仕事を見つける意欲を削がれた福祉の受給者である）。同様に彼らは利用可能な統計を、政策が悪影響をもたらすことを示す証拠と解釈できる（すなわち薬物に対する戦争は、多くの人びとを刑務所に収容したのであり、アフリカ系アメリカ人が突出した割合を占めている、とか、これまでの政策が想定するよりも長期間にわたり、人びとは福祉受給者のままである、など）。注意しておきたいのは、初期のクレイム申し立て運動は、リベラルか保守派のどちらからも提示されうる。これと同様に、そうした運動に反対するライバル・クレイム申し立て者による批判は、一つのイデオロギーに限定されない。クレイム申し立て者はリベラルであれ保守派であれ、各自が反対する政策に対して、並行的な批判をフレーム化できる。

これまで、次の四つの異なる集団による政策批判を検討してきた。（1）社会問題ワーカー、（2）対象者、（3）活動が政策につながった初期クレイム申し立て者、（4）元のクレイムに反対の立場をとった対立クレイム申し立て者。それぞれの集団は特定の主張を好み、特定の証拠を利用する傾向にある。成功した政策は社会問題ワークにつながり、最小限の批判で収まることもある。しかし、より論争的な争点を有する政策は長期間、目に見えるかたちの論争を惹起する。中絶、銃規制、薬物取り締まり、環境規制、健康ケア、福祉政策のような議題は、過去、現在、そしておそらく将来も意見が一致することはない争点として広く知られている。そのような論争的政策は多くの批判を巻き起こす。それはときに四つの集団すべてから生じることもあるが、彼らの批判は無視される傾向が強い。なぜならそれらの集団は、論争における立ち位置が予期可能で、既得権益を有していると広く理解されており、したがって政策効果を公平に判断できる存在とみなされていないからである。どれくらい社会政策が機能したのかを、適切かつ客観的に評価する指標を開発する方法はないのであろうか。

公平な評価に向けた調査

利害関係者が信頼できるかどうかという疑念は、ときに、どれくらいうまく政策が機能しているかについての公平な評価を求める努力へとつながる。そのような努力のうち、最も明白なものは**評価調査**のかたちをとる（Rossi, Lipsey & Freeman, 2004）。評価調査はほとんどの場合、ある種の政策の影響の社会科学的評価手法に関わる。そのような調査を正当たらしめるのは、政策のコストと便益、結果の客観的な指標を作成する努力である。評価者はしばしば外部者であり、彼らは社会問題ワーカーの地位にないからこそ選ばれる。もっとも、その種の評価が内部者によってなされることも、なくはない。本当の争点は、誰が評価するかではなく、評価を生み出すのに用いられる方法が、他者に対して説得的な情報へとつながりうるかどうかということである。

理論上最も有力な証拠は、政策の影響を評価する慎重な実験から生まれるものである。最低でも対象者のうち二つの対照群は比べられる。社会問題ワーカーは政策を実験群（ないし処理群）に適用する。そして統制群は別のことを経験する（通常、社会問題ワーカーが政策実施前に行ったことのすべてが含まれる)。実際上、実験計画はしばしばより複雑になる。ごくわずかに違う状況を経験するいくつかの処理群と統制群がありうる。よく計画された実験は、ある政策が先行政策よりうまく機能しているかどうかに関して、かなり説得力のある証拠を提示する。

しかし実験には重要な問題がある。第一に、実験的な調査は時間がかかる傾向にある。その理由の一部は、調査を計画・実行し、結果を分析するのに長い時間がかかりうるからだ。だが実験にも時間がかかる。なぜなら評価者は、政策を経験した対象者をフォローするために、評価を留保することを望むかもしれないからだ。政策の影響が感じられるようになるまで時間がかかるかもしれないし、政策が対象者に当初与えた影響も時間とともに減少するかもしれない。そうした結果がともに明白になるには時間がかかるため、研究者は、対象者が社会問題ワーカーとの接触が終わって数年経過したのちに、最終的な評価を行うことを望むかもしれない。さらに実験計画は、精巧なものは完成に何年もかかるものになりがちで、費用がかさむことが多い。現実には、政策論争に関わる人びとは気が急いており、数年間も利用できないかもしれない実験結果を待ち続けることができない。同様に、高額な研究に金を払う気もない。

したがって評価調査は、政策の影響を研究するにはさほど説得的でない、非実験的な手法に落ち着くことが多い。そのような研究は二種類の比較からなる。第一に、時間による比較である。評価者は、新旧の政策の影響に関する特定の指標を比べる(たとえば、以前の取り締まり政策のもとでは、犯罪率はXであったのに対して、新しい政策のもとではYである)。第二に、評価者は、さまざまな場所（他の都市、州、国）を比較して、政策が他の場所で用いられた場合と比べて効果的かどうかを見ようとする。

そのような比較を通じて生み出された証拠は、実験で発見されたものよりも弱い。なぜなら、新旧政策の違いを生み出したのは、実際には別の要因（好況ないし不況）かもしれないし、もしかすると比較のために用いられた他の場所は、実際には比較不能かもしれない（たとえば都市Aの諸機関は腐敗しており、都市Bは全く異なるエスニック集団からなるかもしれない）。そのような比較は、研究者に複雑な問題をつきつける。政策が取り組んでいるトラブル状態も、政策それ自体も、時間や場所で異なりうる可能性が高いからだ。さらに政策立案者や社会問題ワーカーらは、政策の成功／不成功、成功の原因についてはすでにわかっていると主張し、評価者の知見を歓迎しないかもしれない。

別の問題もある。コストを下げること、すなわち非実験的調査は、結果的にしばしばどんなものであれ、すでに集められたデータを用いて政策の影響を測ることになる。実際には、社会問題ワーカーがすでに保有している記録――逮捕者数や、クライアントが福祉の恩恵を受ける平均的な時間など、すでに議論済みの組織活動の指標――を用いることを意味することが通例である。これらの情報は示唆的かもしれないが、重要な問いに答えていない場合が多い。逮捕者数が意味するのは、犯罪は制御下にあるということなのか、それとも制御外にあるということなのか。クライアントが福祉給付の受け取りをやめたのは、貧困から救い出されたからなのか、それとも政策に不満を持ち、たんに諦めたからなのか。

高品質かつ低価格なデータを短期間に作りだすことは困難なので、評価調査は、政策の影響を評価する際に決定的な言質を与えることは、ほとんどない。典型的には、そのような調査が依拠するのは、社会問題ワーカーが集めた記録であり、そうした記録には限界がある。新たな薬物禁止政策を評価する努力を思い起こしてほしい。評価研究者は、組織活動の利用可能な指標を比較するかもしれない。それは薬物の逮捕者数や、政策の導入前後で押収できた薬物の価格だったりする。だが、この手法がさまざまな疑問を生じさせることに留意すべきだ。それらの記録は正確なのか（たとえば、押収した薬物の価格をどう計算するのか）。政策の導入前後で同じやり方で記録されているのか（それとも、いったん政策が実行されると、すべての事例を数え上げる組織的な努力がなされるのか）。ともかく、これらの指標は何を意味するのか。薬物逮捕者や押収薬物が増えることが意味するのは、政策がうまくいっているということなのか（なぜなら、薬物取引人や薬物は、おそらく流通経路から回収されているからだ）。あるいは、政策が失敗したということなのか（なぜなら、逮捕されるべき取引人や押収されるべき薬物は、本当はもっと多いと想定できるからだ）。

つまり、評価調査は不完全であいまいなデータに依拠しがちであり、結果を正確に解釈するのが難しくなることがよくある。評価者が自分の仕事に持ちこむ仮定や、政策の影響を測定する方法を決める際に行う選択次第で、評価者はまったく異なる結果に至ることが頻繁に起こる。そして評価調査は理論的に公平であるにしても、評価者は「雇われ殺し屋」となり、特定の物語を支持するようになる。政策の擁護者は、政策が成功した証を、誇りを持って示せる調査を依頼するかもしれない。他方で政策の敵対者は、政策の欠陥を示すお手製の調査結果を提示するかもしれない。当然のことながら、評価調査はしばしば、政策の影響に関する、公平で決定的な、権威ある言葉であるという評価を得ることに失敗する。

評価者は自分の前提を肯定すると思われる調査を計画するかもしれないという知識のおかげで、政策評価と政策提言のための公平な高位の組織を設置しようとする試みが生まれる。最高度の次元では、大統領や議会が国家「委員会」を任命することが多い。州や地方当局も似たような組織を任命するかもしれない（Zegart, 2004）。委員会のメンバーは、誠実な人物として知られ、さまざまな利益集団を代表するべく選ばれた象徴的な人物になる傾向が強い（たとえばビジネス界や労働者、法曹、メディア、宗教などの指導者、与野党の議員、男女、種々の地域やエスニック集団出身の人びとなど）。換言すれば委員会のメンバーは、政策に関わる広範囲な人びとを代表しなければならない。そのような「青リボン」の委員会は、大いに歓迎され、次の期待を持って任命されるかもしれない。すなわち委員会の知見は適切に公表され、権威あるものとして受け容れられ、将来の政策を善導するために使われるという期待である。

むろん、すでに要職に就き、繁忙の日々を過ごすメンバーを選ぶことは、多くの時間を委員の仕事に彼らがあてるのは困難であることを意味する。実際の仕事は、それほど知られていないスタッフのもとに降りてくる傾向があるが、彼らは政策のはたらきについて証拠を組み合わせ、自分たちが推奨する政策へと委員を誘導する。さらに委員が勧める政策は不人気なものだと判明するかもしれない。委員が任命されるのは、その問題が対立含みであることがわかっているからである。したがって、推奨される政策が何であれ、論争を招きかねないものになることは避けがたい。委員が推奨する政策は、ときに相当数のメディア報道の注目を集めるのだが、往々にして、その委員が望んだ重要な政策変更に至ることができない。

政策の影響を評価する際に重要な役割を担う行為者のもう一つのカテゴリーも注目に値する。「**控訴裁判所**」である（第7章も参照せよ）。政策形成はしばしば新立法を含んでおり、社会問題ワークもしばしば法的行動につながる。すると、新たな社会政策のターゲットにされたと思い込んだ人びとは、自分のケースを高等裁判所に訴え出る。控訴裁判所は、諸政策の合憲性を判断し、政策を支持する場合も無効とする場合もあり、政策の意味を明らかにする場合もある。また「**法学者**」は、政策の法的根拠を批判する判例論文を執筆することで、裁判所の判断に影響を及ぼそうと試みるかもしれない（Malloy, 2010）。アメリカ合衆国では、立法府議員が議会を通過させ、（連邦議会の場合には）大統領、（州議会の場合には）州知事が署名して成立した法を修正し、そればかりか違法だと判断するのは、控訴裁判所の場合が多い。控訴裁判所の判決は、政策そのものや、社会問題ワーカーが政策を実施した方法を否定するかもしれない。この権力があるために、裁判所は政策の影響を形づくる重要な担い手となる。

立法府議員は、人びとの意志を代表すると想定されている（彼らが向き合っているさまざまな圧力に関する第7章の議論を想起してほしい)。他方で裁判所は、立法に伴う狂騒を監視しようとする。つまり、最も成功したクレイム申し立て運動は——メディア報道を誘い出し、人びとの関心を動員し、自らの主張が新政策へと転換されるさまを目撃することになるのだが——、裁判所によって抑制ないし拒否されるかもしれないのである。たとえば議員はしばしばアメリカ国旗を燃やすことを禁じる法律——得票につながりやすい——を推進する(Welch, 2000)。しかし裁判所は、旗を燃やすことは抗議や政治的発言の一形態であり、修正第一条で保護されていると認識する傾向にある。同様に裁判所は、新たな政策に関する過度なまでに広い解釈を制約することがよくある。たとえばヘイトクライム(Jenness & Grattet, 2001)やセクシャル・ハラスメント(Saguy, 2003)を定義する根拠を厳格化する。ひるがえって多くのクレイム申し立て者、メディア関係者、政策立案者、社会問題ワーカーが、裁判所の判断を新たなトラブル状態として非難し、構築するかもしれない。

要するに、評価調査者や委員と同じく、裁判所はしばしば、政策の影響に関する論争に決着をつけることに失敗しているとみなされる。公平な解釈が、政策論争における人びとの違いを解消すると想像したくなる気持ちはわからないでもないが、そのような解決にいたることはおぼつかない。どの政策がトラブル状態に最も適切に対処しているかについて、意見は一致しないままなのである。

イデオロギー的傾向

本章で見てきたように、社会政策の実施のされ方を批判するには、多数の、ありとあらゆる根拠がある。その種の批判を提示しようと動く人びとには多様なタイプがあるのと同じことだ。ここから私たちは、政策に関するあらゆる論争は理論的には可能だが、実際には多くの政策論議が予見可能なかたちにかなり収まる、という結論に至るかもしれない。

多くの政策論争の鍵となるのは、イデオロギーである。多くの人びと――活動家、専門家、メディア関係者、一般大衆、政策立案者、社会問題ワーカーを含む――が、左右両極からなる政治的スペクトラムに自分自身を位置づける。すなわち、比較的リベラルな見解を持つ人びとから、比較的保守的な見解を持つ人びとまでのどこかにである。個人がイデオロギー的スペクトラムを構築する方法はさまざまである。保守派は、リベラル、進歩派、急進派を自認し、このあいだの区別を重要と考えている人びとを一緒くたにする。同様にリベラルは、右派系の人びとのあいだにある立ち位置の幅を重視しないかもしれない。

しかし一般には、社会問題を議論するとき、左派の人びとは、平等の重要性を強調する傾向があり、社会が過度に人種や階級、ジェンダーにもとづいて差別していることを懸念するので、平等推進、差別解消の社会政策を好む。そして一般に、右派の人びとは、自由と社会秩序の重要性を強調し、過度な社会政策が自由を制限し、その過程で、社会の全体的効用が損なわれていることを懸念する。もちろんこれらは、強調点が異なるだけである。平等と自由をともに非難するアメリカ人はほとんどいない。だがそれらの相対的な重要性や、特定の状況でこれらの価値を達成する最良の方法に関する人びとの意見は一致しないことも多い。

つまり社会政策に関する論争は、保守的な立場を好む人びとと、リベラルな立場を好む人びとに分解されることが多い。それぞれのイデオロギーの側には、それぞれの側に立つ社会運動組織の活動家、専門家がたくさんいるシンクタンク、メディアの評論家、政策立案を行う政治家がいる。同じ人びとが、政策論争の範囲でも同盟関係を結ぶ傾向にある。実際には、特定の側で結束していると考えられている個人が、ある争点について結束が乱れ、通常は反対側にいる反対する人びとと意見が一致する場合、その分裂は興味深いもので、言及に値する。

すべてのイデオロギーが、お馴染みのリベラル対保守の連続体に正確に適合するわけではない。リバタリアニズム（通常は保守主義の一形態とみなされるが、薬物使用や性行動についての論争では、リベラル的な立ち位置と典型的に考えられてきたものに行き着く）、種々の宗教教義（非常にさまざまなものがありえ、神学的解釈の進展による）、フェミニズム（その中核は、社会における女性の地位向上に関心がある）について考えてみよう。さらに、専門家にもイデオロギーがある。専門家は、トラブル状態やその対処法に関して特徴的な見解を持っている。たとえば第4章の医療化の議論を想起してほしい。医学の権威はトラブル状態を、医学的解決を通じて解消されるべき医療問題として構築することを好む傾向がある。

イデオロギーは「**利害**（**利益**）」と無関係ではない。イデオロギーによって個人は、平等や自由、女性の権利など諸原則に訴えることが可能となる。そして、これらの価値にもとづいて、社会がトラブル状態に対応する方法を導くべきであると主張するのである（たとえばリベラルが特定の社会政策を批判するのは、それがトラブル状態の根源にある不平等を軽減できないからかもしれないし、保守派の政策批判は、当の政策が不合理なほど人びとの自由を制限していることに焦点をあてているかもしれない）。換言すれば、それらの支持者は、イデオロギーにもとづいて原則的な主張を構築し、それがなすべき正しいことであるのは特定の価値と一致しているからだと主張できるようになる。同時に、人びとはしばしば自分の利益を擁護するイデオロギーを採用するかもしれない（たとえばフェミニストの大部分は、そのイデオロギーが発展させる利益の所有者となる女性だが、それは、医学の権威がしばしばトラブル状態を医療化することで恩恵を受ける位置にあるのと同じことだ）。イデオロギーと利益のつながりは、特定のイデオロギーに反対する人びとに、レトリック上の機会を作り出す。彼らは、特定のクレイム支持者を動機づけているのは、正義に関する原則的な感覚ではなく自己利益であり、クレイムが成功した場合に、その立場にあることで得られる利益なのだと非難できるのである。

イデオロギー的批判には諸価値を惹起する傾向があり、政策論争のなかで対処すべき種々の問いを生み出す。まず評論家は、実践的な問いに焦点をあてうる。それは他の政策よりもうまく働くのか、あるいはコストがかからないのか。他方、評論家は諸原則を強調しうる。この政策は重要な価値と一致しているのか。道徳的に健全なのか。我々がすべきことなのか。政策論争はしばしば、この二つのアプローチを融合させ、その結果、対立する者同士が、相手側の実践的なクレイムを、原則を逸脱したものだと非難しながら、相手方の原則的なクレイムを実践的でないと退ける。もちろん、何を問うべきかという問いに意見が一致することは不可能であり、それゆえに人びとが、その答えについても意見が一致しないということだけは確証できる。

イデオロギーは、政策の影響に人びとがどう対応するかについての先入見を与えるものといえる。人びとが特定のイデオロギー的立場を擁護する場合——それが政治的であれ専門的なものであれなんであれ——個人が特定の社会政策に対応する方法について予見することが可能となる。第一に、その政策を選好するイデオロギーを持つ人びとは、あらゆる欠陥は、政策が十分でないことに由来すると主張し、政策の拡大・拡張がこの欠落を埋めることになると論じる可能性が高い。逆に、初発の政策にイデオロギー的に反対する立場にいる人びとは、次のように主張する可能性がもっと高い。すなわち、政策は行きすぎているか、誤誘導するものであり、その政策を削減するか、別の方向へ向けられる必要がある、と。イデオロギーは、あらゆる人びとが政策結果にどう取り組むのかをコントロールすることはできないが、少なくとも議論に参加する者の反応を形成することはよくある。

再度、社会問題過程の主観的な性質を見てみよう。人びとが物事を行うのに十分な関心を持つようになるには、クレイム申し立て者が、トラブル状態を構築しなければならない。同様に、政策立案者や社会問題ワーカーが、そうした懸念に実践的な応答を構築しなければならない。したがって批判者も、政策の機能について解釈を考案しなければならない。彼らは、政策は大成功だったと評価するかもしれない（女性参政権を付与したことを想起しよう。誰もいまさら、女性から公民権を奪おうとは主張しない）。あるいは批判者は、政策は大変うまく機能しており、ただ少し微調整が必要であると評価するかもしれない（危険な交差点にもう一つ信号を設置すべきかもしれない）。あるいは、次のように主張する人もいるかもしれない。政策はうまく機能しておらず、さらに多くのことをすべきかもしれないし、することを減らすべきかもしれないし、全く別のことをすべきかもしれない、と。政策の影響という段階で、社会問題過程は終局を迎える――全く新たなクレイム申し立てのラウンドが発生するまでは。

第10章 時空をかけるクレイム

前章では社会問題過程《プロセス》の六つの段階《ステージ》について語ってきた。（1）最初のクレイム申し立て、（2）メディア報道、（3）大衆の反応、（4）政策形成、（5）政策遂行の社会問題ワーク、そして（6）政策の影響の六つである。この一連の段階は、典型的な社会問題が通過する自然史とみるべきである。もちろんすべての社会問題が正確にこのパタンを踏襲するわけではない。より重要なのは、多くのクレイムは失敗するということである。メディアの注目を集めることができない、公共的な関心事にならない、政策の変化につながらない、政策が実施されない、などである。本書に登場する六つの段階からなるこのモデルは、特定のトラブル状態に注目を集めて、より大きな社会がなんらかの対策を行わせることに成功した運動について語ってきた。別のクレイムは異なる軌道をたどるかもしれないが、このモデルは、大きな影響力を有するクレイムの多くがたどる経路を理解するのに役立つ枠組みなのである。

しかし別の複雑性に対しても注意が必要である。これまで一時点の社会問題について考えてきた。一九三〇年代に合衆国の麻薬取締局がどのようにマリファナを社会問題として構築したか、現在の当局がクリスタル・メス（メタンフェタミン）問題をどのように構築しているか、などである。このような事例研究は有益である。しかしマリファナとクリスタル・メスの事例は何十年も離れた時期に生じていたとしても、重要な特徴を共有していることは明らかだろう。つまり両事例とも、特定の薬物が有害で、禁止されるべきであるというクレイムを有している。この共通性こそが重要な問いを提起してくれるのである。この薬物問題は完全に独立に構築されているのか。つまり各クレイム申し立て者はゼロからクレイムを収集し始めるのか、政策立案者は新しい薬物問題に遭遇するたびに斬新なやり方をしているのか。また薬物問題と薬物政策が構築される方法には根本的な共通性があるのだとしたら、それは何か。またなぜその共通性が生じるのか。薬物に関する以前からのクレイムの歴史は、現在のクレイム申し立てに影響を与えるのか。同一のトラブル状態に対するクレイムはつねに同じ形態をとるのか、それともクレイムが発生する社会状況の影響を受けるのか。

本章はこれらの問題、とりわけ場所や時代が違えばクレイムがどう変わるのかという問題を探究する。異なる都市、異なる国、異なる場所で同じトラブル状態に対してクレイムが申し立てられるとき何が起きるのかを、分析者が比較する比較研究から始める。それからクレイムが一つの場所から別の場所へと拡散する方法、すなわち伝播について研究する。本章では、クレイムが時間とともにどう進化するかについて問いかける。特に循環的なクレイム、すなわちある時点でかなりの注目を集めた問題が、いったん消失し、それからクレイム申し立ての新たな動向の中で復活する問題について研究する。本章では最後に進歩の問題、すなわちクレイム申し立て者は事態が悪化していると警告するが、社会の衰退を想定することが社会問題について考える最良の枠組みなのかどうかを論じることにする。

比較

社会問題の構築について研究する社会学者は通常、事例研究を行う（J. Best, 2015）。つまり一つの事例、社会問題過程の一つの事例について、いかにして、なぜ特定の問題がある特定の時期、特定の場所で構築されたのかを研究する。事実、多くの研究は特定の事例の特定の側面に焦点をあてる。それゆえ同じ事例に対して異なる研究がありうる。たとえばどのようなクレイムのレトリックが説得的な議論をなすために組み立てられるのか、誰がクレイムを申し立てるのか、メディアがその話題をどのように報道したのかなどである。

事例研究の一番の利点は、社会問題過程が展開する特定の事例に関して、繊細かつ詳細な分析を行える点にある。本書の前半で取り上げた点のほとんどは社会学者の事例研究にもとづくものであり、本書の情報の過半はそれらの事例研究である。しかし事例研究には大きな欠点もある。研究されている事例が本当に典型であり、一般的といえるかどうか知るすべがないのである。本書を通して私たちは社会問題の構築過程で生じることについて論じてきた。図1－1で最初に社会問題過程を図式化したとき、この図は単純で素朴にみえた。しかし後半では社会問題過程の諸段階について、より詳細かつ複雑な図式を検討してきた。この複雑な図式が示しているのは、社会問題は必ずしも同一の経路をたどるわけではないということである。社会問題の展開の仕方には重要な差異がある。それゆえ特定の研究事例はじつはそれほど典型的とはいえない。

このような差異を研究する最も単純な方法は、同等だと予想される二つの事例を比較することである。たとえばシンシア・ボガード（Bogard, 2003）は、アメリカの二大都市、ニューヨークとワシントンD.C.で一九八〇年代にホームレス問題がどのように構築されたかを調べて、重要な違いを発見した。ワシントンでは「キリスト教無政府主義」を自称する活動家がホームレスを道徳問題として取り上げ、（メディア関係者がたくさんいる都市で）メディアの注目を集められるように、賢い抗議活動を行った。そして国内で目立つ政治家に関与させようとした。ホームレスのなかには精神疾患や薬物乱用に苦しむ人も多くいたことを彼らも知っていたが、ワシントンの活動家はホームレスを、もし安全で負担の少ない避難所が与えられるなら路上生活をやめる合理的な人物として構築した。対照的にニューヨーク市では、市と州の公務員のどちらがこの状態に対して責任を負い、これを正すコストを払うべきかに議論が集中した。州は、市がジェントリフィケーションを進めて、低コストの住宅を撤去し、以前からの住人をホームレスにしてしまったと非難した。逆に市は、ホームレスの多くは深刻な精神疾患を患っており、州が多くの精神病院を閉鎖したあと路上で生活せざるをえなくなったと主張した。ニューヨークではホームレスは自立できない人であり、公共の秩序を乱す人として典型化された。つまりこの二つの市では、異なる利害関心を持ち、ホームレス問題を異なるかたちで構築する、異なるクレイム申し立て者に焦点があてられた。

ボガードの研究が示しているのは、同じ時期に同じ問題を扱っていたとしても、社会問題過程は異なる経路で展開し、異なるクレイム申し立て者が異なるクレイムを用い、異なる政策につながっていくということである。このような比較を行うには、あらゆる種類の基礎がある。

・**地理**　ボガードは二つの都市で社会問題過程を比較しているが、他の地理的範囲で比較することもできる。分析者は二つあるいはそれ以上の国において、同じトラブル状態がいかに強調されるかを比較できることは明らかだ（J. Best, 2001a）。

・**時間**　多くの社会状態は長期にわたって継続する。それゆえ異なる時代における同じ場所での同じ社会問題構築の営みを二つ以上比較できる。たとえばアメリカ史では反カルト運動に長い歴史がある（Jenkins, 2000）。

・**同じ状態**　トラブル状態のなかには社会問題の同一カテゴリーに属すると理解できるものがある。それゆえ比較の基礎は明確だ。たとえば異なる薬物が社会問題として構築される仕方には、パラレルなものがある（Reinarman, 1994）。

・**同じ構築**　分析者は同じクレイム申し立てのレトリックによって構築された問題を比較することがある。たとえば高速道路での銃撃、ストーカー、「無作為犯罪（random violence）」として特徴づけられる他の犯罪は比較可能である。クレイム申し立て者が「被害者化」を含んだ他の問題をいかに構築したかを分析するのと同じ手法が使える（J. Best, 1999）。

・**比較に使える他の基盤**　分析者は、同じクレイム申し立て者による異なる運動を比較することもできる。たとえばフェミニストや医療当局が種々の社会問題をいかに構築するのか、異なるメディアが同じ問題をいかに構築するのか調べることができる。分析者の想像力以外に、比較の基盤を制限するものはない。

図10－1は社会問題過程の比較を示すいくつかの形式である。この図の上部は、六段階からなる（特定の問題――問題Xと呼んでおこう――に対する）単一の社会問題過程を示している。同じ過程が図の中部に縮小サイズで描かれており、これは他の社会問題過程に囲まれている。それは問題Xの構築と他の社会問題の構築とを比較する種々のベースを示唆している。二つの社会問題過程の一連の流れをすべて比較する必要はない。社会学者は特定の、狭く限定されたテーマの比

図10−1　社会問題課程間の比較

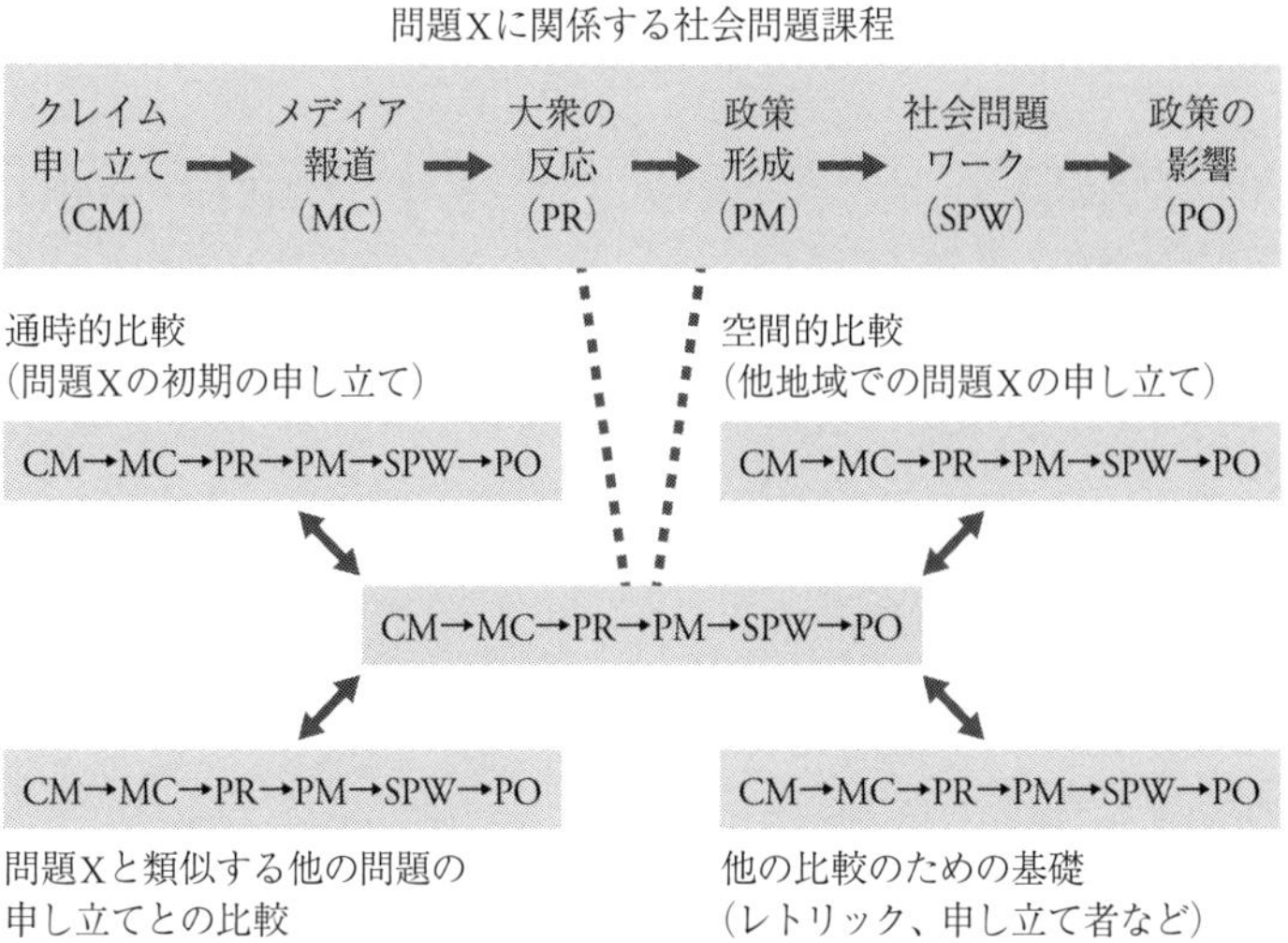

較（二つのクレイム申し立て運動における統計の使用など）に集中してもよい。

比較は強力な分析方法である。なぜならそれは、隠れた同一性や予期せぬ差異を発見するのに役立つからである。社会問題過程に関与する人は、物事はあるがままの姿であるべきだと仮定しがちである。彼らは、問題は自分たちにとってなじみのある観点から構築されるのを当然だと考えるのである。社会問題過程を比較することから得られる最大の利点は、私たちが社会問題について理解する仕方はどれも人びとの選択の結果であり、人びと、すなわちクレイム申し立て者、メディア関係者、政策立案者、社会問題ワーカーなどはトラブル状態の一つの側面だけを強調することを選択し、他の側面を軽視することである。彼らが無視しているものに気づくのは難しい。

しかし比較によって私たちは、その選択が作為的になされたものであり、いかにして、なぜそれらが望まれた選択となったのかを認識するのに役立つ。

セクハラの問題を考えてみよう。アメリカ人は、セクハラが性差別の一種であり、性行為の要求だけでなく、不適切な冗談や「敵対的な環境」を作り出す行動も広くセクハラに含まれることを自明視している（Saguy, 2003）。しかしフランスではセクハラはもっと限定的に定義される（セックスの要求のみが含まれる）だけでなく、かなり違った仕方で（上下関係を濫用した性暴力として）定義される。これらの異なる定義は異なる過程を通して出来上がったものである。合衆国では法廷がセクハラの範囲を徐々に確定してきた。フランスでは法廷ではなく議会法にそれが求められた。これは政策立案者が法的な合意を調達せねばならず、何がセクハラを構成するかをより広く定義する立場からの支援が十分でなかった点で重要である。メディア報道も両国で違っていた。アメリカの報道は大部分、スキャンダル、すなわち有名な政治家がセクハラに関与しているというクレイムで占められた。対照的にフランスの多くのメディアは、アメリカのセクハラの扱いが「過剰」であることに焦点をあてた。評論家は、フランスがアメリカの真似をするのは避けるべきだと論じた。つまりセクハラが両国で構築される仕方には大きな違いがあったのだ。

比較研究は、問題が同じように構築されるべきだと考えているときでさえ、社会問題の構築のされ方に違いがあることを明らかにする。もしあるクレイム申し立て者がいうように、携帯電話が放射線被曝の脅威があるなら、そのリスクを作り出す物理的過程はどこでも同じであり、世界中の携帯電話利用者に対して同じ危険があるはずだ（Burgess, 2004）。比較研究が明らかにするのは、物理的脅威の構築さえをも支える社会的過程である。放射線のリスクは、通常は物理学と生物学の観点から理解可能になるとされているが、他の社会問題と同様、やはり社会的に構築されたものである。比較研究はそのような社会的過程を「みえる化」するのに役に立つ。

伝播

比較研究は、社会問題過程が違う場所では違う結果になることを明らかにする。二国間で所与の問題を同じ仕方で構築することもあるかもしれない。劇的に違う言葉遣いで問題を構築することもあるかもしれない。一つの国ではトラブル状態を重大問題と定義するが、他国では関心を持つに値しないと拒絶するかもしれない。しかしある問題が、異なる場所で同じ時期に注目を集めるのは特に興味深い。異なる国における社会問題過程は完全に独立であり、互いに関連しない可能性もあるが、国から国へとクレイムが伝播する可能性もあり、この過程を研究することもできる（J. Best, 2001a）。

伝播（diffusion）とは、社会科学者が技術革新の拡散を記述するために使う専門用語である。新しい事柄、新概念、新発明などは特定の場所で出現するが、集団から集団へと拡散する。もし一つの集団がたとえば鏃《やじり》を作る良い方法を発見したならば、隣の集団は自分たちにも利益が得られする。

ならばそれを模倣し、採用する。伝播の過程には、素材、技術革新を伝える伝達者（transmitter）、さらに採用者（adopter）がいる。成功した技術は多くの社会に、何千キロもの距離をこえて拡散する

伝播は社会問題過程の場合にも発生する。クレイムは特定の都市、地域、国で発生するが、他の場所に拡散する。すべてのクレイムが拡散するわけではないが、他のクレイムより遠く、広く拡散するクレイムもある。この違いは何によって説明されるのか。

すべての社会問題クレイムは、特定の状態が存在し、それはトラブル（困ったこと）だと主張する。クレイムの拡散が成功するには、採用者がその基本的な認識について、自分の状況、すなわち自分の地域や国にも適用できると承認する必要がある。もちろん伝播には、ある状態が実在するという観念が承認されていることが必要である。成員が、ある状態の実在を疑うような社会では、その問題に関するクレイムは受け容れられにくいであろう。たとえば魔女について不安を持つことは、人びとが魔女の存在を信じていることを要件とする。ある社会で魔女の存在を信じる人が魔女に対してどれだけ不安を抱いても、それを信じない人に自分の関心を拡散させるのは難しいことがわかるだろう。同様に、その状態がトラブルであるとみなされる必要もある。伝統的な貴族社会では、人に対する敬意や服従が衰退していることをトラブルとみなすかもしれないが、そのクレイムは民主主義社会の成員にはまったくアピールしないだろう。彼らはその状態が存在することは認めるが、これを懸念すべき対象ではなく、称賛すべき大義とみなしている。

ある社会から別の社会へとクレイムが拡散するには、クレイムの潜在的採用者が、自分たちの社会にもクレイムがなされるような状態が存在すること、ならびにその状態がトラブルであることを認める文化や社会に住んでいなければならない。つまり、クレイムがもともと発生した社会とあまりに異なる社会にそのクレイムが拡散する可能性は少ない。特に採用者は自分たちの社会を、クレイムがもともと発生した社会と同じような社会だと認識している必要がある。両者の同一性を認識しにくい状況では、伝播は生じにくい。

たとえば社会問題クレイムは、共通の言語と歴史的なつながりを共有する国のあいだで拡散しやすい。近年では多くのクレイム申し立て運動で合衆国が発信源となっているが、イギリス、オーストラリア、カナダには拡散に成功しやすい（たとえば悪魔祓いによる虐待への不安は合衆国から、これら英語圏社会に広がった）。さらにこれら三カ国で発生したクレイムが合衆国に到達することもある（いじめやロード・レイジに対する不安はイギリスから合衆国に伝わった）（J. Best, 2001a）。他方、アメリカでの社会問題構築は、フランスでは抵抗にあうこともある。フランスのメディアはアメリカの政策を批判し、セクハラ、移民、肥満などの社会問題に対して別の構築を行っている（Benson, 2013; Saguy, 2003, 2013）。

伝播には接続経路《チャンネル》が必要である。つまり潜在的伝達者と未来の採用者とのあいだにつながりや連帯がなければならない。伝播の理論では、**つながりのあるチャンネル**（relational channel）、すなわち伝達者と採用者とのあいだに個人的なつながりがある場合と、マスメディアのように両者のあいだに個人的な結びつきがない、つながりのないチャンネル（nonrelational channel）を分析的に区別する（McAdam & Rucht, 1993）。実際にはクレイムの伝播は通常、どちらのチャンネルともつながろうとする。非公式のつながり（知人など）とより公式なつながり（同じ職業集団の成員など）の両方を使って、異国の人びとは互いに知り合い、つながりのあるチャンネルを作ろうとする。海外の学校に留学して外国人と知り合いになろうとする人もいれば、警察、ソーシャルワーカーなどの国際会議で出会うこともある。

それと同時に社会問題に関する情報は、つながりのないチャンネル、すなわち出版、娯楽メディア、書籍、ニュース放送、インターネットなどを経由しても流れる。つながりのあるチャンネルとつながりのないチャンネルは相互に強化し合う。どちらのチャンネルを経由したとしても、共通言語があれば拡散が容易になることは明らかである。クレイムを他の言語に翻訳するには時間がかかる。伝達者と採用者が言語を共有するときにクレイムはより速く伝わる。

すべての伝播は、究極的にはその過程に関わる行為者、つまり伝達者と特に採用者に依存する。伝達者は社会問題クレイムを他国に移植するのに渾身の努力を払うかもしれない。トラブル状態に対して注目を集めることはむろん、社会問題クレイム申し立ての中心的な課題であり、自分のメッセージを他国に拡散しようと努力するクレイム申し立て者もいる。クレイムが大規模でグローバルな問題、たとえば人口増加や環境破壊や経済のグローバル化などについて語っているときには特にそうである。そのときクレイム申し立て者は伝道師と化し、つながりのあるチャンネルとつながりのないチャンネルを駆使して自分のメッセージを国外に伝えようと励む。たとえば国際的な社会運動はトラブル状態についてのクレイムを、そのクレイムへの抵抗が予想される国に拡散する方法を提供する。

他の事例では伝達者はより受動的である。彼らの関心は自国に、ときには自分の地域に限定されている。自分のクレイムを拡散・促進させようとする努力をまったくしない。彼らのクレイムも、つながりのないチャンネル、すなわちメディア報道、専門的な出版物などを経由して他国に届くことがあるかもしれない。しかし伝播の中心的行為者は採用者である。将来、採用者になるかもしれない人は、クレイムの拡散に参与する前から、自分の社会の状態を伝達者のクレイムが描き出すものと似ていると考えている。

むろん社会には共通性と同じくらい差異がある。文化的な差異もあるだろう（伝達する側の社会にいる人と、将来それを採用する社会は、少なくともいくらか異なった言葉遣いで世界を構築する）。社会構造の差異もあるだろう（法や教育システムの違いなど）。それらの差異は拡散の障害になりかねない。将来の採用者が、特定のクレイムを自分の社会には適用できないと結論することもありうる。たとえば喫煙は、合衆国や西欧よりも日本男性のあいだでよく行われている（Ayukawa, 2001）。他国の政府は喫煙を減らすために厳格な公衆衛生運動を進めてきたが、日本ではその歩みは遅かった。なぜか。日本では政府がタバコの配給を統制しており、喫煙者からの収入がかなり多かったからだ。日本では社会運動を政府の利益に反対する運動として動員することが困難である。何が社会問題であり、何がそうでないと考えられるかは、社会の文化と社会構造に依存する。

それゆえクレイムが相対的に抽象的で理論的な言葉で語られるとき、伝播は容易になる。**理論化**とは、一般的で抽象的な原理と議論を強調するクレイムを提示することである。たとえばクレイム申し立て者は性差別を、特定の差別行為ではなく、男性、あるいは家父長制の支配という一般的な概念で描き出す。それは多くの異なる社会環境で作動しているのを発見可能な、一般的な原理を提供する。しかし特定の差別行為として描くときには、その特定の行為がふつうにあり、しかもトラブルとみなされている国にしか適用できない（Strang & Meyer, 1993）。理論化は抽象化し、単純化する。社会問題クレイムの場合、理論化は議論を円滑にする。それは特定のローカルな意味づけの特殊性を縮減し、クレイムをより広く一般的な概念で再フレーズ化し、より広範に受容可能なものにする。理論的なものは意義深いものになり、実践的になるほど重要でなくなる。そして理論的なクレイムは、新しい社会に拡散しやすくなる。そしてその場所で、ローカルな文化と社会構造を説明できるように再定式化される。

その結果、同じ社会問題に対するクレイムはいくらか異なるかたちを取り、異なる社会の構造（social arrangements）に依存する。ときには社会構造の違いが、クレイムがうまく伝達されるのを難しくする。たとえば近年、イギリスのクレイム申し立て者は、学校のいじめだけでなく他の環境、たとえば職場におけるいじめなど、さまざまなタイプのいじめに焦点をあてている（Furedi,

2001）。イギリスの職場でのいじめに抗議する運動は、その国の強力な労働組合からかなりの支持を得た。対照的に合衆国で職場いじめを問題として構築する運動は、（合衆国では労働組合の影響力が小さいため）成功したとはいいがたい。抽象的で、特によく知られたいじめ問題（特に子ども間のいじめ）は容易に拡散するが、職場いじめのような、より特定の構築は拡散しづらい。同様に、中絶問題も合衆国とイギリスでは異なった展開を遂げている（Lee, 2003）。英国法は長年、妊娠中絶を、内科医の権威下にある医学の問題として扱ってきたが、合衆国ではそれを権利の問題としてみてきた。

現在の評論家は、グローバル化が世界を理解するための中心概念になったと論じている。国家はますます貿易、迅速な移動、本質的に瞬間的なコミュニケーションによって結び付けられている。貨幣と職業、概念は国境をより自由に越境する。つまり将来、社会問題クレイムの伝播にもっと焦点があてられるようになる。それはクレイム申し立て者が気候変動、テロリズムなどグローバルな問題を構築しようと試みるからでもあり、伝染病などのトラブル状態が世界の一隅から出発してより広大に拡散するからでもある。しかしこれらの要素に加えて、（World Wide Web のような）コミュニケーションの進歩は、離れた場所にある世界中の人びとがクレイムを利用するのを容易にしている。少なくともこれらのクレイムのうちいくつかは、それらの拡散を容易にする概念によって理論化される。

クレイム申し立てのサイクル

社会問題過程の初期段階では、クレイム申し立てのレトリックがトラブル状態を新奇で、状態が悪化しているがゆえに少なくとも新たな関心を払うに値するものとして描くことがふつうにある。その問題が注目を集め、人びとがその問題についてもっと知りたくなったあとで、そのトラブル状態の歴史を描く試みが生まれてくる。たとえば児童虐待に関するクレイムは、大人は子どもを何世紀も虐待してきたが、いまや我々は虐待についてよく知っているなどといった簡潔な歴史的説明を含んでいる。あるいは貧困を研究する歴史家は、貧困の根絶を目指すかつての努力は間違っており、全く新しい取り組みが必要であるなどと論じる。コロンブスや騒音など、ありそうもないテーマですら、クレイム申し立ての歴史を描写することができる（Kubal, 2008; Schwartz, 2011）。たしかにクレイム申し立て者は、過去の事柄よりも現在の喫緊のトラブル状態の言挙げに集中する傾向がある。たいていのクレイムは現在の状況に集中し、過去にはあまり関心を払わない。その問題の歴史に思いを致すときには、歴史を単純化しがちである。

この狭い焦点化は不幸なことである。なぜなら社会問題の歴史の精緻な研究は、現在のクレイムを明快な文脈に置き直すことができるからだ。特に多くのトラブル状態が、関心の「**サイクル**」の対象になる。つまりトラブル状態は強力なクレイム申し立ての対象になるが、しばらくのあいだ、スポットライトを外れ、新たな関心の焦点になることがある。

関心のサイクルは、ほとんど注目を浴びなかったトラブル状態がクレイム申し立ての対象になるときに開始される（Downs, 1972）。その結果、関心はピークに達するまで増加する。そして関心は低減し、そのテーマは再び注目を浴びなくなる。このサイクルは社会問題について考察する別の方法にもなる。クレイム申し立て者、メディア、大衆、政策立案者、社会問題ワーカーが関与すると関心は増大する。しかしなぜ関心は低減するのか。再び関心が増大しないのはなぜか。なぜ関心のサイクルが存在するのか。

その答えの一つは、社会問題過程は新奇性を重視するからである。新しく新鮮にみえるクレイムは社会問題市場の中で優位に立ち、メディア、大衆、政策立案者の関心を惹きつける。それゆえ特定の問題をクレイム申し立てようとする者は、自分のクレイムを日常的に更新し再パッケージ化する必要を感じ取る（第3章で論じた）。しかしクレイム申し立て者が問題を可視化しようと努力したとしても、徐々に形勢が不利になっていくと感じている。なぜなら他の競合クレイムが、等閑視されていた話題に関心を集めようとしてより新奇にみせようとしているからだ。特定のクレイムがしばし話題の中心を専有しているという事実そのものが、他のクレイムを、特にメディアに対して、より新鮮で興味深くみせようとする試みにつながる。それは新奇な素材を提示できるかどうかにかかっている（第5章を参照）。さらに第8、9章で示したように、社会問題過程がいったん社会問題ワークの段階に達すると、いくばくかの失望が生まれてくる。当の問題の解決策として提示された政策が、問題の消滅に寄与しないことはいくらでもある。トラブル状態は継続し、人びとはその政策に対する熱狂的な支持をやめるようになる。

つまりクレイム申し立て者が特定のトラブル状態に対する関心を喚起することにどれほど成功したとしても、その関心は最終的には減退するため、その問題は注目されなくなる。しかしそれでことが終わるわけではない。十分な時が経てば、以前の問題関心の波動《サイクル》は忘却される。なぜなら競合するクレイム申し立て運動が、社会問題市場における注目を集めているからである。忘れられたテーマに対する注目を再び集めるには、結論は熟しきっているかもしれない。それゆえ多くの社会問題の歴史において、そのテーマが相対的に注目を集めなくなったときでさえ関心の波動が長期にわたって継続するのは、驚くべきことではない。

たとえば二〇世紀の合衆国における、ギャングの非行に対する強烈な三つの関心の波動について考えてみよう。最初の波動は一九二〇年代に始まり、第二波は一九五〇年代、第三波は一九八〇年代に生じた。それぞれの時代に、今日のギャングは以前の時代より悪化している、つまり巨大で、組織化が進み、いっそう危険になっているという警告が特徴となっている。それぞれの時代には社会学者、精神科医、犯罪学者などの専門家がクレイムを行い、各時代にはセンセーショナルなニュース報道や、ギャングを描いた文化的大衆作品が存在した。この波動は二〇世紀に始まったわけではない。ギャングに対する関心の波動は一八四〇年代の合衆国の都市部、あるいは一八世紀のロンドンにまで遡る（Pearson, 1983）。

他の多くの問題についても連続的な関心の波動を指摘できる。歴史家のフィリップ・ジェンキンスは子どもの性虐待（Jenkins, 1998）やカルト（Jenkins, 2000）に対する関心が激動するさまを描き出した。同じパタンが驚くべき場所で現れるのだ。たとえばキリスト教の神学者は「秘密の福音」が存在するというクレイムに周期的に注目した。それは教会が抑圧してきた古代文書であり、真の御神託は制度化した教会が現在支持していることと正反対だとその文書が暴露していると彼らは考えたからである（Jenkins, 2001）。

どちらの事例でも、新しいクレイム・セットがしばらく大きな注目を集めたが、関心はやがて雲散霧消する。そのテーマについてのクレイム申し立てが再び復活しても、人びとは以前の関心の波動にあまり関心を持たない。古いクレイム・セットはかつて強い関心を呼んだが、やがて忘れられ、新世代のクレイム申し立て者がかつての轍を再発見することになる。もっとも昔のクレイムを再召還したとしても、使われない傾向がある。「古き良き時代」の人びとはかつてギャング問題があったと考えたかもしれない。しかし彼らの時代のギャングは、現代のギャングとは比較しようもないのである。

このような関心の波動を説明するのは何か。むろん一つの可能性は、クレイム申し立て者が批判するトラブル状態がやがて多少なりともふつうのことになり、クレイム申し立て者が単にその変化に追従しているだけ、というものだ。しかしギャングの成員数は、時代が違えば大きく増減する。しかしその変化を記録することは不可能である。たしかにギャングはいつでも仕事をしているだろうが、その活動を長期的に記録したものはない。とりわけギャングに対する関心が低減する時代にはギャングの関与を記録しようとする人もいなくなる。ギャングが注目を集めているときに、その関心がギャング行動の活発化に起因することを確証する手段はない。

別の可能性としては、劇的な出来事が特定の社会問題に対するメディアと大衆の注目を集めるというものがある。たとえばジェンキンス（Jenkins, 1998）は、子どもに対する性犯罪への大きな関心の波動について書いている（この犯罪は子どもに対してあまり関心が持たれない時期もある）。関心の波動が続いているときには、ニュース報道は子どもに対する悲惨な性犯罪を大々的に報じる。しかし関心が低下している時期にも同様の報道はある。関心が高い時期にはその種の犯罪は、子どもへの性暴力というより大きな問題の「**事例**」として、すなわち何かをすべきだということの証拠として扱われる。対照的に関心が低い時期には、この悲惨な犯罪に対する報道は、これを異常で例外的な行動とみなして、より大きな現象の代表例とはみなさない。クレイム申し立て活動が潜在的なトラブル状態の増減に一致して増減することを立証する事例を提示することは不可能であろう。

これらの関心の波動をどのように理解したらよいのか。一つの手がかりはギャング、カルト、子どもに対する性犯罪、秘密の福音などの問題のいくつかは、何度も出現する。そのような再出現は当然のように思われる。人びとがこれらの話題に関心を持つのはなんら驚くべきことではない、と。しかしその波動にも似たパタンが他の社会でも生じることを理解すると、より衝撃的である。東アフリカの吸血鬼に対する関心の波動のような事例をみると、とくにそうである（White,

2000）。他の社会でも流行する関心のヴァリエーションがあるという事実は、特定の問題が特定の社会で構築されやすいことを意味する。文化と社会構造の配置が、再出現するクレイムを醸成するのである。

社会には断層のようなもの、「ヴァリエーションの軸」（Erikson, 1976）があると考えるとよい。つまり社会構造は若者と大人のあいだ、移民と現地生まれの人のあいだなど、集団間の対立を生み出す可能性がある。自己定義された集団が自分たちは希少資源をめぐって競合していると考えたり、他の集団がこれに接近するのを制御しているときには、これらの対立がクレイム申し立てへとつながる。クレイム申し立ては資源が相対的に希少な時に増加する。集団間の対立が激化しているからである。

その対立は多くの異なる方法で表現される。人びとは特定の個人や特定の活動に不平を持つことがよくある。「彼はそれをやってはいけなかった」と。しかし対立はより大きなクレイムにつながることがある。特定の行動をより一般的なトラブル状態の事例として理解するからである。ある時期には対立は無数の不満を喚起する。これを私たちは潜在的クレイムと考える。特定の不満が完全な社会問題過程に至るかどうかは条件による。不平がレトリックとして強力なクレイムとしてパッケージ化されるかどうか、クレイム申し立て者が十分な資源を動員できるかどうか、社会問題市場で現在競合する他のクレイムの性質はなにか、などによる。

社会的断層に沿った対立のレベルは別の条件として理解できる。より大きな対立がある時期には出版社、大衆、政策立案者がクレイムを受容する可能性が高まる。これらのクレイムは、一見したところ、間接的なものにみえることがある。たとえば一九世紀後半の合衆国ではイギリス産のスズメに対する活発なクレイム申し立て運動が生じた。スズメは都市部を荒らす昆虫を捕食する鳥として期待されて合衆国に輸入されたのである（Fine & Christoforides, 1991）。スズメは道徳的な言葉で広く非難された。怠惰で汚らしいと。反スズメ運動の強烈さに驚かれるかもしれないが、これは当時のより大きな反移民クレイム申し立ての一部となったのである。一九世紀後半と二〇世紀初頭の合衆国には移民反対の周期的波動の一つが来ており、この国が移民の収容力に欠けるという懸念と並行するかたちで、外来鳥の流入に反対するクレイムが存在した。鳥類に対する不満はそれほど一般的ではなかったが、その時代のより大きな対立が、反スズメ運動を見える化したのである。

特定問題に対する関心のサイクルの他にも、アメリカ社会が特にクレイム申し立てにオープンになった時期がある。アメリカ史において改革運動が強力だった三つの時期である。まず南北戦争（概して一八三〇―六〇年）前の数十年間、活発な社会運動があった。奴隷制の廃止論者だけでなく女性の権利、新宗教、禁酒運動、移民反対（特にアイルランド人の入植への反対）に対する関心が強かった。次に一九世紀後半と二〇世紀初頭には女性運動が復活し、（特に南欧・東欧からの）移民反対も強くなり、アルコールと薬物に対する禁止運動があり、進歩主義時代に関連するあらゆる主張が論じられた。近年では一九六〇年代初頭から現在に至るまで、市民権、女性権、ドラッグに対する戦争、(ラテンアメリカとアジアからの)移民に対する新たな関心や他の問題に関する強力なクレイム申し立てが存在している。

この三つの時期を比較すると、人種、女性問題、移民、薬物使用など断層に関わるテーマへの関心は単に復活するだけでなく、ほぼ同時に出現する傾向がある。この同時出現が意味するのは、特定の歴史的時期における状態がクレイム申し立てを醸成するということだ。南北戦争が差し迫る時期には人びとが不安定になり、第一期の社会問題クレイムに対してよりオープンになったと推測できる。本書前半で論じたように、近年では新しいメディア環境やさらに洗練されたクレイム申し立て方法によって、現代のクレイム申し立てが醸成される。時代をこえて社会問題過程を調査すると、驚くべき同一性と差異が明らかになる。そして社会問題構築の現代的な構造をさらに深く理解できるようになる。

進歩の問題

時代をこえたクレイムの比較は、比較に関する別の問いを生みだす。はたして事態は改善しているのか。つまり私たちは社会の進歩について語りうるのか、それとも事態は悪化し続けているのか。多くの点に関して進歩がみられることを示す有力な事例はいくつもありそうだ。二〇世紀のあいだに平均寿命は著しく延びた(男子新生児の平均寿命は一九〇〇年では四六歳だったが、二〇一〇年には七八歳になっている。女性の平均寿命はさらに長い。非白人の平均寿命は白人よりも伸び率が高い）。若者の高校卒業率は急上昇し（ある推計によれば一九〇〇年には約六％であるのに対し、近年では八〇％以上に達している）。選挙権は広範に認められた（一九〇〇年には女性も南部のアフリカ系アメリカ人もほとんど投票権がなく、一八歳以上二〇歳未満の人は投票できなかった）。生活水準も改善した（たとえば屋内配管、電気、電話は一九〇〇年には稀だったが、現在では誰もが利用可能となっている）（J. Best, 2001b）。これらはすべて進歩なのか。

ほとんどの人は「然り」と答えるだろうが、トラブル状態へのクレイムは否定的なものを強調する傾向がある。クレイム申し立て者のレトリックがしばしば主張するのは、事態が想定外に悪化しており、正真正銘の破滅が迫っており、進歩は幻想に過ぎないということである。クレイム申し立て者が進歩について語ることはほとんどない。社会が改善していることを認めてしまうと独り相撲になりかねず、トラブル状態への対処行動を起こす障害となるのを懸念するからである。この懸念は理解可能である。事態が改善されていると人びとが感じるようになると、トラブル状態に注目を集めるのが難しくなる。さらにクレイム申し立ての文化と組織の四側面により、進歩は容易に軽視される。

1　**完璧さ**　クレイム申し立て者は**完璧さ**を基準としがちである。特定のトラブル状態は改善しているものの解決はしておらず、問題の根絶を決意したと宣言するのである。第7章で論じたように、政策立案者は社会問題に対してしばしば「戦争宣言」をする。特に貧困、がん、薬物、近年ではテロリズム問題は戦争として報じられる（J. Best, 1999）。

2　**比率**　大きな問題が消失すると、相対的に小さな問題が以前よりも比率が大きくなる。一九九〇年、最大の死因は伝染病だった。ワクチンと抗生物質によってこれらの脅威の大半は実質的に根絶された。誰もが何らかの原因で死ぬので、潜在的に致死の病、たとえば乳がんに焦点があたり、インフルエンザ、肺炎、ジフテリアなどかつての死に至る病はあまり注目を集めなくなった。同じように（リンチや南部の制度的隔離のような）人種不平等の最悪形態は終焉した結果、より暴力的でも体系的でもないが、残存する人種差別に焦点があてられるようになった。つまりクレイム申し立て者は、社会問題として構築される状態が不足しないことを必要とするのである。

3　**増殖**　現代社会は、社会問題クレイムの増殖を促進している。第5章ではクレイムが伝わるアリーナの数が増えたことを論じた。ＴＶ番組のチャンネル数が増え、インターネットには無限にアクセスでき、それにより社会問題クレイムの促進がいっそう容易になる。また、これら新たに出現したアリーナでは、受け手を区分して（segmented）いることがほとんどである。そうすることでクレイム申し立て者は、自分たちのレトリックを最も受け容れてくれそうな同質的な受け手に直接差し向けることができるという利点が生まれる。それゆえクレイム申し立て者は、特に運動の初期段階では支持を動員しようとするため、批判や対抗クレイムとの遭遇を防ごうとする。もちろんそれには弊害もあり、アリーナが多数ある社会では、一つのクレイムに対する一般的・公共的な関心を獲得するのが難しくなる。たとえば環境保護主義者が多数いるアリーナで環境に関する正義を売り出すことは容易だが、全体社会で注目を集め、環境問題に人びとの関心を集め続けることは難しくなる。

4　妄想（paranoia）　最後に社会進歩は、社会崩壊の恐怖という妄想を産み育てる。社会進歩という特徴を有する世界で、クレイム申し立てのレトリックが競争に勝ち続けるにはどうしたらよいか。一つの方法は、自分たちが悲惨な危機的状態にあり、集団的破滅が間近に迫っていると警告することである。破滅のシナリオは多数存在する。クレイム申し立て者は核戦争、核の冬、気候変動、人口過剰、汚染、資源枯渇、感染症、人種対立、グローバル化、経済崩壊、飢饉、遺伝子工学、ナノテクノロジー（自然の生態系に優越する小さな技術装置）、ロボット工学（優れた知能を持ち、人間を根絶する機械）などの脅威について警告を発する。さらにこれらすべての恐怖は、「社会」が原因であるトラブル状態に焦点をあてており、クレイム申し立て者に馴染み深い主題を有する。クレイム申し立て者は、進歩などひとときの幻想に過ぎず、進歩とみえるものもやがて大災害につながると警句を発する。

要するに進歩の経験は、社会問題の構築をいくらか容易にする。クレイム申し立て者は社会構造がいまだ不完全だと主張する。過去の大問題がすでに解決されると、以前は無視されていた問題に注目を集めやすくなる。自分たちのクレイムに共感してくれそうな受け手をターゲットにし、クレイムを届けることができる。さらに進歩は幻想であり、かつてはさらにひどかった問題を継承しているだけだと警告することもできる。また、人びとが社会変動に慣れてくると、かつて危急の問題とされたものが通常化し、警告を発するクレイムの対象にならなくなる。

これらのパタンを所与にすると、社会問題クレイムが最も危急のレトリックに集中するのも意外ではない。クレイム申し立て者は既存のトラブル状態に注目を集めようとするだけでなく、将来警告すべき問題についても予測する。これらは、世界がある特定の時点で終焉するという宗教的予言の世俗的な等価物なのである。振り返るとこれらの警告はしばしば間違っていた。たとえば一九八〇年代後半のエイズに対する警告を考えてみよう（一九八七年、大手テレビ局のトーク番組では「現在の研究の予測では、三年後には、同性愛者の五人に一人はエイズで死亡する」と宣言した）（Fumento, 1990, p.31）。またY2K問題に対する馬鹿騒ぎも（カレンダーが一九九九年から二〇〇〇年に変わるとき、世界中のコンピュータが停止し、文明が崩壊するというものである）。

破滅のレトリックは、そのクレイムを社会問題市場の中で目立つものにする。インフルエンザが流行する年にはいつでも、今年のインフルエンザは破壊的な流行となると予測することができる。進歩のポジティブな記録に焦点を合わせたところで、そのクレイムは競争力を持てない。しかし、ものすごい予測を行えばメディア関係者、一般大衆、政策立案者の注目を集めることができる。おそるべき恐怖が格好の最新ニュースになり、雑談の格好の話題となり、政策立案者が社会をこの恐るべき脅威から防衛するという立場を取らせる機会を与える。

つまり問題は、社会進歩の証拠のあるなしではない。要点は、社会問題過程はクレイムを互いに競争させ、クレイム申し立て者は悲観的なレトリックを競争力ある戦略、すなわちその問題に対して注目を集める最も効率的な方法として正当化しうるわけである。

時空をこえて私たちの関心を拡張すること

事例研究は、社会問題過程を研究する典型的な方法であるが、本章では一つの時期に二つ以上の事例を研究する利点があることを示してきた。比較によって私たちは社会問題を時空をこえて比較対照し、以下のことが認識できる。トラブル状態を構築するにもさまざまな方法が存在すること、クレイムが国から国へと伝播する際にクレイムが変形すること、新たな関心の波動により、かつて目立っていたが人びとの関心から姿を消した問題に新たな生命を与えることができること。

典型的なクレイムは、いまここ、そして将来もトラブル状態を強調する。クレイム申し立て者は、事態が現在悪化している理由と、これからさらに悪化すると懸念する理由をしばしば警告する。私たちの関心を拡張する、すなわちクレイムをより広く捉え、いかに社会問題が他の場所や時代で構築されるかについて考慮することで、これらのクレイムをコンテキスト（文脈）のなかで捉え、社会問題過程をより大きな枠組みに置き直すことが可能になる。そしてその過程がいかに作動するかをよりよく理解できるようになる。そのような比較の基盤なしに、特定のクレイム・セットを評価するのは難しい。

第11章　構築主義スタンスの使い方

私たちはときおり家族や友人と社会問題について議論する。この日常会話は、一般に「**トラブル状態** troubling condition」と呼ばれるものに焦点をあてる。人びとやその状態の範囲や、何が原因なのかについて議論を交わす（たとえば貧困は、差別やまともな仕事の不足が原因だという人もいれば、貧困状態にある人は少なくとも部分的には自身に原因があると反論する人もいる）。メディア報道が、どちらかの立場を擁護するために使われることもあるだろう（ラジオのトーク番組やTV番組で貧困が議論されている場が思い浮かぶかもしれない）。何がなされるべきかについて、意見の不一致があるかもしれない（貧しい人に対し政府がお金をもっと分配すべきなのか、それとも減らすべきなのか？）。つまり、これらの会話では、社会問題があたかも社会の中で客観的に実在するかのように扱われる傾向がある。

むろん本書は、それとはかなり異なる立場をとっている。本書は、社会状態について相対的には小さな関心しか向けてこなかったし、その代わり人びとが社会問題についてどう考え、何を発言するかに焦点をあててきた。本書では、社会問題を社会状態として扱うのではなく、人びとの社会問題に対する観念が出現し、進化する**プロセス**を記述してきた。

第1章では、基本的な六段階（クレイム申し立て、メディア報道、人びとの反応、政策形成、社会問題ワーク、政策の影響）からなる社会問題過程のモデルを紹介した。そのモデル（図11－1で再掲）は、社会問題過程における継起的な段階を一般的に取り扱っているが、それ以後の章の流れをまとめる基本的枠組みとなっている。

本書は社会問題過程の六段階について探究を続けつつ、社会問題の主観的側面についても焦点をあててきた。社会問題と考えられているすべての現象に共有されるのは、特定の客観的性質や、社会に悪影響を与える特定の害悪や損害ではないことを思い出していただきたい。逆に、すべての社会問題に共通する一つの性質は、それが主観的であるということである。人びとは社会問題を困った事柄だと定義する。社会問題は状態ではない。社会問題とは**関心**である。

この主観的ワーク、すなわち人びとがトラブル状態とみなすことに関心を持ち、理解しようとする努力は、社会問題過程のあらゆる段階に生じていることである。まずクレイム申し立て者は、トラブル状態に対して自分が抱いている関心を他人に共有してもらえるようにクレイムを構築しようと努力する。社会問題過程の後続段階では、メディア関係者、一般人、政策立案者、社会問題ワーカー、政策を評価・批判する人びとは、自分の関心に適合するように動き直し、問題を何度も再構築して、新しい理解の仕方が自分の目的にかなうように試みる。ニュース制作者は第一次クレイムを、ニュース報道への需要や慣行に適合するように第二次クレイムへと再パッケージ化する。一般人はこれらの第二次クレイムを、より広い世界がどう作動しているかについて、自分の認識に一致するように解釈する。政策立案者はトラブル状態を公的政策によって対処可能になるように修正を加える。社会問題ワーカーは、抽象的な政策を実際の状況に適用するように努める。さまざまな評価者は、政策がどう機能しているかについて評価し、必要になることを再定義する。

換言すると、社会問題の構築は、社会問題過程の一つの段階のなかで、一つの行為によって一

図11－1　社会問題過程の基本モデル

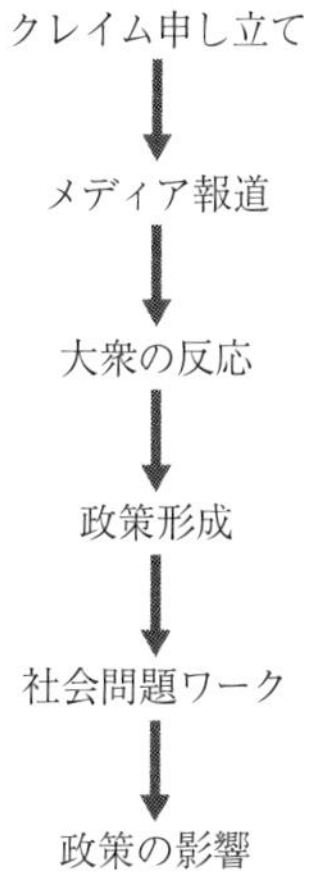

挙に生じるわけではない。逆にそれは進行形の過程であり、そのなかで異なる人びとが、自分が直面する状況を理解するために異なった方法を作り出す。あらゆる現象は多くの異なる仕方で理解可能であり、社会的構築は、特定の状況下であらゆる可能性の中から一つの視点を選び取る人が、選択し続けるプロセスである。社会問題を構築し、理解しようと努める営みは二つの基準を満たさなければならない。第一に、構築を行う誰にとっても理解でき、役に立つものでなければならない。第二に、その構築に耳を傾ける人が誰であろうと、他人を納得させることができなければならない。

つまり社会的構築は、**相互作用**の過程なのである。人は自分が構築したものを受け手に対してプレゼンする。活動家は記者会見を開くし、国会議員は同志を説得してある法案に賛成票を投じてもらおうとするし、ケースワーカーはクライアントを説得して、彼らの最善になるような特定の行為を行わせようとする。しかしこれらの他者は、異なる仕方で反応するかもしれない（報道関係者は記者会見に出るのを躊躇《ためら》うかもしれないし、国会議員は全員一致でその法案に賛成するかもしれないし、ケースワーカーの提案を拒絶するクライアントもいれば、素直に従う者もいる）。これらの反応がフィードバックとなり、受け手の反応にもとづいてその構築を行った人は、自分のクレイムを発信し続けるかもしれないし、クレイムを再パッケージ化したほうがよい反応を得られると考えてクレイムを変化させるかもしれないし、ときにはそのクレイムを完全に捨て去ることもあるかもしれない。私たちは聴衆に語りかけるクレイム申し立て者を想定しがちだが、受け手が受動的だと考えてはいけない。受け手もクレイムに反応するし、その反応に応じるかたちで、クレイム申し立て者は問題構築の仕方を変える傾向がある。

これらのことが意味するのは、私たちが図11－1で提起した社会問題過程の初期モデルは、とても重要な点に関してこの過程を単純化しすぎている、ということである。第一に、各段階間の矢印は、影響関係が一方向的であることを意味している。それゆえフィードバックの役割や、過程の相互作用的な性質を等閑視してしまうのである。第二に、社会問題の異なる段階にある行為者は、次の段階にある行為者との相互行為に制約があるわけではない。第三に、重要なことだが相互行為は各段階内でも生じている。つまり活動家はＳＭＯｓ内の他者とも、ライバルであるＳＭＯの活動家とも、専門家のような他のタイプのクレイム申し立て者とも、同じように相互行為する。同じく、メディアのワーカーは、自分の同僚とも相互行為するし、互いの報道内容に追従することもある。

さらに異なる段階にある行為者間の相互行為を観察すると、基本モデルのなかで行為者が次の段階の行為者とのみつながるように描かれているのは、単純すぎることがよくわかる。たとえばこのモデルでは、クレイム申し立て者はメディア報道に影響を与えることに関心を集中させることになっているが、それ以上のことを行うかもしれない。ときにクレイム申し立て者はメディア報道をスキップして、世論や政策立案者や社会問題ワーカーや、政策の結果を評価する人たちにまで直接的に語りかける。社会問題過程には多くの可能な迂回路が存在するのである。図11－1

は、きわめて単純で典型的な自然史について記述したものであり、本書の議論を発展させる基本枠組みだと考えていただきたい。対照的に図11－2は、社会問題過程の異なる段階にある行為者が複雑に相互行為するあり方をよりよく理解させてくれるだろう。これは社会問題が展開する可能な連結のあり方の範囲を示してくれるのである。

図11－2を仔細にみてみると、次の五つの特徴に気がつくはずだ。

1　図11－2には、段階と段階をつなぐ一方向の濃い太字が五つあり、ここから単純なモデルが再び現れる。これは社会問題過程の中で特に重要な過程であることを想起させるものである。

2　社会問題過程の各段階はボックス状に示されており、各ボックスの中の小さな円は、当該段階における種々の行為者を意味している（たとえばクレイム申し立て段階における異なるクレイム申し立て者など）。つまりこれらの円は双方向の矢印でつながっており、各段階で人びとのあいだの相互行為が行われていることを意味する。

3　各段階をつなぐ矢印は、すべての他の段階とつながっており、これがありうるつながりのすべてを意味する。つまり各段階の行為者は、社会問題段階のどの場所にいる他者ともつながりうる。

4　他の段階とつながる矢印は、双方向的につながっており、それは常にフィードバックや社

図11－2　社会問題過程間の相互作用

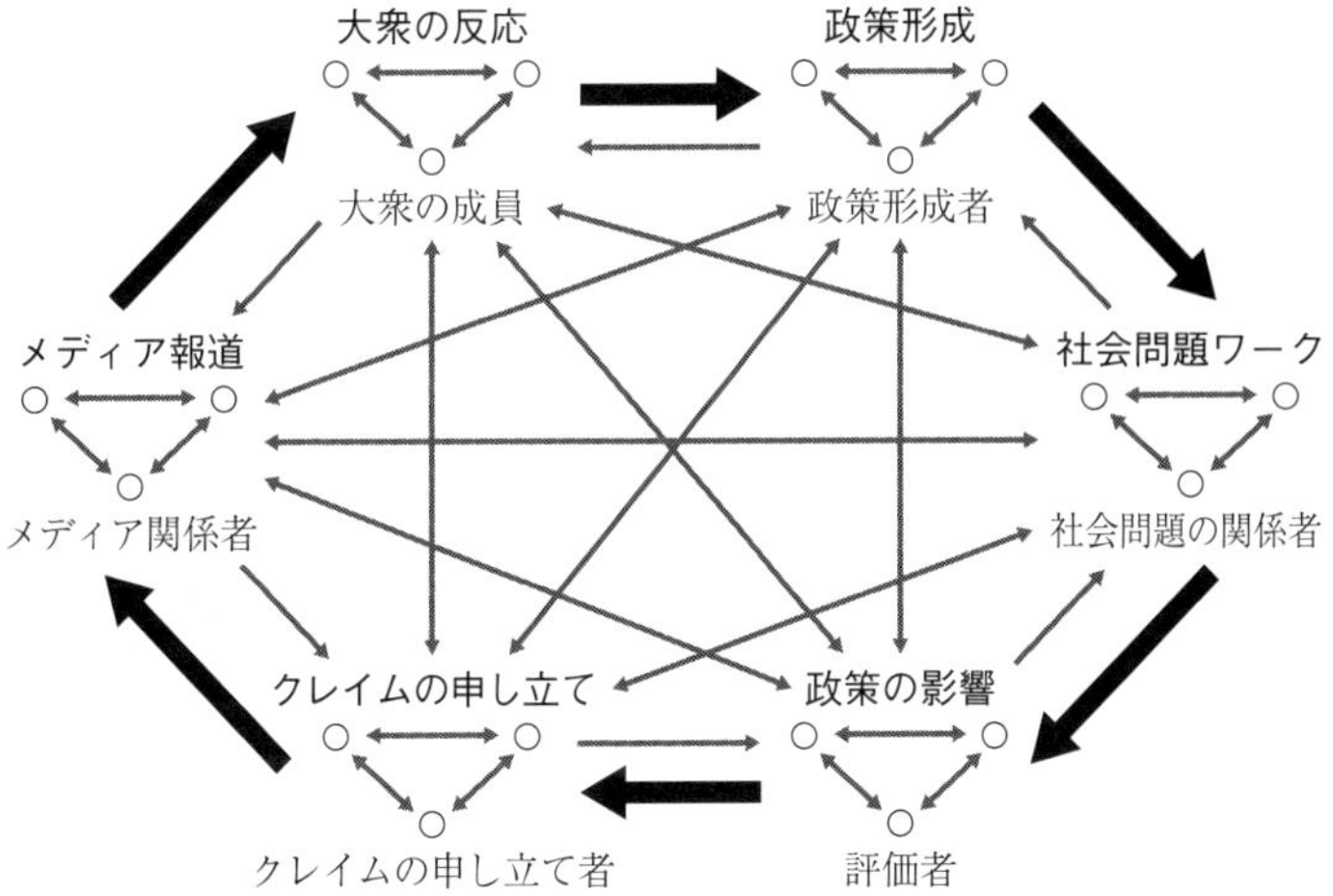

会的相互行為の可能性があることを意味している。

5　この図全体は、直線状ではなく、円のように描かれており、「政策の影響」（社会問題過程の基本モデルでは最終段階として描かれている）と「クレイム申し立て」（いうまでもなく最初の段階）のあいだにも濃い矢印が描かれている。この矢印は、社会政策への反応がしばしば新しいクレイム申し立て運動につながることを意味している（第9章でも論じた）。この図が全体として円状になっているのは、社会問題過程には終わりがなく、社会政策への批判がしばしば新しいクレイム申し立てのサイクルにつながることを意味している。

図11－2は複雑だが、それは社会問題過程には多くの可能な経路があるという、真の複雑さを反

映しているからである。この全体の過程こそ、社会学者が複雑系と呼ぶものの典型例であり、そこでは多くの要素が互いに影響しあっている（Watts, 2011）。この複雑性を適切に評価することが大切である。つまり図11－2を精査することにもっと時間をかけるべきである。一つの特定の矢印を取り上げ、それが含みうる活動の種類についてよく考えてみよう。それから別の矢印を取り上げてみよう。この作業を、あなたが満足するまで、つまりこの複雑な図が、社会問題過程の全体像を描けるようになるまで続けてみよう。

この複雑性は、時空間を超えて社会問題過程を比較するとき、すぐに眼前に現れる（第10章のテーマである）。たとえば多くの運動がドラッグの危険性について関心を寄せる。これらの活動のうち、大量のメディア報道を獲得し、多くの公共的関心を喚起し、新しい政策形成に導いたものが成功を収める。一九八六年、アメリカ人にクラック・コカインの危険性を警告した運動などがその典型例だろう（Reinarman & Levine, 1995）。他方、失敗する運動もある。たとえば一九八九年に「アイス」（吸引可能なクリスタル・メタンフェタミン）への関心を喚起しようとした運動などである。ところがドラッグへの警告を発した少しあとの運動は成功した。また、「キャット」（メタカチノン）に対する一九九三年の警告は、現時点までに大きな関心を喚起していない。

反ドラッグ運動といっても、広範に強烈な関心を喚起したものから無視されたものまで、その結果は一つの連続体を形成していると想像できる。違う種類のドラッグ、異なる時期、異なる場所を対象に反ドラッグのクレイム申し立て運動を比較してはじめて、社会問題過程が展開する多くの可能な経路を評価することができるようになる。むろん、さまざまなトラブル状態についてのクレイム（人種差別、環境問題など）は、同じような多種多様な結果を示すことになるだろう。

つまり、われわれの構築主義モデルは、図11－1で示した単純なものであれ、図11－2で示したより複雑なものであれ、道具《ツール》と理解すべきものである。それは私たちが社会問題の社会的構築について、より批判的に思考することを助けてくれる枠組みなのである。常日頃、ニュースメディアはクレイム申し立て、政策形成、社会問題ワークについて報じることで種々の物語を作り出す。そしてしばしば公共的な反応を引き出し、別の政策に対する評価を生み出す物語を流し続ける（もちろんこれらすべての物語がメディア報道の事例である）。構築主義のモデルはこれらすべての物語をより広い文脈に置き、より大きな社会問題過程の一部として使うことができる。これは価値ある仕事である。なぜなら私たちはつねに社会問題過程の渦中にいるからである。

この素材は使えるのか？

第1章で論じたように、構築主義が社会問題過程について考えるスタンスは、社会問題研究の伝統的なアプローチとは異なる。社会問題についての本はたいてい、社会問題と考えられるさまざまな状態――犯罪、人種差別など――を扱う一連の章立てから成り立っていた。現在もそうである。各章はその問題について、たとえば犯罪率の統計とか犯罪の原因論などの情報をまとめて載せている。本書はその種の情報をほとんど載せていない。

本書が構築主義の立場を正当化する理由は、それが知的に一貫している点にある。犯罪や、人びとが社会問題と考える他の特定の現象を調査するたびに問題関心をふらふらと移動するのではなく、本書は社会問題過程の一般的なテーマに焦点を合わせてきた。社会問題と呼ばれる種々の状態が共有している唯一の点は、それらが社会的に構築されたものであるという認識にもとづいて、その過程の一部始終を調べてきた。

このアプローチは社会問題過程について認識し、思考し、対応するためのツールを読者に与えることを意図している。一〇年後、いや二〇〜三〇年後でも、読者は新しい深刻な社会問題についての警告に出会うことになるだろう。その警告の主題がどんなものであるかを正確には予測できないが、おそらく新しい犯罪、新しい疾病、新しいドラッグ依存に関するものであるだろう。しかし読者がそのようなクレイムに出会うだろうことは合理的に確信できる。なぜならそのようなクレイムは長いあいだ、社会的風景の重要な一部分をなしてきたし、それらが消滅すると予期しうる理由もないからだ。特に二四時間放送のテレビニュース報道やインターネットや他の電子的コミューケーションが、新しいクレイムの促進を信じられないくらい容易にしている世界ではなおのことである。それどころか新しいメディアが発達するにつれて（Facebookや携帯電話、他の携帯電子機器に移転した新しい掲示板は、クレイムが集積する場所としては相対的に近年出現したものである）、クレイムはより多くの経路を通して拡大する傾向がある。メディアに最低限の関心しか持たない人でさえ、そのようなクレイムの集中砲火にあうと予想できる。

さらに歴史的記録は、振り返れば間違いとしかいいようがない酷い問題についての警告で満ち溢れている。一九七〇年代、環境保護主義者の中には文明は地球的気候変動によって危機に晒されると警告した人もいた。それは、地球寒冷化によって氷河時代が間近に迫っているというクレイムだった。一五年後、地球寒冷化の脅威に対する懸念は、全く逆のもの、すなわち地球温暖化の危機に対する関心に取って代わられた。他の例を用いると、一九九〇年代初頭、評論家の中には、「特殊な肉食系」世代が成人を迎えるため、暴力犯罪が統御不能なレベルにまで増加すると警告を発した者もいた。しかしその後何年にもわたって犯罪率は安定的に下降した。これらのクレイムが最初に登場したときには、かなり真摯な関心を持たれたが、彼らの予測は全くの誤りであったことが明らかになった。

後になってわかることだが、まぬけとまではいわないが、誇張しすぎの緊急クレイムには他にもたくさん例がある。たとえば若者の娯楽、ゲーム、おもちゃ、ダンス、映画、テレビ、音楽などが次世代を危機に晒すと警告する批評には、長い歴史がある。たとえばロック音楽で人気が出たスタイルでさえ、若者の道徳的態度を危機に晒すと非難されていた。同様に、現在の移民の流れがアメリカ社会の基礎を掘り崩す、レクリエーションに使う薬物が統制不能なほど広まったと批判する評論家にも、長い歴史がある。それらのクレイムは、同じ問題に対する初期のクレイムが脅威を煽りすぎたことを認めつつも、クレイム申し立て者は今回の新しい問題は以前とは異なり、本当の危機に対処しなければならないと主張しさえするのである。

一方の極端な立場は、すべての社会問題クレイムを正しいもの、ほんとうのもの、正確なものとして扱う。特定のトラブル状態がきわめて深刻であり、多くの人びとに影響を与えるなどとクレイム申し立て者が警告を発するとき、私たちは単にこのクレイムを受け容れるかもしれない。かつてこのようなクレイムの多くが誇張されたり、誤っていたことが証明されているとわかっていたとしても、そうなのである。言い換えると、私たちに警告を発する新しい物語に出会うたび、私たちは新しい問題について不安を覚えたり、不安に思う。もう一つの、しかし同じくらい極端な立場は、すべてのクレイムをシニカルに扱い、それらが誤りであり、虚偽であり、まやかしであると仮定する。クレイム申し立て者は発言する意欲に満ちた利害当事者であり、メディアで働く人は聞き手を惹きつけようと試みており、政治家は有権者の関心に迎合しているなどと、私たちは疑うことができる。ある社会問題のクレイムがかつて誇張されたことを知るに及んで、私たちは将来出会うことになるあらゆるクレイムを単に軽視、無視することもある。前者の場合は過剰に人を信じ込むことになる。後者の場合は不信感、無関心、無視の態度を醸成することになる。

この両極端のあいだ、すなわち盲信と不信のあいだのどこか中間にある立場を発見することが望ましいのは明らかだろう。つまりクレイムを思慮深く、批判的に扱い、社会問題について語られたことに重みをつけ、これらの問題の性質ならびに問題に対処する最良の方法について自分自身で評価を行うのがよいだろう。

社会問題過程についての構築主義モデルはこの点で役に立つ。クレイムが説得的でなければならないこと、クレイム申し立て者は自分のクレイムがマスコミや世論や政策立案者の関心を惹きつけて、社会問題市場のなかで皆に聞いてもらえるように競合していることを理解するとよい。そうすれば社会問題を過程として考えるのに有益な基盤を得ることができるはずだ。とりわけ、問題がいかに構築されているか、クレイム申し立てのレトリック、誰が問題を構築しているかなどについて、注意深く考えることに役立つだろう。

構築主義の立場を採ることで、一連のクレイムに対して私たちが問うべき、以下のような興味深い問いを提起することができる。問題は明確に定義されているか。最初に典型例を通して問題を理解するようにそのかされているか。これら典型例が本当に典型的といえるかどうか疑うべき理由はあるか。クレイムが統計に重点を置くとき、これらの数字はどこから来て、どれくらい正確といえるのか。クレイムを説得的にするためにどんな根拠が用いられているのか。メディアはどのように報道しているのか。どんなソース（根拠となる資料）が使われているのか。メディアの報道とクレイム申し立て者が語っていることの間にどんな違いがあるのか。メディアが問題を違うかたちで構築するとき、この違いが明らかにすることは何か。

さらなる問いかけが、社会問題過程の次なる段階で生まれてくる。その問題は私たちの日常会話にも登場するのか。それは私たちが知人から聞く物語やジョークなのか。そうだとするなら、世間の人びとはその問題を、クレイム申し立て者やメディア報道とは異なるかたちで構築しているのか。政策立案者は問題のどういう側面を強調するのか。彼らの政策提言はクレイムと適合しているのか。その政策はうまくいきそうか。社会問題ワーカーは自分たちの行動や、自分たちの身近にいるクライアントをどのように描いているのか。誰が社会政策を批判し、なぜ、いかにして彼らはその批判を行うのか。

そのような問いかけは、私たちが社会問題を批判的に考えるためのツールを提供してくれる。しかし批判的であることが、ときにクレイムの拒絶を意味しかねないことには気をつけよう。あなたが問いかけた問いに対する答えは、あなたを完全に納得させるものかもしれない。あなたは、いずれかのクレイムを正しいものと認めるかもしれないし、あるクレイム申し立て者の大義に身を投じるかもしれない。しかし他の立場をとると、クレイムに対して疑問を投げかけることでクレイムが誇張されたもの、誤解を招くものであると疑うようになるかもしれない。このように批判的に考えることは、あなたが社会問題クレイムの思慮深い消費者になることを助けてくれる。

構築主義の立場を別のやり方で活用することもできる。社会問題がいかに構築されているか、そしてどのクレイムが効果的で、どのクレイムが失敗に終わるかを学ぶことは、自分が将来クレイム申し立て者になるにあたって有益な情報を提供してくれる。つまり構築主義の研究は、あなたがトラブル状態と考えることについて関心を喚起し、人びとを動員する方法について実践的なアドバイスを与えてくれもする（たとえばクレイムに対する反論をもっと効果的にする方法を示唆してくれるなど）。社会問題過程を研究することは、説得的なクレイム申し立てのレトリックを組み立てる方法、役に立つ支持者を動員する方法、専門家の知識を運動に組み込む方法、メディア報道を寄せ付け、世論に訴える方法、政策立案者や社会問題ワーカーなどの関心を理解する方法などについての示唆を引き出すことができる。あなたがもし社会問題過程に積極的に参加したいと考えているなら、構築主義の立場はきわめて実践的な問いを提起し、それに答えるために役に立つ。観察者だけでなく当事者にも貢献可能な視角なのである。

構築主義にできないことは、あなたがどの状態に関心を向けるべきかを告げることである。あなたは自分自身の価値観を、すなわち何が困ったことであり何がそうでないか、変えるべきニーズは何か、どのような変化が必要か、などについての自身の感覚を持たなければならない。あなたはリベラルや保守やフェミニズムや原理主義のイデオロギーに魅力を感じることがあるかもしれない。それはあなたがなさねばならない選択である。構築主義の立場は、他でもなくその選択を選ぶべきだと述べる基盤を提供するわけではない。本書の目的は、さまざまな社会状態について**何を**考えるべきかを告げるものではなく、社会問題過程について**いかに**考えるべきかの指針を提供するものである。本書に道徳的立場があるとすれば、それは人びとがその過程について批判的に考え、これから出会うクレイムに関わることが望ましいというものである。

あなたがたが将来、この考えが役に立つと考えてくださることを望む。幸運を祈る。

解説

本書はJoel Best, *Social Problems*, Third Edition, W.W. Norton & Company, 2017. の翻訳である。同書の第一版は二〇〇八年、第二版は二〇一三年に刊行されている。

著者のジョエル・ベストは一九四六年生まれの社会学者。現在はデラウェア大学教授である。日本では、『統計はこうしてウソをつく――だまされないための統計学入門』（林大訳、白揚社、二〇〇二年）、『統計という名のウソ――数字の正体、データのたくらみ』（林大訳、白揚社、二〇〇七年）、『あやしい統計フィールドガイド――ニュースのウソの見抜き方』（林大訳、白揚社、二〇一一年）の三部作が翻訳されている。いずれも数字や統計を批判的に読解したうえで社会問題を分析する統計教育の重要性を説いた書物である。日本では、社会調査の批判的読解能力、すなわちリサーチ・リテラシーを説いた谷岡一郎氏の『社会調査のウソ』（文春新書、二〇〇〇年）に比肩される書籍であり、全米でもベスト・セラーになっている。

他方、社会学の世界でジョエル・ベストは、一九九〇年代以降の日本の人文・社会科学に大きな影響を与えた社会構築主義、とりわけ社会問題の構築主義アプローチを牽引してきたことで知られている。これまでに公刊された著作は、先に紹介したものを除けば、以下の通りである。

Organizing Deviance. Englewood Cliffs, NJ: Prentice-Hall, 1982.（with David F. Luckenbill）

Threatened Children: Rhetoric and Concern about Child-Victims. Chicago: University of Chicago Press, 1990.
The Satanism Scare, New York: Aldine de Gruyter, 1991.（ed. with James T. Richardson and David G. Bromley）
Controlling Vice: Regulating Brothel Prostitution in St. Paul, 1865-1883. Colum bus: Ohio State University Press, 1998.
Random Violence: How We Talk about New Crimes and New Victims. Berkeley: University of California Press, 1999.
Deviance: Career of a Concept. Belmont, CA: Wadsworth, 2004.
Flavor of the Month: Why Smart People Fall for Fads. Berkeley: University of California Press, 2006.
The Stupidity Epidemic: Worrying about Students, Schools, and America's Future. New York: Routledge, 2011.
Everyone's a Winner: Life in Our Congratulatory Culture. Berkeley: University of California Press, 2011.
The Student Loan Mess: How Good Intentions Created a Trillion-Dollar Problem. Berkeley: University of California Press, 2014.（with Eric Best）
Kids Gone Wild: From Rainbow Parties to Sexting, Understanding the Hype Over Teen Sex, New York: NYU Press, 2014.（with Kathleen A. Bogle）
American Nightmares: Social Problems in an Anxious World. Berkeley: University of California Press, 2018.

ベストが扱うテーマは組織犯罪、子どもの誘拐、売春規制、あおり運転、逸脱、流行、教育、一〇代のセックス、学生ローンと多岐にわたるが、これらはいずれも、社会問題の構築主義アプローチの事例分析という意味を有している。

社会問題の構築主義アプローチについては、本書でも十分に論じられているが、社会学史上は、逸脱や社会問題に関するラベリング理論を発展・継承するかたちで、日系米国人の社会学者としてカリフォルニア大学で教鞭をとったジョン・I・キツセによって創始された方法である。「社会問題は、なんらかの想定された状態について苦情を述べ、クレイムを申し立てる個人やグループの活動であると定義される」、「社会問題の理論の中心課題は、クレイム申し立て活動とそれに反応する活動の発生や性質、持続について説明することである」（スペクター&キツセ『社会問題の構築』マルジュ社、一一九頁）を基本テーゼとする構築主義は、アメリカ合衆国を中心に世界的に流行し、一九九〇年代以降は、中河伸俊氏による積極的な紹介によって日本の社会学でも大きな影響力を持った。本書の中でも社会問題は、「社会に内在する状態について関心を喚起する取り組み」（二五頁）と定義されており、社会問題を、社会に害を与える客観的状態と捉える客観主義アプローチとは対照的なものとして捉えている。

もっともベストは、社会状態に対する極端な「非実在論」の立場を取るわけではない。UFOや宇宙人や環境問題や胎児や動物の権利など、その「実在」が定かでないような対象をめぐってさえ、人びとが意見を一致させたり、対立させたり、激しく争ったりする。そのさまを、それが「実在」するかどうかとはさしあたり独立に、社会学的な研究対象とする道を開拓してきたといえるだろう。

そのために本書の中で強調されるのは、社会問題を構築するクレイム申し立ての「レトリック分析」と、クレイム申し立て活動の連鎖を、社会問題が語られる時空間のステージに応じて分析する「社会問題の自然史モデル」の二つである。

レトリック分析については、「説得的な議論は前提（Grounds）、論拠（Warrants）、結論（Conclusions）という三つの基礎的な要素を持ったレトリックの構造を共有している」（五三頁）という仮定のもと、社会問題に関するクレイム申し立ての具体的なありようを分析することを提言している。これは、アリストテレス以来の弁論術（レトリーケー）の伝統に則った作法のようにみえるが、他者を説得し、行動に駆り立てる言語行為という意味での「言説」を分析する現代的な手法の一つともいえるであろう。前提、論拠、結論という三分法自体は比較的単純なものだが、実際にはさまざまなクレイム申し立てを整理する、有効な道具となる。

社会問題の自然史モデルについては、クレイム申し立て活動が連鎖するなかで、社会問題が直線的に進化し、発展するわけではなく、クレイムが申し立てられる種々のステージ――初発のクレイム申し立て、専門家集団、メディア報道、政策形成、政策実施、政策評価――があり、それぞれのステージに応じた制約が生じることの重要性を、本書は強調している。たとえばメディア報道では報道スペースや時間に制約があるため、社会問題はパッケージ化され、誇張された統計やキリの良い数字が好まれる。クレイムに対する人びとの反応は、世論調査やインタビューやジョークや現代伝説（日本語で言う都市伝説）のなかに現れる（社会学者はこれをうまく把握しなければならない)。政策形成のステージでは、問題認知と政策提案と政治という三つの流れがあたかも合流するかのように、タイミングよく組み合わせられなければならない。そして政策は、現場で実際に政策を担当する社会問題ワーカーによって担われるので、現場の慣習や規則に適合するように解釈され直す。そして、実施された政策の効果に対する評価がなされ、それがまた新たなクレイム申し立てのきっかけとなる。こうした連鎖や循環を複線的・複合的に分析する道具立てが、社会問題の自然史モデルである。

すでに述べたように、ベスト自身は、タイプやテーマの異なるさまざまな社会問題を取り上げて、これを歴史的にも、地理的にも縦横無尽に論じることを得意とする。その多産さには驚かされるばかりである。

他方、近年のベストは、社会問題の研究を少数の事例研究に留めるのではなく、「構築主義の事例研究の最も重要な貢献は、社会問題の帰納理論を作る一助となること」であり、事例研究のつながりを理解する明確な努力をすべきである」という立場にたっている(Best, J. Beyond case studies: Expanding the constructionist framework for social problems research. *Qualitative Sociology Review* 11(2):18-33)。これを敷衍するなら、社会問題のクレイムが特定の時空間をこえて空間的に伝播し、時間的に変化するプロセスを分析する、いわば社会問題の比較社会学や歴史社会学という分野へとつなげることも可能だろう。

もちろん特定の社会問題に強く興味を惹かれるタイプの研究者(監訳者を含めて、多くの社会学研究者はこちらに属するだろう）であっても、こうした地理的、歴史的比較にもとづく分析は、自身の思考を広げる格好の材料になるであろう。「川を上れ」（＝歴史を繙《ひもと》け）、「海を渡れ」（＝他の社会と比較せよ）という格言が、比較研究を行う場合には有益である。また社会問題が、歴史的・地域的に異なる構築をされる場合、こうした異なる構築が、いかにして、なぜ生じたのかを問うという、より実験的で、知的に刺激的な問いに取り組む余地が生まれてくる。ベスト自身、こうした研究に長く関わってきたが、これは彼が大学院時代に歴史学と社会学の二重学位を取得したことと無関係ではないと思われる。そうした思考を促す材料としても、本章は多くの学びを与えてくれる。

本書のもととなった原著は、アメリカ合衆国では構築主義アプローチの教科書として定評を得ており、長らく翻訳が待たれていたものであった。

監訳者自身も、本書に大きく学びながら、二〇一二年に『社会問題の社会学』（弘文堂）を出版した。しかし肝心の本書が翻訳されていれば、かゆいところに手が届く学生指導ができるはずだと思ったことは、一度や二度ではない。

二〇一三年、監訳者は幸運にもアメリカ社会問題学会でベスト氏自身と知己を得ることができた。数年後、日本語翻訳の可能性についておそるおそる尋ねたところ、温かい笑顔とともに、ご快諾いただけた。

それから一〜二年かけて、東京大学大学院人文社会系研究科や文学部社会学専修課程の演習にて本書を読み進め、二〇一七年ころから翻訳チームを結成して訳出にあたった。原書には、各章に社会問題の事例研究を紹介する「Ｂｏｘ」というコーナーがあるが、膨大な量であるため、今回の訳出からは省略した。そのうえで各章の翻訳を先のメンバーに依頼するとともに、監訳者が最終的に文体や訳語を統一し、遅ればせながら、今回の出版にたどり着くことができた。

編集者の石島裕之さんをはじめとして、本書の作成に携わったすべての人に感謝するとともに、本書を社会問題に興味を持つすべての読者に捧げたい。

二〇二〇年八月

監訳者　赤川学

【翻訳者一覧】

第1章 渡邊隼（日本学術振興会 特別研究員（PD））
第2章 園田薫（東京大学大学院人文社会系研究科博士課程）
第3章 ジェームス・フリーマン（東京大学大学院人文社会系研究科修士課程修了）
第4章 武内今日子（東京大学大学院人文社会系研究科博士課程）
第5章 前田一歩（東京大学大学院人文社会系研究科博士課程）
第6章 金志勲（東京大学大学院人文社会系研究科博士課程）
第7章 服部恵典（東京大学大学院人文社会系研究科博士課程）
第8章 堀川優奈（東京大学大学院人文社会系研究科博士課程）
第9章 宮部峻（東京大学大学院人文社会系研究科博士課程）
第10章 赤川学（東京大学大学院人文社会系研究科教授）
第11章 赤川学（東京大学大学院人文社会系研究科教授）

Problems 30: 144-156.
Vardi, I. (2014). Quantifying accidents: Cars, statistics, and unintended consequences in the construction of social problems over time. *Qualitative Sociology* 37: 345-367.
Vasterman, P. L. M. (2005). Media-hype: Self-reinforcing news waves, journalistic standards, and the construction of social problems. *European Journal of Communication* 20: 508-530.
Vaughan, D. (2006). The social shaping of commission reports. *Sociological Forum* 21: 291-306.
Walgrave, S., & Wouters, R. (2014). The missing link in the diffusion of protest: Asking others. *American Journal of Sociology* 119: 1670-1709.
Watts, D. J. (2011). *Everything is obvious: Once you know the answer*. New York: Crown Business (ダンカン・ワッツ『偶然の科学』青木創訳, 早川書房, 2014).
Weinberg, D. (2014). *Contemporary social constructionism: Key themes*. Philadelphia: Temple University Press.
Weisner, C., & Room, R. (1984). Financing and ideology in alcohol treatment. *Social Problems* 32: 167-184.
Welch, M. (2000). *Flag burning: Moral panic and the criminalization of protest*. Hawthorne, NY: Aldine de Gruyter.
White, L. (2000). *Speaking of vampires: Rumor and history in colonial Africa*. Berkeley: University of California Press.
Whittier, N. (2009). *The politics of child sexual abuse: Emotions, social movements, and the state*. New York: Oxford University Press.
Whittier, N. (2014). Rethinking coalitions: Anti-pornography feminists, conservatives, and relationships between collaborative adversarial movements. *Social Problems* 61: 175-193.
Wilcox, M. M. (2014). Lgbttsqqiaa...*Contexts* 13 (1) : 12-14.
Xu, J. (2013). Politics and the production of crime data in China: A case study of Guangzhou. Unpublished paper presented at the annual meeting of the Society for the Study of Social Problems, New York.
Xu, J. (2015). Claims-makers versus non-issue-makers: Media and the social construction of motorcycle ban problems in China. *Qualitative Sociology Review* 11 (2) : 122-141.
Yukich, G. (2013). Constructing the model immigrant: Movement strategy and immigrant deservingness in the New Sanctuary Movement. *Social Problems* 60: 302-320.
Zegart, A. B. (2004). Blue ribbons, black boxes: Toward a better understanding of presidential commissions. *Presidential Studies Quarterly* 34: 366-393.

Snow, D., & Benford, R. (1988). Ideology, frame resonance, and participant mobilization. *International Social Movement Research* 1: 197-217.
Snow, D., & Benford, R. (1992). Master frames and cycles of protest. In A. D. Morris & C. M. Mueller (Eds.), *Frontiers in social movement theory* (pp. 133-155). New Haven, CT: Yale University Press.
Snow, D. A., Rochford, E. B., Jr., Worden, S. K., & Benford, R. D. (1986). Frame alignment processes, micromobilization, and movement participation. *American Sociological Review* 51: 464-481.
Sobieraj, S. (2011). *Soundbitten: The perils of media-centered political activism*. New York: New York University Press.
Spector, M., & Kitsuse, J. I. (1977). *Constructing social problems*. Menlo Park, CA: Cummings (.ジョン.I.キツセ, マルコム.B.スペクター『社会問題の構築：ラベリング理論をこえて』村上直之 [ほか] 訳, マルジュ社, 1990).
Staller, K. M. (2006). *Runaways: How the sixties counterculture shaped today's policies and practices*. New York: Columbia University Press.
Starr, P. (1982). *The social transformation of American medicine*. New York: Basic Books.
Stewart, J. (2012). Fiction over facts: How competing narrative forms explain policy in a new immigration destination. *Sociological Forum* 27: 591-616.
Stone, D. A. (1989). Causal stories and the formation of policy agendas. *Political Science Quarterly* 104: 281-300.
Strang, D., & Meyer, J. W. (1993). Institutional conditions for diffusion. *Theory and Society* 22: 487-511.
Suarez, E., & Gadalla, T. M. (2010). Stop blaming the victim: A meta-analysis on rape myths. *Journal of Interpersonal Violence* 25: 2010-2035.
Taylor, V. (1989). Social movement continuity: The women's movement in abeyance. *American Sociological Review* 54: 761-775.
Toulmin, S. E. (1958). *The uses of argument*. Cambridge, UK: Cambridge University Press (スティーヴン・トゥールミン『議論の技法：トゥールミンモデルの原点』戸田山和久, 福澤一吉訳, 東京図書, 2011).
Tuchman, G. (1978). *Making news: A study in the construction of reality*. New York: Free Press.
Turow, J. (1997). *Breaking up America: Advertisers and the new media world*. Chicago: University of Chicago Press.
Tyson, N. deGrasse. (2009). *The Pluto files: The rise and fall of America's favorite planet*. New York: Norton.
U.S. Census Bureau. (1975). *Historical statistics of the United States: Colonial times to* 1970. Washington, DC: U.S. Government Printing Office.
Useem, B., & Zald, M. N. (1982). From pressure groups to social movement: Organizational dilemmas of the effort to promote nuclear power. *Social*

Rudy, D. R. (1986). *Becoming alcoholic: Alcoholics Anonymous and the reality of alcoholism*. Carbondale: Southern Illinois University Press.

Saad, L. (2013, August 2). In U.S., 38% have tried marijuana, little changed since '80s. *Gallup.com*. Retrieved from http://www.gallup.com/poll/163835/tried-marijuana-little-changed-80s.aspx.

Saad, L. (2014, November 17). Ebola ranks among Americans' top three healthcare concerns. *Gallup.com*. Retrieved from http://www.gallup.com/poll/179429/ebola-ranks-among-americans-top-three-healthcare-concerns.aspx.

Saguy, A. C. (2003). *What is sexual harassment? From Capitol Hill to the Sorbonne*. Berkeley: University of California Press.

Saguy, A. C. (2013). *What' s wrong with fat?* New York: Oxford University Press.

Saletan, W. (2003). *Bearing right: How the conservatives won the abortion war*. Berkeley: University of California Press.

Sanders, C. B., Christensen, T., & Weston, C. (2015). Constructing crime in a database: Big data and the mangle of social problems work. *Qualitative Sociology Review* 11 (2) : 180-195.

Sasson, T. (1995a). African American conspiracy theories and the social construction of crime. *Sociological Inquiry* 65: 265-285.

Sasson, T. (1995b). *Crime talk: How citizens construct a social problem*. Hawthorne, NY: Aldine de Gruyter.

Schneider, A. L., & Ingram, H. M. (1993). Social constructions of target populations: Implications for politics and policy. *American Political Science Review* 87: 334-347.

Schneider, A. L., & Ingram, H. M. (Eds.). (2005). *Deserving and entitled: Social constructions and public policy*. Albany: State University of New York Press.

Schudson, M. (2011). *The sociology of news* (2nd ed.). New York: Norton.

Schwartz, H. (2011). *Making noise: From Babel to the Big Bang and beyond*. Cambridge: MIT Press.

Scotch, R. K. (2001). *From good will to civil rights: Transforming federal disability policy* (2nd ed.). Philadelphia: Temple University Press.

Shibutani, T. (1966). *Improvised news: A sociological study of rumor*. Indianapolis, IN: Bobbs-Merrill.

Shifman, L., Levy, H., & Thelwall, M. (2014). Internet jokes: The secret agents of globalization? *Journal of Computer-Mediated Communication* 19: 727-743.

Silver, I. (2006). *Unequal partnerships: Beyond the rhetoric of philanthropic collaboration*. New York: Routledge.

Silver, I., & Boyle, M.-E. (2010). Constructing problems by promoting solutions: Corporate advertisements about U.S. poverty. *Journal of Poverty* 14: 347-367.

Smith, A., & Pollack, H. (2003). Understanding the Diallo case: The trial, the community and the police. *Criminal Justice Studies* 16: 355-361.

O' Brien, P. K. (2013). Medical marijuana and social control: Escaping criminalization and embracing medicalization. *Deviant Behavior* 34: 423-443.

Oring, E. (1987). Jokes and the discourse on disaster. *Journal of American Folklore* 100: 278-286.

Parilla, P. F. (2013). Cell phone use while driving: Defining a problem as worthy of action. In J. Best and S. R. Harris (Eds.), *Making sense of social problems: New images, new issues* (pp. 27-46). Boulder, CO: Lynne Rienner.

Parsons, N. L. (2014). *Meth mania: A history of methamphetamine*. Boulder, CO: Lynne Rienner.

Pawluch, D. (1996). *The new pediatrics: A profession in transition*. Hawthorne, NY: Aldine de Gruyter.

Pearson, G. (1983). *Hooligan: A history of respectable fears*. London: Macmillan.

Pellow, D. N., & Brehm, H. N. (2015). From the new ecological paradigm to total liberation: The emergence of a social movement frame. *Sociological Quarterly* 56: 185-212.

Pfohl, S. J. (1977). The "discovery" of child abuse. *Social Problems* 24: 310-323.

Pielke, R. A., Jr. (2007). *The honest broker: Making sense of science in policy and politics*. New York: Cambridge University Press.

Pierotti, R. S. (2013). Increasing rejection of intimate partner violence: Evidence of global cultural diffusion. *American Sociological Review* 78: 240-265.

Polletta, F., & Tomlinson, C. (2014). Date rape after the afterschool special: Narrative trends in the televised depiction of social problems. *Sociological Forum* 29:527-548.

Preston, R. (1994). *The hot zone*. New York: Random House.

Putnam, R. (2015). *Our kids: The American Dream in crisis*. New York: Simon & Schuster (ロバート・D.パットナム『われらの子ども：米国における機会格差の拡大』柴内康文訳，創元社，2017).

Rank, M. R., Hirschl, T. A., & Foster, K. A. (2014). *Chasing the American Dream: Understanding what shapes our fortunes*. New York: Oxford University Press.

Ravitch, D. (2003). *The language police: How pressure groups restrict what students learn*. New York: Vintage.

Reinarman, C. (1994). The social construction of drug scares. In P. A. Adler & P. Adler (Eds.), *Constructions of deviance* (pp. 92-104). Belmont, CA: Wadsworth.

Reinarman, C., & Levine, H. G. (1995). The crack attack: America's latest drug scare, 1986-1992. In J. Best (Ed.), *Images of issues: Typifying contemporary social problems* (2nd ed., pp. 147-186). Hawthorne, NY: Aldine de Gruyter.

Rosenberg, I. B. (2009). Height discrimination in employment. *Utah Law Review* 2009: 907-953.

Rossi, P. H., Lipsey, M. W., & Freeman, H. E. (2004). *Evaluation: A systematic approach* (7th ed.). Thousand Oaks, CA: Sage.

McCarthy, J. D., & Zald, M. N. (1977). Resource mobilization and social movements. *American Journal of Sociology* 82: 1212-1241.
McCombs, M. (2004). *Setting the agenda: The mass media and public opinion.* Cambridge, UK: Polity (.マックスウェル・マコームズ『アジェンダセッティング：マスメディアの議題設定力と世論』竹下俊郎訳, 学文社, 2018).
McCright, A. M., & Dunlap, R. E. (2011). The politicization of climate change and polarization in the American public's views of global warming, 2001-2010. *Sociological Quarterly* 52: 155-194.
McGarty, C., Thomas, E. F., Lala, G., Smith, L. G. E., & Bliuc, A.-M. (2014). New technologies, new identities, and the growth of mass opposition in the Arab Spring. *Political Psychology* 35: 725-740.
Medvetz, T. (2012). *Think tanks in America.* Chicago: University of Chicago Press.
Meyer, D. S., & Rohlinger, D. A. (2012). Big books and social movements: A myth of ideas and social change. *Social Problems* 59: 136-153.
Miller, G., & Holstein, J. A. (Eds.). (1997). *Social problems in everyday life: Studies of social problems work.* Greenwich, CT: JAI Press.
Mills, C. W. (1959). *The sociological imagination.* New York: Oxford University Press (C・ライト・ミルズ『社会学的想像力』伊奈正人, 中村好孝訳, 筑摩書房, 2017).
Morris, P. (2012). *Blue juice: Euthanasia in veterinary medicine.* Philadelphia: Temple University Press.
Murray, C. A. (1994). *Losing ground: American social policy,* 1950-1980. New York: Basic Books.
National Highway Traffic Safety Administration. (2014, December). 2013 motor vehicle crashes: Overview. *NHTSA National Center for Statistics and Analysis.* Retrieved from http://www-nrd.nhtsa.dot.gov/Pubs/812101.pdf.
Nelson, B. J. (1984). *Making an issue of child abuse: Political agenda setting for social problems.* Chicago: University of Chicago Press.
Newport, F. (2014, October 21). Americans' confidence in government to handle Ebola drops. *Gallup.com.* Retrieved from http://www.gallup.com/poll/178760/americans-confidence-government-handle-ebola-drops.aspx.
Nichols, L. T. (1997). Social problems as landmark narratives: Bank of Boston, mass media and "money laundering." *Social Problems* 44: 324-341.
Nichols, L. T. (2003). Voices of social problems: A dialogical constructionist model. *Studies in Symbolic Interaction* 26: 93-123.
Nichols, L. T., Nolan, J. J., III, & Colyer, C. J. (2008). Scorekeeping versus storytelling: Representational practices in the construction of "hate crime." *Studies in Symbolic Interaction* 30: 361-379.
Obama, B. (2013, December 4). Remarks at the Town Hall Education Arts Recreation Campus. *American Presidency Project.* Retrieved from http://www.presidency.ucsb.edu/ws/?pid=104522.

images, new issues (pp. 265-281). Boulder, CO: Lynne Rienner.
Letukas, L. (2014). *Primetime pundits: How cable news covers social issues.* Lanham, MD: Lexington.
Link, M. W., Battaglia, M. P., Frankel, M. R., Osborn, L., & Mokdad, A. H. (2007). Reaching the U.S. cell phone generation: Comparison of cell phone survey results with an ongoing landline telephone survey. *Public Opinion Quarterly* 71:814-839.
Lipsky, M. (1980). *Street-level bureaucracy: Dilemmas of the individual in public services.* New York: Russell Sage Foundation (マイケル・リプスキー『行政サービスのディレンマ：ストリート・レベルの官僚制』田尾雅夫，北大路信郷訳，木鐸社，1986).
Lipsky, M., & Smith, S. R. (1989). When social problems are treated as emergencies. *Social Service Review* 63: 5-25.
Lofland, J. (2003). *Demolishing a historic hotel: A sociology of preservation failure in Davis, California.* Davis, CA: Davis Research.
Loseke, D. R. (2003). *Thinking about social problems* (2nd ed.). Hawthorne, NY: Aldine de Gruyter.
MacCoun, R. J., & Reuter, P. (2001). *Drug war heresies: Learning from other vices, times, and places.* New York: Cambridge University Press.
Macionis, J. J. (2013). *Social problems* (5th ed.). Upper Saddle River, NJ: Pearson.
Madianou, M. (2013). Humanitarian campaigns in social media. *Journalism Studies* 14: 249-266.
Malinen, K. (2014). "This was a sexual assault" : A social worlds analysis of paradigm change in the interpersonal violence world. *Symbolic Interaction* 37: 353-368.
Malloy, T. F. (2010). The social construction of regulation: Lessons from the war against command and control. *Buffalo Law Review* 58: 267-354.
Maratea, R. J. (2014). *The politics of the Internet: Political claimsmaking in cyberspace and its effect on modern political activism.* Lanham, MD: Lexington.
Maurer, D. (2002). *Vegetarianism: Movement or moment?* Philadelphia: Temple University Press.
McAdam, D. (1983). Tactical innovation and the pace of insurgency. *American Sociological Review* 48: 735-754.
McAdam, D. (1994). Culture and social movements. In E. Laraña, H. Johnston, & J. R. Gusfield (Eds.), *New social movements: From identity to ideology* (pp. 36-57). Philadelphia: Temple University Press.
McAdam, D. (2015). Be careful what you wish for: The ironic connection between the civil rights struggle and today's divided America. *Sociological Forum* 30: 485-508.
McAdam, D., & Rucht, D. (1993). The cross-national diffusion of movement ideas. *Annals of the American Academy of Political and Social Science* 528: 56-74.

Jenness, V., & Grattet, R. (2001). *Making hate a crime: From social movement to law enforcement.* New York: Russell Sage Foundation.
Jenness, V., & Grattet, R. (2005). The law-in-between: The effects of organizational perviousness on the policing of hate crime. *Social Problems* 52: 227-259.
Johnson, J. M. (1995). Horror stories and the construction of child abuse. In J. Best (Ed.), *Images of issues: Typifying contemporary social problems* (2nd ed., pp. 17-31). Hawthorne, NY: Aldine de Gruyter.
Johnson, K. R. (2013). Murdered mothers: The social construction of troubling statistics. In J. Best and S. R. Harris (Eds.), *Making sense of social problems: New images, new issues* (pp. 135-151). Boulder, CO: Lynne Rienner.
Kempner, J. (2014). *Not tonight: Migraine and the politics of gender and health.* Chicago: University of Chicago Press.
Kiel, D. C., & Nownes, A. J. (1994). Political language, causal stories, and pesticide regulation. *American Review of Politics* 15: 491-506.
Kindy, K., & Kelly, K. (2015, April 12). Thousands dead, few prosecuted. *Washington Post,* p. Al.
Kingdon, J. W. (1984). *Agendas, alternatives, and public policies.* New York: HarperCollins (ジョン・キングダン『アジェンダ・選択肢・公共政策：政策はどのように決まるのか』笠京子訳, 勁草書房, 2017).
Kirk, S. A., & Kutchins, H. (1992). *The selling of DSM: The rhetoric of science in psychiatry.* Hawthorne, NY: Aldine de Gruyter.
Kleykamp, M., & Hipes, C. (2015). Coverage of veterans of the wars in Iraq and Afghanistan in the U.S. media. *Sociological Forum* 30: 348-368.
Kollmeyer, C. J. (2004). Corporate interests: How the news media portray the economy. *Social Problems* 51: 432-452.
Kretschmer, K. (2014). Shifting boundaries and splintering movements: Abortion rights in the feminist and New Right movements. *Sociological Forum* 29: 893-915.
Kubal, T. (2008). *Cultural movements and collective memory: Christopher Columbus and the rewriting of the national origin myth.* New York: Palgrave Macmillan.
Kurti, L. (1988). The politics of joking: Popular response to Chernobyl. *Journal of American Folklore* 101: 324-334.
Lafer, G. (2002). *The job training charade.* Ithaca, NY: Cornell University Press.
Langlois, J. (1983). The Belle Isle Bridge incident: Legend, dialectic and semiotic system in the 1943 Detroit race riots. *Journal of American Folklore* 96: 183-196.
Lee, E. (2003). *Abortion, motherhood, and mental health: Medicalizing reproduction in the United States and Great Britain.* Hawthorne, NY: Aldine de Gruyter.
Letukas, L. (2013). Global policy outcomes: Comparing reactions to post-tsunami aid. In J. Best and S. R. Harris (Eds.), *Making sense of social problems: New*

Gusfield, J. R. (1967). Moral passage: The symbolic process in public designations of deviance. *Social Problems* 15: 175-188.

Gusfield, J. R. (1981). *The culture of public problems: Drinking-driving and the symbolic order.* Chicago: University of Chicago Press.

Haines, H. H. (1984). Black radicalism and the funding of civil rights. *Social Problems* 32: 31-43.

Hamilton, J. T. (2004). *All the news that' s fit to sell: How the market transforms information into news.* Princeton, NJ: Princeton University Press.

Harris, S. R. (2010). *What is constructionism? Navigating its use in sociology.* Boulder, CO: Lynne Reinner.

Haydu, J. (2011). Cultural modeling in two eras of U.S. food protests: Grahamites (1830s) and organic activists (1960s-70s). *Social Problems* 58: 461-487.

Heath, C., Bell, C., & Sternberg, E. (2001). Emotional selection in memes: The case of urban legends. *Journal of Personality and Social Psychology* 81: 1028-1041.

Hilgartner, S., & Bosk, C. L. (1988). The rise and fall of social problems. *American Journal of Sociology* 94: 53-78.

Holstein, J. A., & Gubrium, J. F. (Eds.). (2008). *Handbook of constructionist research.* New York: Guilford.

Holstein, J. A., & Miller, G. (2003). Social constructionism and social problems work. In J. A. Holstein & G. Miller (Eds.), *Challenges and choices: Constructionist perspectives on social problems* (pp. 70-91). Hawthorne, NY: Aldine de Gruyter.

Horowitz, R. (2013). *In the public interest: Medical licensing and the disciplinary process.* New Brunswick, NJ: Rutgers University Press.

Houston, J. B., Seo, H., Knight, L. A. T., Kennedy, E. J., Hawthorne, J., & Trask, S. L. (2013). Urban youth's perspectives on flash mobs. *Journal of Applied Communication Research* 41: 236-252.

Irvine, J. M. (2002). *Talk about sex: The battles over sex education in the United States.* Berkeley: University of California Press.

Jenkins, P. (1998). *Moral panic: Changing concepts of the child molester in modern America.* New Haven, CT: Yale University Press.

Jenkins, P. (1999). *Synthetic panics: The symbolic politics of designer drugs.* New York: New York University Press.

Jenkins, P. (2000). *Mystics and messiahs: Cults and new religions in American history.* New York: Oxford University Press.

Jenkins, P. (2001). *Hidden gospels: How the search for Jesus lost its way.* New York: Oxford University Press.

Jenkins, P. (2006). *Decade of nightmares: The end of the sixties and the making of eighties America.* New York: Oxford University Press.

Jenness, V. (1993). *Making it work: The prostitutes' rights movement in perspective.* Hawthorne, NY: Aldine de Gruyter.

Freidson, E. (1986). *Professional powers: A study of the institutionalization of formal knowledge*. Chicago: University of Chicago Press.

Fujiwara, L. H. (2005). Immigrant rights are human rights: The reframing of immigrant entitlement and welfare. *Social Problems* 52: 79-101.

Fumento, M. (1990). *The myth of heterosexual AIDS*. New York: Basic Books.

Furedi, F. (2001). Bullying: The British contribution to the construction of a social problem. In J. Best (Ed.), *How claims spread: Cross-national diffusion of social problems* (pp. 89-106). Hawthorne, NY: Aldine de Gruyter.

Gallo-Cruz, S. (2012). Negotiating the lines of contention: Counterframing and boundary work in the School of the Americas debate. *Sociological Forum* 27: 21-45.

Gallup. (2015). Gay and lesbian rights. *Gallup.com*. Retrieved from http://www.gallup.com/poll/1651/gay-lesbian- rights.aspx.

Gamson, W. A. (1992). *Talking politics*. New York: Cambridge University Press.

Gamson, W. A., & Modigliani, A. (1989). Media discourse and public opinion on nuclear power: A constructionist approach. *American Journal of Sociology* 95: 1-37.

Gamson, W. A., & Sifry, M. L. (Eds.). (2013). The #Occupy movement [special section] . *Sociological Quarterly* 54: 159-228.

Gauchat, G. (2012). Politicization of science in the public sphere: A study of public trust in the United States, 1974 to 2010. *American Sociological Review* 77: 167-187.

Gengler, A. M. (2012). Defying (dis) empowerment in a battered women' s shelter: Moral rhetorics, intersectionality, and processes of control and resistance. *Social Problems* 59: 501-521.

Gitlin, T. (1983). *Inside prime time*. New York: Pantheon.

Gitlin, T. (2012). *Occupy nation: The roots, the spirit, and the promise of Occupy Wall Street*. New York: HarperCollins.

Goedeke, T. L. (2005). Devils, angels, or animals: The social construction of otters in conflict over management. In A. Herda-Rapp, & T. L. Goedeke (Eds.), *Mad about wildlife: Looking at social conflict over wildlife* (pp. 25-50). Boston: Brill.

Goldstein, D. E. (2004). *Once upon a virus: AIDS legends and vernacular risk perception*. Logan: Utah State University Press.

Gormley, W. T., Jr. (2012). *Voices for children: Rhetoric and public policy*. Washington, DC: Brookings Institution Press.

Gould, D. B. (2009). *Moving politics: Emotion and ACT-UP' s fights against AIDS*. Chicago: University of Chicago Press.

Griffiths, H. and Best, J. (2016). Social problems clusters as contexts for claimsmaking: Implications for the study of off-campus housing. *Sociological Spectrum* 36: 75-92.

Press.
Eaton, M. (2010). Manufacturing community in an online activist organization: The rhetoric of MoveOn. org' s e-mails. *Information, Communication and Society* 13: 174-192.
Eccles, R. (2015, April 13). The American dream is for dreamers. *Lonely Conservative*. Retrieved from http://lonelyconservative.com/the-american-dream-is-for-dreamers/.
Ellis, B. (1991). The last thing said: The *Challenger* disaster jokes and closure. *International Folklore Review* 8: 110-124.
Ellis, B. (2001). *Aliens, ghosts, and cults: Legends we live*. Jackson: University Press of Mississippi.
Ellis, B. (2003). Making a Big Apple crumble: The role of humor in constructing a global response to disaster. In P. Narváez (Ed.), *Of corpse: Death and humor in folklore and popular culture* (pp. 35-79). Logan: Utah State University Press.
Emerson, R. M. (2015). *Everyday troubles: The micro-politics of interpersonal conflict*. Chicago: University of Chicago Press.
Erikson, K. T. (1976). *Everything in its path: Destruction of community in the Buffalo Creek flood*. New York: Simon & Schuster.
Feder, E. K. (2014). *Making sense of intersex: Changing ethical perspectives in biomedicine*. Bloomington: Indiana University Press.
Ferdik, F., Rojek, J. & Alpert, G. P. (2013). Citizen oversight in the United States and Canada: An overview. *Police Practice and Research*. 14:104-116.
Fine, G. A. (1992). *Manufacturing tales: Sex and money in contemporary legends*. Knoxville: University of Tennessee Press.
Fine, G. A., Campion-Vincent, V., & Heath, C. (Eds.). (2005). *Rumor mills: The social impact of rumor and legend*. New Brunswick, NJ: Aldine Transaction.
Fine, G. A., & Christoforides, L. (1991). Dirty birds, filthy immigrants, and the English sparrow war: Metaphorical linkage in constructing social problems. *Symbolic Interaction* 14: 375-393.
Fine, G. A., & Turner, P. A. (2001). *Whispers on the color line: Rumor and race in America*. Berkeley: University of California Press.
Fischer, D. H. (1989). *Albion' s seed: Four British folkways in America*. New York: Oxford University Press.
Francis, A. (2015). *Family Trouble: Middle-class parents, children' s problems, and the disruption of everyday life*. New Brunswick, NJ: Rutgers University Press.
Fraustino, J. D., & Ma, L. (2015). CDC's use of social media in a risk campaign—"Preparedness 101: Zombie Apocalypse." *Journal of Applied Communication Research* 43: 222-241.
Frawley, A. (2015). *Semiotics of happiness: Rhetorical beginnings of a public problem*. London: Bloomsbury.

Cambridge, UK: Cambridge University Press.
Burstein, P. (1991). Policy domains: Organization, culture, and policy outcomes. *Annual Review of Sociology* 17: 327-350.
Burstein, P. (2014). *American public opinion, advocacy, and policy in Congress: What the public wants and what it gets.* New York: Cambridge University Press.
Calabresi, M. (2015, June 15). "Why America can't kick its painkiller problem: The price we pay for relief." *Time* 185: 26-33.
Campion-Vincent, V. (2005). *Organ theft legends.* Jackson: University Press of Mississippi.
Chambliss, D. F. (1996). *Beyond caring: Hospitals, nurses, and the social organization of ethics.* Chicago: University of Chicago Press.
Clarke, A. E., Shim, J. K., Mamo, L., Fosket, J. R., & Fishman, J. R. (2003). Biomedicalization: Technoscientific transformations of health, illness, and U.S. biomedicine. *American Sociological Review* 68: 161-194.
Cohen, J. W., & Brooks, R. A. (2014). *Confronting school bullying: Kids, culture, and the making of a social problem.* Boulder, CO: Lynne Rienner.
Cole, S. A. (2015). A surfeit of science: The "CSI effect" and the media appropriation of the public understanding of science. *Public Understanding of Science* 24: 130-146.
Conrad, P. (2007). *The medicalization of society: On the transformation of human conditions into treatable disorders.* Baltimore: Johns Hopkins University Press.
Daniels, J. (2009). Cloaked websites: Propaganda, cyber-racism and epistemology in the digital era. *New Media and Society* 11: 659-683.
Davenport, M. (2014, July 24). Reflections on the American Dream. *Liberal Beef.* Retrieved from http://liberalbeef.com/2014/07/24/reflections-american-dream/.
Davis, P. W. (1994). The changing meanings of spanking. In J. Best (Ed.), *Troubling children* (pp. 133-153). Hawthorne, NY: Aldine de Gruyter.
de Vaus, D. A. (1986). *Surveys in social research.* London: Allen & Unwin.
Del Rosso, J. (2015). *Talking about torture: How political discourse shapes the debate.* New York: Cambridge University Press.
Dickson, D. T. (1968). Bureaucracy and morality: An organizational perspective on a moral crusade. *Social Problems* 16: 143-156.
Doering, J. (2014). A battleground of identity: Racial formation and the African American discourse on racial intermarriage. *Social Problems* 61: 559-575.
Doherty, B. (2011). "Just a matter of when ?" *Reason* 42 (9) . 32 39.
Downs, A. (1972). Up and down with ecology—The "issue-attention cycle." *Public Interest* 28: 38-50.
Dundes, A. (1987). *Cracking jokes.* Berkeley, CA: Ten Speed Press.
Dundes, A., & Pagter, C. R. (2000). *Why don' t sheep shrink when it rains ? A further collection of photocopier folklore.* Syracuse, NY: Syracuse University

（ジョエル・ベスト『統計はこうしてウソをつく：だまされないための統計学入門』林大訳，白揚社，2002）．

Best, J.（2015）. Beyond case studies: Expanding the constructionist framework for social problems research. *Qualitative Sociology Review* 11（2）：18-33.

Best, J., & Best, E.（2014）. *The student loan mess: How good intentions created a trillion-dollar problem*. Berkeley: University of California Press.

Best, J., & Bogle, K. A.（2014）. *Kids gone wild: From rainbow parties to sexting, understanding the hype over teen sex*. New York: New York University Press.

Best, J., & Furedi, F.（2001）. The evolution of road rage in Britain and the United States. In J. Best（Ed.）, *How claims spread: Cross-national diffusion of social problems*（pp. 107-127）. Hawthorne, NY: Aldine de Gruyter.

Best, R. K.（2012）. Disease politics and medical research funding: Three ways advocacy shapes policy. *American Sociological Review* 77: 780-803.

Bloom, J.（2015）. The dynamics of opportunity and insurgent practice: How black anti-colonialists compelled Truman to advocate civil rights. *American Sociological Review* 80: 391-415.

Blumer, H.（1971）. Social problems as collective behavior. *Social Problems* 18: 298-306（ハーバート・ジョージ・ブルーマー「集合行動としての社会問題」『経済学論集』第66号，鹿児島大学経済学会，2006）．

Bogard, C. J.（2003）. *Seasons such as these: How homelessness took shape in America*. Hawthorne, NY: Aldine de Gruyter.

Bowman, K., Marsico, J., & Sims, S.（2014, December 15）. Is the American Dream alive? Examining Americans' attitudes. *American Enterprise Institute*. Retrieved from https://www.aei.org/wp-content/uploads/201 4/12/Is-the-American-Dream-Alive_Dec2014. pdf.

Bracey, G. W.（2007）. "The first time everything changed." *Phi Delta Kappan* 89（2）：119-136.

Bristow, J.（20 1 5）. *Baby boomers and generational conflict*. London: Palgrave Macmillan.

Bronner, S. J.（1988）. Political suicide: The Budd Dwyer joke cycle and the humor of disaster. *Midwestern Folklore* 14: 81-89.

Brooks, C., & Manza, J.（2013）. A broken public? Americans' responses to the Great Recession. *American Sociological Review* 78: 727-748.

Brown, J. D.（1991）. The professional ex-. *Sociological Quarterly* 32: 219-230.

Brown, P.（1992）. Popular epidemiology and toxic waste contamination: Lay and professional ways of knowing. *Journal of Health and Social Behavior* 33: 267-281.

Brunsma, D. L.（2004）. *The school uniform movement and what it tells us about American education*. Lanham, MD: Scarecrow Education.

Burgess, A.（2004）. *Cellular phones, public fears, and a culture of precaution*.

targets and the anti-sweatshop movement. *American Sociological Review* 79: 653-679.

BBC. (2015, June 12). Ebola: Mapping the outbreak. *BBC.com*. Retrieved from http://www.bbc. com/news/world-africa-28755033.

Becker, H. S. (1995). The power of inertia. *Qualitative Sociology* 18: 301-309.

Beckett, K. (1994). Setting the public agenda: "Street crime" and drug use in American politics. *Social Problems* 41 : 425-447.

Beckett, K. (1996). Culture and the politics of signification: The case of child sexual abuse. *Social Problems* 43: 57-76.

Bell, K. (2014). Science, policy and the rise of "thirdhand smoke" as a public health issue. *Health, Risk & Society* 16: 154-170.

Benford, R. D. (1993). Frame disputes within the nuclear disarmament movement. *Social Forces* 71: 677-701.

Benford, R. D., & Hunt, S. A. (2003). Interactional dynamics in public problems marketplaces: Movements and the counterframing and reframing of public problems. In J. A: Holstein & G. Miller (Eds.), *Challenges and choices: Constructionist perspectives on social problems* (pp. 153-186). Hawthorne, NY: Aldine de Gruyter.

Benson, R. (2013). *Shaping immigration news: A French-American comparison*. New York: Columbia University Press.

Berger, P. L., & Luckmann, T. (1966). *The social construction of reality: A treatise in the sociology of knowledge*. Garden City, NY: Doubleday (ピーター・バーガー, トーマス・ルックマン『現実の社会的構成：知識社会学論考』山口節郎訳, 新曜社, 2003).

Berns, N. (2004). *Framing the victim: Domestic violence, media, and social problems*. Hawthorne, NY: Aldine de Gruyter.

Best, J. (1990). *Threatened children: Rhetoric and concern about child-victims*. Chicago: University of Chicago Press.

Best, J. (1999). *Random violence: How we talk about new crimes and new victims*. Berkeley: University of California Press.

Best, J. (Ed.). (2001a). *How claims spread: Cross-national diffusion of social problems*. Hawthorne, NY: Aldine de Gruyter.

Best, J. (2001b). Social progress and social problems: Toward a sociology of gloom. *Sociological Quarterly* 42: 1-12.

Best, J. (2011). If this goes on...: The rhetorical construction of future problems. In T. van Haaften, H. Jansen, J. de Jong, & W. Koetsenruijter (Eds.), *Bending opinion: Essays on persuasion in the public domain* (pp. 203-217). Leiden, Netherlands: Leiden University Press.

Best, J. (2013). *Damned lies and statistics: Untangling numbers from the media, politicians, and activists* (updated ed.). Berkeley: University of California Press

参考文献

Abraham, J. (2010). Pharmaceuticalization of society in context: Theoretical, empirical, and health. *Sociology* 44: 603-622.

Adams, J. T. (1941 [1931]). *The epic of America*. Garden City, NY: Blue Ribbon Books.

Adorjan, M., Christensen, T., Kelly, B. & Pawluch, D. (2012). Stockholm Syndrome as vernacular resource. *Sociological Quarterly*. 53 (3) : 454-474.

Adorjan, M., & Yau, H. L. (2015). Resinicization and digital citizenship in Hong Kong: Youth, cyberspace, and claims-making. *Qualitative Sociology Review* 11 (2) : 160-178.

Akagawa, M. (2015). Regulating pornocomic sales to juveniles in Japan: Cycles and path-dependence of a social problem. *Qualitative Sociology Review* 11 (2) : 63-73.

Åkerström, M. (2006). Doing ambivalence: Embracing policy innovation—at arm's length. *Social Problems* 53: 57-74.

Alterman, E. (2003). *What liberal media? The truth about bias and the news*. New York: Basic Books.

Anstead, N., & O' Loughlin, B. (2015). Social media analysis and public opinion: The 2010 UK general election. *Journal of Computer-Mediated Communication* 20: 204-220.

Appleton, L. M. (1995). Rethinking medicalization: Alcoholism and anomalies. In J. Best (Ed.), *Images of issues: Typifying contemporary social problems* (2nd ed., pp. 59-80). Hawthorne, NY: Aldine de Gruyter.

Ayukawa, J. (2001). The United States and smoking problems in Japan. In J. Best (Ed.), *How claims spread: Cross-national diffusion of social problems* (pp. 215-242). Hawthorne, NY: Aldine de Gruyter.

Ayukawa, J. (2015). Claims-making and human rights in domestic and international spheres. *Qualitative Sociology Review* 11 (2) : 110-121.

Bacon, R. J. (2013). In the shadow of saturated fat: The struggle to get trans fats noticed. In J. Best and S. R. Harris (Eds.), *Making sense of social problems: New images, new issues* (pp. 233-250). Boulder, CO: Lynne Rienner.

Badano, S. E., Burgermeister, S. J., Henne, S., Murphy, S. T., & Cole, B. M. (2014). Legitimacy concerns in animal advocacy organizations during the Michael Vick dogfighting scandal. *Society and Animals* 22: 111-134.

Barker, K., & Galardi, T. R. (2015). Diagnostic domain defense: Autism spectrum disorder and the *DSM-5*. *Social Problems* 62: 120-140.

Barnes, F. (2004, May 28). Liberal media evidence. *The Daily Standard Retrieved* from www.weeklystandard. com.

Bartley, T., & Child, C. (2014). Shaming the corporation: The social production of

【ナ行】

【ハ行】

【マ行】

【タ行】

索引

ジョエル・ベスト（Joel Best）

一九四六年生まれ。カリフォルニア大学バークレー校博士課程を修了し、社会学のPh. Dを取得。カリフォルニア州立大学、南イリノイ大学で教鞭をとり、現在デラウェア大学社会学・刑事司法学部教授。元・社会問題学会長。専門は社会問題と逸脱論。著書に『統計はこうしてウソをつく――だまされないための統計学入門』、『統計という名のウソ――数字の正体、データのたくらみ』、『なぜ賢い人も流行にはまるのか――ファッドの社会心理学』（いずれも白揚社）など多数。

赤川学（あかがわ・まなぶ）

一九六七年生まれ。東京大学大学院人文社会系研究科社会学専攻博士課程修了。博士（社会学）。現在、東京大学大学院人文社会系研究科教授。専門は社会問題の社会学、歴史社会学、セクシュアリティ研究、人口減少社会論。著書に『子どもが減って何が悪いか！』（ちくま新書）、『セクシュアリティの歴史社会学』（勁草書房）、『社会問題の社会学』（弘文堂）など多数。

筑摩選書 0199

社会問題《しゃかいもんだい》とは何《なに》か
なぜ、どのように生《しょう》じ、なくなるのか？

二〇二〇年一一月一五日　初版第一刷発行

著者　ジョエル・ベスト
監訳者　赤川学《あかがわまなぶ》
発行者　喜入冬子
発行所　株式会社筑摩書房
東京都台東区蔵前二-五-三　郵便番号 一一一-八七五五
電話番号　〇三-五六八七-二六〇一（代表）
装幀者　神田昇和
印刷 製本　中央精版印刷株式会社

ISBN978-4-480-01718-5 C0336

筑摩選書
0122

大乗経典の誕生
仏伝の再解釈でよみがえるブッダ

平岡聡

ブッダ入滅の数百年後に生まれた大乗経典はどんな発想で作られ如何にして権威をもったのか。「仏伝」をキーワードに探り、仏教史上の一大転機を鮮やかに描く。

筑摩選書
0123

フロイト入門

中山元

無意識という概念と精神分析という方法を発見して「わたし」を新たな問いに変えたフロイトは、巨大な思想的革命をもたらした。その生成と展開を解き明かす。

筑摩選書
0124

メソポタミアとインダスのあいだ
知られざる海洋の古代文明

後藤健

メソポタミアとインダス両文明は農耕で栄えた。だが両文明誕生の陰には、知られざる海洋文明の存在があった。物流と技術力で繁栄した「交易文明」の正体に迫る。

筑摩選書
0125

「日本型学校主義」を超えて
「教育改革」を問い直す

戸田忠雄

18歳からの選挙権、いじめ問題、学力低下など激変する教育環境にどう対応すべきか。これまでの「改革」の功罪を検証し、現場からの処方箋を提案する。

筑摩選書
0126

刑罰はどのように決まるか
市民感覚との乖離、不公平の原因

森炎

市民感覚を取り入れた裁判員判決と職業裁判官の判断の溝はなぜ生じるか。日本の量刑には知られざるルールがある。歪んだ刑罰システムの真相に、元裁判官が迫る！

筑摩選書
0127

分断社会を終わらせる
「だれもが受益者」という財政戦略

井手英策　古市将人
宮崎雅人

所得・世代・性別・地域間の対立が激化し、分断化が進む現代日本。なぜか？　どうすればいいのか？「救済」から「必要」へと政治理念の変革を訴える希望の書。

筑摩選書
0128

貨幣の条件
タカラガイの文明史

上田 信

あるモノが貨幣たりうる条件とは何なのか。それを考えるのに恰好の対象がある。タカラガイだ。時と場を経巡りながらその文明史的意味を追究した渾身の一冊。

筑摩選書
0129

中華帝国のジレンマ
礼的思想と法的秩序

冨谷 至

中国人はなぜ無法で無礼に見えるのか。彼らにとって法や礼儀とは何なのか。古代から近代にいたる過程で中華思想が抱えた葛藤を読み解き、中国人の心性の謎に迫る。

筑摩選書
0130

これからのマルクス経済学入門

松尾 匡
橋本貴彦

マルクスは資本主義経済をどう捉えていたのか？　マルクス経済学の基礎的概念を検討し、「投下労働価値」がその可能性の中心にあることを明確にした画期的な書！

筑摩選書
0131

「文藝春秋」の戦争
戦前期リベラリズムの帰趨

鈴木貞美

なぜ菊池寛がつくった『文藝春秋』は大東亜戦争を牽引したのか。小林秀雄らリベラリストの思想変遷を辿り、どんな思いで戦争推進に加担したのかを内在的に問う。

筑摩選書 0152
陸軍中野学校
「秘密工作員」養成機関の実像
山本武利
日本初のインテリジェンス専門機関を記した公文書が新たに発見された。謀略研究の第一人者が当時の秘密戦工作の全貌に迫り史的意義を検証する、研究書決定版。

筑摩選書 0153
貧困の戦後史
貧困の「かたち」はどう変わったのか
岩田正美
敗戦直後の戦災孤児や浮浪者、経済成長下のスラムや寄せ場、消費社会の中のホームレスやシングルマザーなど、貧困の「かたち」の変容を浮かび上がらせた労作！

筑摩選書 0154
1968〔1〕文化
四方田犬彦 編著
1968～72年の5年間、映画、演劇、音楽、写真、舞踏、流行、図像、雑誌の領域で生じていた現象を前景化し、歴史的記憶として差し出す。写真資料満載。

筑摩選書 0155
1968〔2〕文学
四方田犬彦／福間健二 編
三島由紀夫、鈴木いづみ、土方巽、澁澤龍彦……。文化の〈異端者〉たちが遺した詩、小説、評論などを収録。反時代的な思想と美学を深く味わうアンソロジー。

筑摩選書 0156
1968〔3〕漫画
四方田犬彦／中条省平 編
実験的であること、前衛的であること、アンダーグラウンドであること。それが漫画の基準だった——。第3巻では、時代の〈異端者〉たちが遺した漫画群を収録。

筑摩選書 0157

童謡の百年
なぜ「心のふるさと」になったのか

井手口彰典

心にしみる曲と歌詞。兎を追った山、小川の岸のすみれやれんげ。まぶたに浮かぶ日本の原風景。童謡誕生百年。そのイメージはどう変化し、受容されてきたのか。

筑摩選書 0158

雇用は契約
雰囲気に負けない働き方

玄田有史

会社任せでOKという時代は終わった。自分の身を守るには、「雇用は契約」という原点を踏まえる必要がある。悔いなき職業人生を送る上でもヒントに満ちた一冊！

筑摩選書 0159

流出した日本美術の至宝
なぜ国宝級の作品が海を渡ったのか

中野明

明治維新の混乱のなか起きた日本美術の海外への大量流出。外国人蒐集家と日本人の間で起きた美術品を巡る知られざるドラマを明らかにし、美術流出の是非を問う。

筑摩選書 0160

教養主義のリハビリテーション

大澤聡

知の下方修正と歴史感覚の希薄化が進む今、教養のバージョンアップには何が必要か。気鋭の批評家が鷲田清一、竹内洋、吉見俊哉の諸氏と、来るべき教養を探る！

筑摩選書 0161

終わらない「失われた20年」
嗤う日本の「ナショナリズム」・その後

北田暁大

ネトウヨ的世界観・政治が猛威をふるう現代日本。アイロニーに嵌り込む左派知識人。隘路を突破するには何が必要か？　リベラル再起動のための視角を提示する！

筑摩選書 0137

〈業〉とは何か

行為と道徳の仏教思想史

平岡 聡

仏教における「業思想」は、倫理思想であり行為の哲学でもある。初期仏教から大乗仏教まで、様々に変遷してきたこの思想の歴史と論理をスリリングに読み解く！

筑摩選書 0138

ローティ

連帯と自己超克の思想

冨田恭彦

プラグマティズムの最重要な哲学者リチャード・ローティ。彼の思想を哲学史の中で明快に一から読み解き、後半生の政治的発言にまで繋げて見せる決定版。

筑摩選書 0139

宣教師ザビエルと被差別民

沖浦和光

ザビエルの日本およびアジア各地での布教活動の跡をたどりながら、キリシタン渡来が被差別民にもたらしたものが何だったのかを解明する。

筑摩選書 0140

ソ連という実験

国家が管理する民主主義は可能か

松戸清裕

一党制でありながら、政権は民意を無視して政治を行うことはできなかった。国民との対話や社会との協働を模索しながらも失敗を繰り返したソ連の姿を描く。

筑摩選書 0141

「働く青年」と教養の戦後史

「人生雑誌」と読者のゆくえ

福間良明

経済的な理由で進学を断念し、仕事に就いた若者たち。知的世界への憧れと反発。孤独な彼ら彼女らを支え、結びつけた昭和の「人生雑誌」。その盛衰を描き出す！

筑摩選書 0142

徹底検証　日本の右傾化

塚田穂高 編著

日本会議、ヘイトスピーチ、改憲、草の根保守、「慰安婦報道」……。現代日本の「右傾化」を、ジャーナリストから研究者まで第一級の著者が多角的に検証！

筑摩選書 0143

アナキスト民俗学
尊皇の官僚・柳田国男

絓 秀実
木藤亮太

国民的知識人、柳田国男。その思想の底流にはクロポトキンのアナーキズムが流れ込んでいた！　尊皇の官僚にして民俗学の創始者・柳田国男の思想を徹底検証する！

筑摩選書 0144

アガサ・クリスティーの大英帝国
名作ミステリと「観光」の時代

東 秀紀

「ミステリの女王」アガサ・クリスティーはまた「観光の女王」でもあった。その生涯を「ミステリ」と「観光」を軸に追いながら大英帝国の二十世紀を描き出す。

筑摩選書 0145

楽しい縮小社会
「小さな日本」でいいじゃないか

森 まゆみ
松久 寛

少子化、先進国のマイナス成長、大変だ、タイヘンだ……？　持たない生活を実践してきた作家と、技術開発にしのぎを削ってきた研究者の意外な意見の一致とは！

筑摩選書 0146

帝国軍人の弁明
エリート軍人の自伝・回想録を読む

保阪正康

昭和陸軍の軍人たちは何を考え、どう行動し、それを後世にどう書き残したか。当事者自身の筆による自伝・回想・証言を、多面的に検証しながら読み解く試み。

筑摩選書 0182

〈現実〉とは何か
数学・哲学から始まる世界像の転換

西郷甲矢人
田口茂

数学（圏論）と哲学（現象学）の対話から〈現実〉の核心が明らかにされる！　実体的な現実観を脱し、自由そのものである思考へ。学問の変革を促す画期的試論。

筑摩選書 0183

三越　誕生！
帝国のデパートと近代化の夢

和田博文

1904年、呉服店からデパートへ転身した三越は近代日本を映し出す鏡でもあった。生活を変え、流行を発信する文化装置としての三越草創期を図版と共にたどる。

筑摩選書 0184

明治史研究の最前線

小林和幸　編著

政治史、外交史、経済史、思想史、宗教史など、多様な分野の先端研究者31名の力を結集し明治史研究の最先端を解説。近代史に関心のある全ての人必携の研究案内。

筑摩選書 0185

アジールと国家
中世日本の政治と宗教

伊藤正敏

世俗の権力の及ばない避難所、聖なる別天地としてのアジールとは、一体どのようなものだったのか。歴史の中で果たしてきた役割を中世日本を舞台として跡付ける。

筑摩選書 0186

皇国日本とアメリカ大権
日本人の精神を何が縛っているのか？

橋爪大三郎

昭和の総動員体制になぜ人々は巻き込まれたのか。戦後のアメリカ大権を国民が直視しないのはなぜか。戦前の聖典『国体の本義』解読から、日本人の無意識を問う。

筑摩選書 0014

瞬間を生きる哲学

〈今ここ〉に佇む技法

古東哲明

私たちは、いつも先のことばかり考えて生きている。だが、本当に大切なのは、今この瞬間の充溢なのではないだろうか。刹那に存在のかがやきを見出す哲学。

筑摩選書 0043

悪の哲学

中国哲学の想像力

中島隆博

孔子や孟子、荘子など中国の思想家たちは「悪」について、どのように考えてきたのか。現代にも通じるこの問題と格闘した先人の思考を、斬新な視座から読み解く。

筑摩選書 0044

さまよえる自己

ポストモダンの精神病理

内海 健

「自己」が最も輝いていた近代が終焉した今、時代を映す精神の病態とはなにか。臨床を起点に心や意識の起源に遡り、主体を喪失した現代の病理性を解明する。

筑摩選書 0049

身体の時間

〈今〉を生きるための精神病理学

野間俊一

加速する現代社会、時間は細切れになって希薄化し、心身に負荷をかける。新型うつや発達障害、解離などの臨床例を検証、生命性を回復するための叡智を探りだす。

筑摩選書 0056

哲学で何をするのか

文化と私の「現実」から

貫 成人

哲学は、現実をとらえるための最高の道具である。私たちが一見自明に思っている「文化」のあり方、「私」の存在を徹底して問い直す。新しいタイプの哲学入門。